Cornelis Augustijn
Erasmus von Rotterdam

CORNELIS AUGUSTIJN

# Erasmus von Rotterdam
# Leben – Werk – Wirkung

*Aus dem Holländischen übersetzt von*
*Marga E. Baumer*

VERLAG C. H. BECK MÜNCHEN

CIP-Kurztitelaufnahme der Deutschen Bibliothek

*Augustijn, Cornelis:*
Erasmus von Rotterdam : Leben – Werk – Wirkung /
Cornelis Augustijn. Aus d. Holländ. übers. von
Marga E. Baumer. – München : Beck, 1986.
    ISBN 3 406 30998 4

ISBN 3 406 30998 4

© C. H. Beck'sche Verlagsbuchhandlung (Oscar Beck) München 1986
Gesamtherstellung: Kösel, Kempten
Printed in Germany

# Inhalt

# Vorwort

Wenn ich zu Beginn erkläre, daß ich den Leser in diesem Buch mit dem heutigen Erasmusbild vertraut machen will, so sagt das nicht alles. Natürlich will ich das, und ich hoffe, daß diese Einführung dem einen oder anderen für seine eigenen Studien dienlich ist und ihn zu eigener Beschäftigung mit der Geschichte von Humanismus und Reformation anregt. Diese Epoche ist faszinierend und wäre es auch nur der umwälzenden Veränderungen wegen, die sich damals in der Gesellschaft vollzogen. In vielerlei Hinsicht wurden in jener Zeit die Fundamente unserer heutigen westlichen Kultur gelegt.

Aber meine Absicht führt weiter. Ich habe ein bestimmtes Bild von Erasmus, ein Bild, das sich aus der Lektüre der verschiedenartigsten Studien über ihn und, stärker noch, aus der Lektüre seiner eigenen Werke und der vieler seiner Zeitgenossen geformt hat. Ich möchte den Leser also auch jene Dinge sehen lassen, die ich in Erasmus und in der Epoche sehe, in der er gelebt hat. Ich hoffe, ich habe einen Weg gefunden, Farblosigkeit auf der einen und Besserwisserei auf der anderen Seite zu vermeiden.

Ich verweise im Text im allgemeinen nur auf Erasmus' Schriften. Nur vereinzelt wird auf Literatur verwiesen, wenn eine Mitteilung ohne eine solche Angabe schwierig zu finden wäre. Die allgemein benützten Abkürzungen werden im letzten Kapitel erklärt; die übrigen Abkürzungen verstehen sich aus den Literaturangaben zu den einzelnen Kapiteln am Schluß des Bandes von selbst. Diese Literaturhinweise erfassen außerdem eine Reihe wichtiger Arbeiten über die im jeweiligen Kapitel behandelten Fragen. Das einzige Kriterium bei deren Auswahl ist, daß sehr unterschiedliche und gewiß auch von meiner Meinung abweichende Standpunkte vertreten sein sollen, soweit sie nur gut fundiert dargeboten werden. Das soll nicht heißen, daß Vieles, was ich nicht anführe, in meinen Augen wenig wertvoll wäre. Beim heutigen Umfang der Literatur ist Beschränkung unerläßlich. Die Hinweise im letzten Kapitel sind für jene Leser gedacht, die sich eingehender mit der Erasmusforschung auseinandersetzen wollen.

Unter denjenigen, die mir geholfen haben, muß ich meinem Kollegen in Amsterdam, Dr. Ulrich Gäbler, an erster Stelle sehr herzlich danken. Er hat das gesamte Manuskript durchgearbeitet, mich vor Fehlern bewahrt und, was wichtiger ist, mich gewarnt, wo der Bericht unklar, innerlich widersprüchlich oder einfach schlecht war. Auch in Fragen der Übersetzung hat er mich beraten.

Ebenfalls danken möchte ich Frau Lettie Oosterhof, die auch die Arbeit durchgesehen und mich vor einigen Fehlern bewahrt hat und Frau J. H. Mijnarends-Landsman, die das Manuskript abgeschrieben und mir dabei manch nützlichen Wink gegeben hat.

Amsterdam 8. Juni 1985                                    C. Augustijn

# I. Einleitung

„Erasmus ist einzigartig". Dieses Urteil finden wir im zweiten Teil der *Dunkelmännerbriefe* (Bömer 2, 187, 25), in denen die humanistischen Neuerer 1517 ihren beißenden Spott über die etablierte Ordnung von Gesellschaft, Kirche und Wissenschaft ausgegossen haben. Erasmus, so meinen sie, entziehe sich jeglicher Einordnung, er sei ein Einzelgänger.

Luther nannte ihn später einen Aal, und er fügte hinzu: „Niemand kan yhn ergreiffen denn Christus allein" (Wa Tr I, 55, 32–33). In der Tat steckt in Erasmus etwas Ungreifbares, und dem hat auch jede Biographie Rechnung zu tragen. Nicht etwa, daß es an Quellen mangelte. Erasmus hat sehr viel geschrieben, und bald nach seinem Tod besorgten seine treuesten Freunde eine Ausgabe der Gesammelten Werke, die sie nach seinen Anweisungen und mit teilweise noch von ihm selbst revidierten Texten zusammenstellten. Die Ausgabe erschien zwischen 1538 und 1540 in neun umfangreichen Bänden. Zwischen 1703 und 1706 kam in Leiden eine neue Ausgabe heraus, die noch heute für die meisten seiner Werke als Standardausgabe gilt.

Die neue Erasmusforschung beginnt mit der Edition seiner Briefe durch Percy Stafford Allen und dessen Frau, seit 1906, und mit der Biographie von Johan Huizinga aus dem Jahr 1924. Allens Edition ist vorzüglich, und erst auf ihrer Grundlage ließ sich verläßlich weiterarbeiten. Huizinga sagt sogar in der Widmung seiner Biographie für das Ehepaar Allen, er biete ihnen einen Strauß mit Blumen an, die er in ihrem eigenen Garten gepflückt habe. Nicht zu Unrecht, denn es ist bezeichnend, daß er den Hauptakzent auf den jungen Erasmus legt. Für die späteren Jahre fehlten bislang noch die soliden Grundlagen: Allen war noch nicht über 1521 hinausgelangt. Andererseits gilt, daß die Blumen aus dem Garten der Allens stammten, der Strauß jedoch von Huizinga gebunden worden war. Huizingas Buch ist mit Recht ein Klassiker geworden. In einer großartigen konzeptionellen Einheit zeichnet er Erasmus als genialen Menschen, als große Persönlichkeit. Bei aller Bewunderung steht er Erasmus, dessen Kleinheit ihn oft ebenso irritierte, wie seine Größe ihn faszinierte, durchaus nicht unkritisch gegenüber. Sehr stark hat er das Ungreifbare in Erasmus empfunden, den er als „einen Meister des Vorbehalts" bezeichnete, eines Vorbehalts, der nicht auf bloße Vorsicht oder Angst zurückgeführt, sondern als Eigenschaft gedeutet wird, die seinem Wesen zugrunde lag.

Obwohl Huizingas Werk von Werner Kaegi übersetzt worden ist und sehr gelobt wurde, hat es im deutschen Sprachraum keinen Einfluß ausge-

übt. Das Urteil über Erasmus stand längst fest, und das einmal entstandene
Bild erlebte keine Veränderung. Eigentlich muß man von einem Doppelbild
sprechen, das sich gleichsam deckt: Das Bild des Erasmus wird durch das
Luthers bestimmt; Erasmus stellt gleichsam das Gegenbild dar. Manche
sehen in Luther primär den „deutschen Herkules", wie er in den Drucken
eines Künstlers aus Basel (vielleicht nach einem Entwurf Holbeins) dargestellt wird: ein einsamer Kämpfer, der gegen die Tyrannei Roms in Deutschland aufsteht. In dieser Vorstellung ist Luther derjenige, der Mißstände in
der Kirche anprangerte, der einzige, der es wagte, sich dagegen aufzulehnen.
Und Erasmus? Gerade er erkannte die Fehler mindestens ebenso scharf wie
Luther, ja sogar früher als dieser; er hat gleichfalls seine Stimme dagegen
erhoben, Mißstände gegeißelt und die Kirche verspottet. Aber ein Mann der
Tat ist er nicht. Er ist ängstlich und feige, er hat kein Märtyrerblut in den
Adern und verleugnet wider besseres Wissen die von ihm erkannte Wahr-
heit. Luther ist der Glaubensheld, Erasmus der Verräter.

Für andere hingegen ist Luther vor allem der Mann, der den Lehren der
Kirche seiner Zeit widersprochen hat, der entdeckt hat, daß der Mensch
allein durch den Glauben gerechtfertigt wird, und der die Kirche angegriffen
hat, weil sie diese Wahrheit verdunkelte, indem sie statt Glauben Werke
forderte. Für diese ist Erasmus dann der Mann des „Bergpredigt-Christen-
tums", dem das praktische Leben nach den Maßstäben der strikten Moral
oberstes Gebot war und der nichts von den wahren Absichten Luthers
begriff. Für die, die diesen Standpunkt einnehmen, kommt der Gegensatz in
den jeweiligen Schriften der beiden über den unfreien und den freien Willen
am deutlichsten zum Ausdruck. Damit ist Erasmus dann auch demaskiert:
Ihm fehlt der wahre religiöse Ernst.

In Frankreich zeichnete Augustin Renaudet in den dreißiger Jahren ein
völlig anderes Erasmusbild. Indem er sich überwiegend auf die Briefe von
Erasmus aus den zwanziger Jahren stützt, schildert er dessen Verhältnis
sowohl zu den Reformatoren wie zu den Verteidigern der alten Kirche und
entwirft ein eindrucksvolles Bild, das in seiner Akzentuierung der Eigenständigkeit von Erasmus an Huizingas Betrachtungsweise erinnert. Im
Mittelpunkt von Renaudets Werk jedoch steht der ältere Erasmus und
dessen selbständige Position – unabhängig von Rom wie auch von Wittenberg. Renaudet spricht vom „Modernismus" des Erasmus – ein etwas
zweideutiger Begriff, der so gedeutet wird, als werde in Erasmus bereits
etwas von der Aufklärung des 18. Jahrhunderts und vom katholischen
Modernismus der zweiten Hälfte des 19. Jahrhunderts vorweggenommen.

Nach dem Zweiten Weltkrieg dauerte es lange, bis Erasmus erneut in den
Blickpunkt des wissenschaftlichen Interesses geriet. In den zahlreichen seit
den sechziger Jahren erschienenen Arbeiten tritt uns ein neuer Erasmus
entgegen. Dieser Erasmus ist vor allem Theologe, und zwar ein ernst zu
nehmender Theologe. Erstaunlicherweise zeigt sich diese Tendenz sowohl

bei katholischen wie evangelischen Theologen, obwohl Erasmus ja gerade als Theologe lange Zeit nicht anerkannt war. Nun wird er in die mittelalterlichen theologischen Traditionen gestellt, als Kenner der Diskussionen über Sünden- und Gnadenlehre angesehen, als einer der sich für theologische Feinheiten interessiert. Von dieser Woge des Interesses wird auch die Neuausgabe der Gesammelten Werke, die seit 1969 zügig fortschreitet, sowie die Publikation von Briefen und Schriften auf Französisch, Deutsch und Englisch getragen.

Welchen Sinn hat nun in einer Situation, in der das Erasmusbild so unterschiedliche Aspekte angenommen hat, eine neue Biographie? Ich habe mir vier Punkte als Ziel gesetzt. In erster Linie möchte ich versuchen, die neuesten Forschungsergebnisse in den verschiedenen Sprachgebieten aufeinander abzustimmen. Das mag als eine Selbstverständlichkeit erscheinen, die Praxis aber zeigt, daß die Forschungen im französischen, deutschen und englischen Sprachgebiet noch immer nebeneinander herlaufen. Vor allem die französischen und die deutschen Forschungsbemühungen erfolgen offenbar fast völlig unabhängig voneinander. Mir schwebt also ein Buch vor, in dem eine Integration der modernen Forschung erreicht wird.

Zweitens bin ich bestrebt, Erasmus nicht an anderen zu messen, sondern ihn als eigenständige Persönlichkeit gelten zu lassen. Unglücklicherweise war er immer wieder an Luther gemessen worden; daß er dabei schlecht abschnitt, ist nur zu verständlich. Erasmus war aber beim ersten öffentlichen Auftreten Luthers über fünfzig, eine Tatsache, die häufig übersehen wird. Er hatte ziemlich lange gebraucht, um zu sich selbst zu finden und genau zu wissen, was er wollte. Doch 1518 und 1519, als die Welt zum erstenmal von Luther hörte, konnte Erasmus bereits auf seine wichtigsten Veröffentlichungen zurückblicken und hatte ein klar geformtes Ziel vor Augen, das nach seinen eigenen Verdiensten beurteilt werden muß. Das gilt in verstärktem Maße für Erasmus' Eigenständigkeit im Hinblick auf die Aufklärung. Wohl tauchen bei ihm Gedanken auf, die von der Aufklärung aufgenommen werden, aber ein unmittelbarer Vergleich mit einer späteren geistesgeschichtlichen Epoche ist – ebenso wie der Vergleich mit Luther – erst dann sinnvoll, wenn zuallererst Erasmus selbst zu Wort kommt und in seinen zeitgeschichtlichen Rahmen gestellt wird.

Drittens ist mir die Stellung von Erasmus in den Jahren zwischen 1500 und 1520 wichtig. In dieser Periode, in der sein Lebenswerk vorbereitet und größtenteils ausgeführt wurde, steht Erasmus keineswegs als eine einsame Gestalt in der Gesellschaft. Er war Teil der humanistischen Welt und wurde im Laufe der Jahre zu einer ihrer Schlüsselfiguren. Es war die Welt einer von der restlichen Gesellschaft isoliert existierenden Oberschicht, deren Mitglieder zum Teil an Universitäten, zum Teil an den Höfen von Fürsten und kirchlichen Magnaten zu finden waren; einige gehörten dem städtischen Patriziertum an, andere wiederum lebten völlig einsam, alle ganz und gar dem Ideal der bonae litterae verschrieben, der Kultur des klassischen Altertums, die wieder lebendig geworden war und die Gesellschaft erneuern sollte. Der Widerstand der etablierten Gelehrten, vor allem der Theologen und Dialektiker, gegen diese Vorstellungen trug nur dazu bei, den gemeinsamen Geist zu stärken. Das Bild des Erasmus gewinnt an Konturen, wenn man ihn in diesem Kontext sieht und jener Gruppe von Humanisten Aufmerksamkeit widmet, der er im besonderen angehörte, dem Kreis der Bibelhumanisten.

Damit komme ich zu einem letzten für diese Biographie charakteristischen Punkt. Ich möchte die Eigenheit von Erasmus hervorheben, zeigen, worin sein Beitrag zur Kultur seiner Zeit bestand, und nicht so sehr auf biographische Einzelheiten eingehen. Seine höchstpersönliche Leistung war die Integration der humanistischen Methode in die Theologie und der damit bewirkte Umbruch im theologischen Denken. Das war sicher nicht allein sein Verdienst, sondern wie bereits erwähnt, die Tat einer Gruppe Gleichgesinnter. Innerhalb dieses Kreises aber vermochte er sich einen einzigartigen Rang zu erobern. Darin liegt die Wahrheit des alten Urteils: Erasmus ist einzigartig.

## II. Die Welt um 1500

Im Leben von Erasmus spiegelt sich die Welt der letzten dreißig Jahre des 15. und der ersten dreißig Jahre des 16. Jahrhunderts wider. In seinen Briefen und Schriften erstehen vor uns die Niederlande, Paris, Oxford und Cambridge, Norditalien, Rom und die Städte am Rhein, insbesondere Basel. Über ihn kommen wir in Kontakt mit den Fürsten seiner Zeit, mit dem städtischen Leben, vor allem dem wohlhabenden Bürgertum. Kirche und Religion spielen eine große Rolle in seinem Leben. Päpste und Bischöfe treten in unser Blickfeld, aber auch die Klöster. Das kulturelle Leben steht im Vordergrund. Bereits in seiner Jugend lernt Erasmus die drei großen Kräfte seiner Zeit kennen: die Devotio moderna, die scholastische Theologie und den Humanismus. Es erübrigt sich, diese Mächte hier im einzelnen zu charakterisieren; wir werden uns im weiteren Verlauf dieser Darstellung noch ausführlich mit ihnen beschäftigen. In diesem Kapitel genügen einige grobe Linien, um das Umfeld des Erasmus zu beschreiben.

Seine ersten 25 Lebensjahre verbrachte Erasmus in den nördlichen Niederlanden, ein abgelegenes, aber keineswegs unterentwickeltes Gebiet, das relativ stark verstädtert war. Dies trifft insbesondere auf die Grafschaft Holland, im Westen zu, wo um 1500 fast die Hälfte der Bevölkerung in kleinen Städten lebte. Es handelte sich um eines der am frühesten verstädterten Gebiete Europas. Die Bevölkerung galt als bäuerisch, als etwas plump, aber zuverlässig, human und zuvorkommend. Diese Eigenschaften nennt Erasmus selbst, wenn er den lateinischen Begriff „auris batava" als holländischen, unentwickelten Geschmack erklärt (LB II 1083 F–1084 E). Seine Auslegung wird zu einem wahren Loblied: Holland, das Land der Fruchtbarkeit, der Freundlichkeit, der Geselligkeit, des häuslichen Lebens. Es ist aber auch das Land des intellektuellen Mittelmaßes, was laut Erasmus möglicherweise auf das luxuriöse Leben zurückzuführen ist, vielleicht aber auch auf die zugrundeliegenden Normen: Ein rechtschaffenes Dasein zählt mehr als herausragende Kenntnisse.

Zwischen 1500 und 1521 spielte sich das Leben des Erasmus, soweit er noch in den Niederlanden weilte, im Süden ab, im heutigen Belgien und Luxemburg also. Dort gab es etwa ebenso viele Menschen wie im Norden, grob geschätzt 800 000 bis 900 000. Das Leben war intensiver als im Norden; hier war ein Großteil des Adels ansässig, dem gerade in der zweiten Hälfte des 15. Jahrhunderts eine bedeutsame politische Rolle zufiel. Brüssel war das Verwaltungs-, Mechelen das Gerichtszentrum, Antwerpen mit seinen 50 000 Einwohnern eine richtige Weltstadt, Knotenpunkt von Handel und

Gewerbe; Löwen war die einzige Universitätsstadt. Das Los der Niederlande
begann in den achtziger und neunziger Jahren mit dem Habsburgerreich
verknüpft zu werden. Die Niederlande kamen allmählich – das Herzogtum
Geldern als letztes nach Erasmus' Tod – unter die Herrschaft Karls V.
Erasmus selbst war allerdings schon 1492 von dem Utrechter Bischof David
von Burgund zum Priester geweiht worden, einem natürlichen Sohn Phi-
lipps des Guten, des Urgroßvaters von Karl V.

Die Entwicklung in den Niederlanden ist modellhaft für den geschichtli-
chen Verlauf in Westeuropa. Der Einheitsstaat gewann in dieser Zeit Gestalt
oder hatte sich wie in Spanien, Frankreich und England bereits gebildet. In
diesen Staaten hatte sich denn auch das nationale Bewußtsein vertieft, nicht
zuletzt als Folge der lang anhaltenden Kriege zwischen England und Frankreich sowie zwischen Spanien und den Mauren. Die Einheit bedeutete
Zentralisierung, und der Fürst mit seinem Hofstaat war anerkannter Mittelpunkt. Während der letzten zwei Lebensjahrzehnte des Erasmus stand Europa im Zeichen der drei großen Fürsten: Des französischen Königs Franz I.,
seit 1515, des englischen Königs Heinrich VIII., seit 1509, und Karls V.,
König von Spanien, Herr der österreichisch-habsburgischen Erblande und
Herr der Niederlande seit 1515/16, der 1519 zum Kaiser des deutschen
Reiches gewählt wurde. Das Heilige Römische Reich deutscher Nation
bestand aus einer Vielzahl selbständiger Territorien und Städte, die erst seit
den zwanziger Jahren durch das Reichsregiment einigermaßen zusammengehalten wurden. Das Gebiet war noch zu 90% agrarisch, die Städte waren
klein, die Kirche übte in gesellschaftlicher, finanzieller und politischer
Hinsicht noch größere Macht aus, als das anderswo der Fall war. Das Gebiet
am Oberrhein, das seit 1514 eine bedeutende Rolle im Leben des Erasmus
spielen sollte, war wohlhabend und nahm in kultureller Hinsicht eine
Spitzenstellung ein: Es gab neben Mainz mit einem erzbischöflichen Sitz die
Bischofsstädte Konstanz, Basel, Straßburg, Speyer, Worms und Würzburg
als kulturelle Zentren, die Universitätsstädte Basel, Freiburg, Tübingen,
Heidelberg und Mainz; Schulen, Humanistenkreise und Druckereien in
Schlettstadt, Straßburg, Pforzheim und in den meisten Universitätsstädten.

In der gesellschaftlichen Struktur nahmen die Städte einen bedeutenden
Rang ein, auch wenn sie klein waren: Rotterdam, der Geburtsort des
Erasmus, zählte vielleicht 7000 Einwohner, sein geliebtes Basel hatte etwa
10000 Einwohner; Antwerpen und Paris dagegen galten als Großstädte. Sie
bildeten eine eigene Verwaltungseinheit mit einem oder mehreren Bürger-
meistern, mit einem Rat oder einem großen und einem kleinen Rat, und der
wachsende Einfluß der Zünfte auf die Stadtregierung nahm stetig zu. Dank
dieser Verwaltungsstruktur vermochte die Bevölkerung einen gewissen
Einfluß auf die Geschicke der Stadt zu gewinnen. Dennoch wäre die
Bezeichnung Demokratie nicht angebracht. Der Zeitgenosse dachte bei
diesem Terminus an Anarchie, sprach aber von Aristokratie. Dieser Begriff

wird der Wirklichkeit auch weitaus gerechter. Die Macht in den Städten lag in den Händen einer kleinen Gruppe, die durch Familienbande und finanzielle Interessen zusammengehalten wurde. Allerdings deuteten sich bereits erste Veränderungen in dieser Hinsicht an. In vielen Städten forderten gerade in dieser Zeit die Zünfte, deren Mitglieder einer weniger kapitalkräftigen Bevölkerungsschicht angehörten, Anteil an der Regierung der Stadt. Die Stadt nahm auch auf wirtschaftlichem Gebiet eine wichtige Stellung ein. Zwar herrschte keine absolute Trennung zwischen Stadt und Land, aber Handel und Gewerbe konzentrierten sich in den Städten. Das hatte zur Folge, daß hier auch Kapitalbildung stattfand. Die Städte bildeten durch ihre wirtschaftliche Machtposition ein gewisses Gegengewicht zur Macht der Fürsten, wenngleich sie, auf längere Sicht gesehen, die Verlierer waren. Auch in kultureller Beziehung waren die Städte nicht zu unterschätzen. Das kulturelle Leben konzentrierte sich zwar großenteils noch auf die Höfe von Fürsten und Adligen, doch gewannen die Städte auch hier allmählich eine wichtigere Position, vor allem seit der Gründung der Universitäten, die typisch städtische Institutionen waren. Ihnen folgen die Schulen, und mit wachsendem Wohlstand gab es auch mehr Raum für die Künstler. Einen wichtigen Faktor bildeten, seit der zweiten Hälfte des 15. Jahrhunderts, die Druckereien. Das kulturelle Leben der Stadt konzentrierte sich denn auch häufig um verschiedene Einrichtungen: Die Universität, die Schule, Bischof und Stift, die Druckereien, die Künstler. Besonders gut läßt sich dies bei einigen Städten zeigen, die im Leben des Erasmus eine Rolle gespielt haben. Antwerpen zum Beispiel war eine Stadt ohne Universität, aber mit einem ausgeprägten kulturellen Leben, das von den Künstlern und den Druckereien bestimmt wurde. Löwen wurde vollständig von der Universität beherrscht. Basel besaß eine Universität, aber nach 1500 bildete der Kreis um den Buchdrucker Johannes Amerbach und etwas später um Johannes Froben den eigentlichen Nährboden einer literarischen und wissenschaftlichen Produktion, die weit über die Grenzen der Stadt hinaus berühmt wurde.

Die größte Macht in jenen Tagen stellte die Kirche dar, und dies in dreifacher Hinsicht: als Regierungsapparat, als wirtschaftlicher Faktor und als religiösgeistige Macht. Rom und das Papsttum bildeten das Herz der Regierungsorganisation und verkörperten in Italien zugleich eine gewaltige politische und militärische Macht. Als Erasmus 1506 in Norditalien eintraf, hielt Papst Julius II. bald darauf seinen Einzug als siegreicher Feldherr in Bologna. Das Papsttum war auf seinem Tiefpunkt angelangt. Über Leo X. (1513–1521), den Nachfolger von Julius II., läßt sich wenig Positives hinsichtlich einer geistigen Führerschaft über die westliche Christenheit berichten. Erasmus jedoch pries ihn, im Gegensatz zu Julius II., über den er nie etwas Gutes äußerte, überschwenglich als Friedenspapst und Beschützer der „bonae litterae", der wahren Bildung, die aus dem Studium des klassischen Altertums erwächst. Maßstab seiner Beurteilung von Hadrian VI. (1522–1523) und Clemens VII. (1523–1534) war ihre Haltung im Konflikt mit Luther und dessen Anhängern sowie der Schutz, den sie ihm persönlich boten. Was von den Päpsten gesagt wurde, gilt ebenso für die Bischöfe: Geistige Führerschaft war die letzte Eigenschaft, die zählte; auf den Bischofsstühlen saßen überwiegend Söhne aus adligem Geschlecht, und die Vereinigung von kirchlichem Amt und weltlicher Macht war höchst unheilvoll. Ein typisches Beispiel dafür ist der einzige Bischof, in dessen Dienst Erasmus gestanden hat, Heinrich von Bergen, Bischof des in den südlichen Niederlanden gelegenen Cambrai. Er entstammte einem Adelsgeschlecht, das im Dienst der Burgunder aufgestiegen war, und er selbst war von vornehein für eine kirchliche Karriere vorgesehen und schreckte nicht davor zurück, seine wahren oder vermeintlichen Rechte mit Gewalt durchzusetzen. Als Kanzler des Ordens vom Goldenen Vlies war er der höchste geistliche Würdenträger am burgundischen Hof, und in dieser Eigenschaft betrieb er habsburgische Politik und nahm unter anderem diplomatische Missionen wahr. Ein solcher kirchlicher Machthaber hatte mit dem Leben der Gläubigen nicht das geringste zu schaffen.

Damit hängt auch die wirtschaftliche und finanzielle Macht der Kirche zusammen. Sie besaß ausgedehnten Grundbesitz, in manchen Gegenden sogar die Hälfte aller Ländereien. Dazu waren seit drei Jahrhunderten stetig steigende Einkünfte verschiedener Art getreten. Das ganze Verwaltungssystem der Kirche wurde durch Geld aufrechterhalten, für jede Ernennung mußte bezahlt werden, jede kirchliche Verrichtung kostete Geld; die Häufung kirchlicher Pfründen in einer Hand machte das System noch mißlicher. Der Geldhunger der Kirche war unersättlich und manifestierte sich auf allen Ebenen. Jeder war betroffen, wenn ein Kind getauft, eine Ehe eingesegnet, ein Ablaß erworben oder ein Testament verfaßt wurde. Die Kirche sah sich trotz aller Pläne und Reformversuche bis zum Konzil von Trient außerstande, auch nur irgend etwas zu ändern. Wer schon einmal in Erasmus' *Colloquia* geblättert hat, erinnert sich der grotesken Geschichten, die er erzählt, und man vergißt dabei beinahe, daß ein großer Teil seiner eigenen Einkünfte während seines ganzen Lebens direkt oder indirekt – zum Beispiel durch Zuwendungen hoher Prälaten – aus dieser Quelle floß.

Das bedeutet jedoch nicht, daß sich auch der niedere Klerus mästen konnte. Natürlich waren auch auf niedrigerer Ebene gute Pfründen erhältlich, doch wurden sie meistens von den bereits reichen, höher gestellten Geistlichen einverleibt. Ein Aufstieg aus dem niederen Klerus in die höheren Ränge war die Ausnahme. Eine theologische Erziehung hatte für die Kirche keine große Bedeutung. Die meisten Bewerber wurden nach einer äußerst kursorischen Ausbildung oder ohne jegliche Schulung zum Priester geweiht, ein Zulassungsexamen beschränkte sich auf eine oberflächliche

Prüfung von Mindestkenntnissen. Die Aussichten der Geweihten waren äußerst schlecht. Anfang des 16. Jahrhunderts arbeitete nur ein Drittel der 5 000 Priester des Bistums Utrecht in der Seelsorge; die anderen dienten als Altaristen, deren einzige Aufgabe im Lesen einer Reihe von Messen bestand. Dazu kamen noch die Klosterangehörigen. In der spätmittelalterlichen Gesellschaft stellten die Orden einen bedeutenden Machtfaktor dar. Auch ihre Mitgliedszahlen waren hoch. Im Bistum Utrecht gab es zu Beginn des 16. Jahrhunderts etwa 13 000 Mönche und Nonnen. Diese 18 000 Personen, ungefähr drei Prozent der Gesamtbevölkerung, lebten, wenn auch nicht auf hohem Niveau, so doch auf Kosten der Allgemeinheit, die kaum imstande war, eine solche Last zu verkraften. In Städten, besonders in Bischofsstädten, konnte ihr Anteil an der Gesamtbevölkerung bis auf 10 Prozent steigen. Auch für Ordensgeistliche waren die Aussichten nicht berückend. Als Erasmus in den achtziger Jahren ins Kloster eintrat oder dorthin gegeben wurde, war seine Zukunft vorhersehbar: ein Leben der Unterordnung und Untertänigkeit, die Möglichkeit, zum Prior aufzusteigen, vielleicht eine Studienzulage um den Preis der Schmeichelei und Unehrlichkeit, mit viel Glück eine untergeordnete Stellung in der Kanzlei eines kirchlichen Würdenträgers.

In dem oben Gesagten kommt bereits etwas von der religiösen Macht der Kirche zum Ausdruck. Kirchtürme bestimmten die Silhouette der Stadt, Gotteshäuser, Klöster, Kapellen, Weltgeistliche, Mönche und Nonnen prägten das Stadtbild. Das war sinnbildlich für die Realität des religiösen Lebens. Die Volksfrömmigkeit war so verbreitet wie nie zuvor, Prozessionen und Wallfahrten fanden statt, Heiligen- und Marienverehrung standen im Mittelpunkt des Interesses, die Bruderschaften, die fest umschriebene religiöse Zwecke verfolgten, waren populär, und die Bußprediger, oft Minoriten, fanden besonders in der Fastenzeit ein hingerissen schauderndes Publikum; jede Zunft hatte in der Kirche ihre eigene Kapelle, ihren eigenen Geistlichen und ihre besonderen Festtage, in den größeren Kirchen wurden täglich auf allen Altären Seelenmessen für die Verstorbenen gelesen. Bestimmte Heilige wurden ganz besonders verehrt; im 15. Jahrhundert waren es vor allem die Vierzehn Nothelfer, deren Hilfe in bestimmten Fällen erfleht wurde, so etwa die des Heiligen Erasmus im Falle von Darmstörungen. Das religiöse Leben stand im Zeichen des Überschwangs und der Vervielfältigung der Zeremonien. Dies alles ist charakteristisch für die Intensität der Frömmigkeit. Hölle und Himmel waren Realitäten, das menschliche Dasein spielte sich ab zwischen Schöpfung und Jüngstem Gericht, zwischen Anfang und Vollendung der Welt. Der Beginn der Geschichte war datierbar, das Paradies erhielt seinen Platz auf der Landkarte, der Himmel als Wohnstatt Gottes und der Seligen war ebenso real wie das Feuer der Hölle. Diese Entwicklung diente der Kirche, um ihre drückende Herrschaft auszuüben. Sie allein verfügte über das Heil und gewährte dieses mittels der Sakramente den Gläubigen. Das war Dienst an den Menschen, die viel von der kirchlichen Gemeinschaft und von ihren Dienern erwarteten. Es verhalf der Kirche aber auch zu einer unerhörten Machtposition; die Kirche nahm Leben und Gewissen der Menschen in Beschlag. Mißbrauch war naheliegend und wurde skrupellos betrieben. Das bekannteste Beispiel ist die Ablaßpraxis, die alle Grenzen der offiziellen Kirchenlehre durchbrach und zu einer schändlichen Beutelschneiderei unter fortwährender Berufung auf die Liebe der Menschen für ihre im Fegefeuer befindlichen Familienangehörigen entartet war. Dennoch aber befanden sich Kirche und Religion keineswegs im Verfallsstadium. Allerdings erscholl schon seit mehr als einem Jahrhundert der Ruf nach einer durchgreifenden Erneuerung der Kirche an Haupt und Gliedern. Eine antikirchliche Einstellung war jedoch noch selten.

Charakteristisch für das geistige Klima in einem großen Teil der Niederlande und des Rheinlands um 1500 war immer noch die Bewegung und Spiritualität der Devotia moderna. Sie verdankt ihr Entstehen dem Diakon Gerard Groote (1340–1384) aus Deventer, einem Städtchen in den nördlichen Niederlanden. Weithin bekannt ist das Werk *Die Nachfolge Christi*, in der Thomas a Kempis (ca. 1380–1471) auf klassische Weise das Frömmigkeitsideal der Bewegung formulierte, deren charakteristisches Merkmal Verinnerlichung war, der Weg von den bunten Erscheinungsformen des gemeinschaftlich erlebten Dienstes an Gott zur Stille der eigenen Seele. Das Gefühlsleben gelangte auf neue Art zur Entfaltung, nicht in der Tiefe einer starken Mystik, eher im Rückzug aus dem irdischen Leben auf die Freude im verborgenen Umgang mit Gott. Kennzeichnend für die Devotio moderna sind die Vorsätze, die Gerard Groote während der Zeit seiner Bekehrung faßte: Niemals einer Pfründe nachzustreben, niemals aus finanziellen Gründen einem kirchlichen Würdenträger zu dienen, niemals einem theologischen Grad nachzujagen, um Gewinn, fette Ämter oder Ruhm zu erlangen. War damit eine Kritik an der kirchlichen Institution verbunden? Implizite ganz gewiß, aber im Vordergrund stand dennoch das eigene Leben; zu ausgesprochener Kritik an der Kirche kam es kaum je. Die kirchliche Gesetzgebung wurde in vollem Umfang von den Anhängern der Devotio moderna respektiert, auch wenn sie sich in letzter Instanz nur an das Evangelium gebunden fühlten. Zu einem Zusammenstoß zwischen beiden Gehorsamsanforderungen mußte es auch nicht unbedingt kommen, weil die äußere Erscheinungsform der Kirche und die Innerlichkeit eines Lebens mit Gott als getrennte Welten aufgefaßt wurden. Zur Zeit des Erasmus hatte die Devotio moderna längst ihre ursprüngliche Frische eingebüßt. Sie war in einer etwas hausbackenen, weltabgewandten legalistischen Lebensform und Spiritualität versandet, kaum fähig, Inspiration zu bieten. Erasmus selbst erlebte nur ihre negativen Seiten: Ein trübseliges und engherziges Klosterdasein, das gekennzeichnet war von willkürlichen Hausregeln, sklavischem Gehorsam gegenüber pedantischen Vorschriften, wenig ungestörtem Schlaf, schlechtem Essen und einer Körperhaltung, die bezeichnend war für die Lebenseinstellung (laut Vorschrift mußte der Blick immer auf den Boden gerichtet sein).

Wer vom geistigen Klima einer bestimmten Epoche spricht, muß die Universitäten mit einbeziehen, das heißt für die Zeit um 1500 vor allem die Theologie. Von einer Blütezeit kann freilich keine Rede sein, ebenso wenig aber kann man von einer „Verfallstheologie" sprechen, wie manche Historiker es taten. Die großen theologischen Konflikte des Spätmittelalters waren ausgetragen, und es gab kaum Ansätze zu einer echten Erneuerung. In Paris, wo Erasmus studierte, waren die Zustände trotz des großen Rufs dieser Universität gewiß nicht besser als anderswo. Wie überall waren die beiden Hauptrichtungen der Theologie die Bibelexegese und die systematische Theologie. Das Bibelstudium erlebte keine neuen Entwicklungen, die Exegeten arbeiteten nach dem Muster, das durch die großen exegetischen Werke des Mittelalters vorgegeben war. Aber selbst innerhalb dieses Rahmens war die Aktivität in Paris gering. Es ist bezeichnend, daß die Ausgaben der Bibel und der großen mittelalterlichen Kommentare zum Bibeltext, die in der zweiten Hälfte des 15. Jahrhunderts erschienen, in Paris erst spät oder überhaupt nicht gedruckt wurden. Das gilt auch für die Werke der Kirchenväter. Auch die Entwicklung der systematischen Theologie stagnierte. Methodisch blieb man der scholastischen Theologie verhaftet, in Paris so gut wie andernorts. Diese besaß eine respektable Tradition und hatte einige Jahrhunderte lang mit der bewährten Methode der „quaestio" und der „summa" gearbeitet. Die quaestio (wörtlich „Frage, Problem, Fragestellung") geht von einer theologischen Frage aus, die gleichsam in einem Gespräch, einem Disput von Pro und Contra ausgeleuchtet wird und in eine bestimmte Schlußfolgerung einmündet, wobei auch die Gegenargumente aus der gegebenen Lösung beantwortet werden. In der summa werden die quaestiones systematisch aneinandergereiht. Man wollte auf diese Weise kein starres Bauwerk errichten, sondern ein offenes System entwickeln, das ausgebaut und korrigiert werden konnte. In der Pariser Universität war gegen Ende des 15. Jahrhunderts auch in dieser Beziehung die schöpferische Kraft versiegt. Die Form überwucherte den Inhalt, die Methode wurde unverändert angewandt, aber nicht erneuert; die einzige inhaltliche Frage, welche die Pariser Theologen beschäftigte, war die der Unbefleckten Empfängnis Marias: War die Mutter Jesu im ersten Augenblick ihrer Empfängnis von der Erbsünde bewahrt geblieben, durch die jeder Mensch befleckt ist?

Es wäre unbillig, die scholastische Theologie nach den Entartungserscheinungen oder nach dem beißenden Spott des Erasmus zu beurteilen. Sobald sich ein strikt philologisches Textverständnis anbahnte, war sie jedoch scharfer Kritik ausgesetzt. Das eigentliche Ziel der scholastischen Methode war schließlich nicht die richtige, wortgetreue Interpretation einer Äußerung, sondern man wollte die Wahrheit erkennen; es war daher erlaubt, den Text um der Wahrheit, der richtigen Erkenntnis willen umzubiegen. So glaubte man der Absicht des Autors gerecht zu werden, der schließlich auch nichts anderes gewollt haben konnte, als der Wahrheit zu dienen. Was allgemein für die Textbehandlung in der scholastischen Methode Gültigkeit besaß, war auch auf den Bibeltext übertragbar. Wenn sich eine philologische Behandlung des Textes von Bibel und Kirchenvätern durchsetzen sollte, so konnte diese nur außerhalb des bestehenden Rahmens der bislang gewählten Methode erfolgen. Die Erneuerung mußte von außen kommen.

Damit gelangen wir zu einer letzten Strömung des geistigen Lebens jener Epoche, der humanistischen Bewegung, die sich um 1500 einen anerkannten Platz in der Gesellschaft erworben hatte. Kennzeichnend ist ihre Rückbesinnung auf das klassische Altertum, sowohl das lateinische wie das griechische. Natürlich war im Mittelalter die Kenntnis der lateinischen Autoren nicht verlorengegangen. Um die griechischen Autoren stand es wesentlich schlechter, schon weil die Kenntnis des Griechischen selten war. Das begann sich im 14. Jahrhundert zu ändern. Die Humanisten entdeckten wichtige, aber in den vorangegangenen Jahrhunderten wenig gelesene lateinische Texte. Man schrieb sie ab und gab sie seit Mitte des 15. Jahrhunderts im Druck heraus, manchmal mit einem gelehrten Kommentar. Noch größere Verdienste erwarben sich die Humanisten um das Studium der griechischen Literatur. Seit Mitte des 14. Jahrhunderts gelangten zahlreiche Handschriften in den Westen, die Kenntnis der Sprache lebte auf, und man konnte auch griechische Textausgaben drucken lassen. Wir können uns heute nur noch schwer vorstellen, welche Emotionen dabei freigesetzt wurden. Ein Gelehrter geriet in Erregung bei der Nachricht, daß die verlorengegangenen Bücher von Livius' Geschichte Roms vielleicht doch irgendwo in Handschrift aufgetaucht seien. Willibald Pirckheimer aus Nürnberg, Zeitgenosse von Erasmus, schaltete sogar einen Mittler ein, der mit Geistern in Kontakt zu stehen behauptete, um auf diese Weise einem möglichen Fundort auf die Spur zu kommen. Die Kenntnis der antiken Kultur verbreitete sich weiter. Übersetzungen in die Volkssprachen wurden populär. Aus den hundert Jahren zwischen 1450 und 1550 sind uns, ganz abgesehen von den altchristlichen Autoren, über 400 Editionen von Übersetzungen aus dem Lateinischen und Griechischen ins Deutsche bekannt. Das deutet auf eine große und anhaltende Nachfrage.

Woher dieses Interesse? Eine mögliche Antwort wäre, daß man sich des Lateinischen auch selbst bediente. Gedichte, Reden, Verteidigungen, Geschichtswerke, Briefe erschienen alle in lateinischer Sprache. Das Studium der antiken Autoren bildete eine unentbehrliche Grundlage, es allein verhalf zu einem guten Stil. Aber es war noch mehr. Die „bonae litterae" oder „politiores litterae" eröffneten den Zugang zu Gelehrsamkeit, Bildung und Weisheit. Die Begriffe sind eigentlich unübersetzbar. Es handelt sich nicht um Belletristik oder ein Studium der Literatur, man wandte sich der „guten, gebildeten Literatur" zu, die man in erster Linie bei den klassischen Autoren, aber auch bei den großen Vorbildern der eigenen Zeit, vor allem bei den italienischen Humanisten fand, denn erst sie machte den Menschen zum wahren, vollständigen Menschen. Das eigentliche Ziel war eine Lebenshaltung, Weisheit eher als Gelehrsamkeit. Auch Erasmus dachte so: Moralphilosophie, Kosmographie und Geschichte des klassischen Altertums vermochten in einem Jahr mehr Weisheit zu verleihen, als Odysseus in über zwanzig Jahren gefährlicher und unheilvoller Reisen erworben hatte (A 2161, 10–13). Ohne die Klassiker waren alle anderen Wissenschaften taub und blind (A 1806, 9–10), ohne sie war das Leben bedeutungslos. Sie lebten im goldenen Zeitalter – und wie tief sind wir heute gesunken! In alledem äußert sich ein tief stoizistisches Lebensbewußtsein: Glücklich ist der harmonische Mensch, der des anderen nicht bedarf und der nicht abhängig ist vom Geschick, sondern sich selbst zu entfalten weiß.

Das Buch besaß in dieser Welt einen absoluten Eigenwert. Die Humanistenkorrespondenz handelt zum großen Teil von Büchern, neuen Ausgaben, der Frage, wie man an sie herankam. Schon bald wurde das gedruckte Buch zum Statussymbol, und es wurde oft besonders schön ausgestattet. Wichtiger jedoch als diese Prachtausgaben waren vielleicht sogar die Eintagsfliegen, kleine Pamphlete, in denen die großen Tagesereignisse ihren Niederschlag fanden, die Streitschriften, in denen man gegeneinander vom Leder zog. Es ist bekannt, daß Erasmus diese Möglichkeiten zu nutzen verstand. Viele seiner Briefe sind den Leitartikeln von Zeitungen vergleichbar, und er versucht mit ihrer Hilfe, die öffentliche Meinung zu beeinflussen. Aber auch in dieser Hinsicht war er einer unter vielen. Es ist bemerkenswert, daß alle großen Reformatoren einen Zusammenhang zwischen dem Buch und der Reformation erkannten: Erst das Buch ermöglicht die Wissensvermittlung und Beeinflussung auf breiter Basis.

Zunächst standen die Humanisten, teils Laien, teils Geistliche, vorwiegend im Dienst von Fürsten, Bischöfen, Städten; ihre wichtigste Aufgabe bestand in der Abfassung offizieller Urkunden und der Vorbereitung von Reden und Plädoyers, die sie hin und wieder selbst vorzutragen hatten. Einige waren auch von Anfang an als Rhetoriklehrer an den Universitäten tätig. Um 1500 finden wir dann die Humanisten als Lehrer an verschiedenen Schulen, die von Stadt oder Kirche unterhalten wurden. Bald erschienen neue Lehrbücher, die auf möglichst einfache Art die Grammatik zu lehren und einen guten Stil zu vermitteln suchten. Wie jede neue Gruppierung richteten sich auch die Humanisten gegen das Bestehende, gegen die alten Unterrichtsmethoden und insbesondere gegen die Scholastik. Vor allem das verderbte Latein mußte als Sündenbock herhalten, nicht minder die scholastische Methode, die als veraltet galt und in dem Ruf stand, törichte und nutzlose Fragen zu stellen. Dennoch lebten die Humanisten keineswegs in einer eigenen, von den Vertretern der alten Disziplinen abgetrennten Welt. Johannes Eck etwa, später ein erbitterter Gegner Luthers, war in glücklicheren Tagen ein gut ausgebildeter Theologe, der nach der alten Methode arbeitete, aber mit allen deutschen Humanisten in Kontakt stand und auch durchaus einen Blick für neue Entwicklungen besaß. Zunächst verhielt er sich in seiner Bekämpfung Luthers auch ziemlich gemäßigt, denn Luther gehörte, wie er selbst, der neuen Intelligenz an.

So überlappten sich Alt und Neu auf verschiedenen Gebieten.

# III. Jugend und Studienzeit

Bis zu Erasmus' Priesterweihe im Jahr 1492 fehlen gesicherte Daten über
seinen Lebenslauf. Alles bleibt vage und ungewiß. Der folgende Abriß
seiner Jugend- und Studienjahre kann bis zu diesem Jahr also nur unter
Vorbehalt erfolgen, zumal auch das Quellenmaterial nur spärlich ist. Für die
ersten 25 Lebensjahre von Erasmus gibt es nur etwa 30 Briefe, darüber
hinaus eine ebenso große Anzahl von Gedichten, von Erasmus selbst
bearbeitete Mitteilungen aus späterer Zeit und eine einzige Schrift aus
seiner Hand. Eine im 17. Jahrhundert publizierte kurze Lebensbeschreibung
bis 1524, die vorgeblich von Erasmus selbst stammt, wurde in späterer Zeit
zusammengestellt. Das ist nichts Ungewöhnliches. Unüblich hingegen ist,
daß die von Erasmus selbst verbreiteten Fakten in keiner Weise miteinander
übereinstimmen. Es beginnt schon mit seinem Geburtsjahr: Glaubt man
seinen eigenen Aussagen, so wurde Erasmus 1469, möglicherweise aber
auch 1466 oder 1467 geboren. Sein Vater, Gerard oder Gerrit, war Priester,
der ein Verhältnis mit einer Frau aus Gouda, in der Nähe von Rotterdam
unterhielt; im Laufe dieser Beziehung wurden Erasmus' älterer Bruder
Pieter und einige Jahre später er selbst geboren. Priesterkinder waren keine
Seltenheit; in der Diözese Utrecht lebten ein Jahrhundert später etwa 25
Prozent der Priester mehr oder minder offiziell mit einer Frau zusammen.
Dennoch bewog dieser Umstand Erasmus dazu, einen Schleier über seine
Jugend zu breiten. Er hat seine Abkunft stets als Schmach empfunden. Sein
Taufname „Erasmus" geht auf einen der vierzehn in jenem Jahrhundert
populären Nothelfer zurück; er fügte ihm das „Roterodamus" nach seinem
Geburtsort Rotterdam an; das noch später auftauchende „Desiderius" ist
eine literarische Ausschmückung.

Über seine Jugendjahre wissen wir wenig. Er ging in Gouda zur Schule
und besuchte danach einige Jahre die Schule des Kapitels von St. Lebuinus in
Deventer, die in gewisser Hinsicht von der Devotio moderna beeinflußt war.
Hier war der bekannte Humanist Alexander Hegius kurzzeitig sein Lehrer,
und hier begegnete er auch dem berühmten Rudolf Agricola. Er wurde in
den Fächern der Lateinschule jener Zeit unterrichtet; Latein und Rhetorik
standen an erster Stelle. Auch Dialektik wurde unterrichtet, aber dafür
scheint Erasmus wenig Interesse gezeigt zu haben. Wahrscheinlich brachten
seine Vormünder ihn und seinen Bruder nach dem Tod des Vaters in eine
Schule nach 's-Hertogenbosch; 1487 wurden beide in einem Kloster unter-
gebracht, Erasmus im Kloster Stein bei Gouda, das zum Orden der Augusti-
ner-Chorherren gehörte. Nach eigener Aussage war er ein langsamer

Schüler, was richtig sein dürfte; daß er im allgemeinen einen schlechten Unterricht genossen habe, ist ein bei Humanisten übliches Klagelied. Erasmus hatte nichts von einem Wunderkind an sich, und die ersten dreißig Jahre seines Leben deuten auf keine besondere Begabung hin.

Ein klareres Bild von Erasmus beginnt sich in seiner Klosterzeit abzuzeichnen. Wurde er gegen seinen Willen dorthin verpflanzt? Er hat es später behauptet und die Schuld daran seinen Vormündern zugeschoben, die aus Geldgier gehandelt hätten. In Wirklichkeit dürfte es eher so gewesen sein, daß der junge Mann von etwa 20 Jahren wenig andere Möglichkeiten besaß und weder große Lust noch Unlust zu diesem Schritt verspürte. Glaubwürdiger klingen seine späteren Klagen über die Lebensweise, die ihm aufgedrängt wurde und die für den physisch keineswegs starken und etwas weltfremden in höheren Sphären schwebenden jungen Mann schwer zu ertragen gewesen sein durfte. Auch die vielen Anklagen, die er später gegen das Klosterleben im allgemeinen und seine Vertreter im besonderen vorbringt, gehen auf eigene Erfahrungen zurück. Das Klosterleben war streng geregelt, forderte Demut, Gehorsam und dauernde Selbstkontrolle als höchste Tugenden und war vollständig auf Kontemplation und Gottesdienst ausgerichtet. Wenn Erasmus sich später selbst als den einzig Zartbesaiteten inmitten von Dummköpfen sieht, ist wohl Übertreibung mit im Spiel. Es sind Briefe aus der Klosterzeit erhalten, die an Schicksalsgenossen innerhalb und außerhalb des Klosters gerichtet sind und die darauf hinweisen, daß es Gleichgesinnte gab. Die Briefe müssen wohl in erster Linie als literarische Fingerübungen angesehen werden, zugleich aber legen sie Zeugnis von einer tiefgehenden Freundschaft ab. „Während meine Liebe zu dir, teuerster Servatius, nach wie vor so groß ist, daß ich dich lieber habe als meine Augen, meine Seele, kurz, als mich selbst, was macht dich so unerbittlich, daß du den innig Liebenden nicht nur nicht wieder liebst, sondern nicht einmal achtest?" (A 7, 1–4). So beginnt ein Brief von Erasmus, den er im gleichen Ton weiterführt, ausgeschmückt mit einigen schönen Zitaten klassischer Autoren. Von dieser Art existieren mehrere Briefe. Huizinga verweist darauf, daß die sentimentalen Freundschaften im 15. Jahrhundert zum guten Ton gehörten. Spätere Erfahrungen lehrten Erasmus, den Menschen nicht so offen gegenüberzutreten, da ihn seine Offenheit verwundbar machte; er wurde immer verschlossener.

Die klassischen Autoren, in dem erwähnten Brief Vergil und Terenz, sind nicht nur schmückendes Beiwerk. In diesem Kreis ist man von dem Ideal der „bonae litterae", dem Studium der klassischen Literatur, durchdrungen. Man war fasziniert von der Antike, besonders vom Lateinischen. Erasmus und seine Freunde schreiben nicht nur Gedichte, sie fühlen sich als Dichter, empfänglich für die Sprache, für das musizierende Wort.

Aber mit den Worten verbindet sich ein Inhalt, eine neue Welt der Schönheit, die dem flachen, tristen Heute gegenübersteht. Eine modische

Sehnsucht nach Schönheit kommt zum Ausdruck, aber das ist nicht das einzige. Bereits damals hatte sich Erasmus offensichtlich eine recht beachtliche Kenntnis der lateinischen Autoren angeeignet. In einem Brief zählt er fast lässig 15 Namen auf (A 20, 97–101), und die Qualität seiner eigenen Briefe bezeugt, daß er sie gelesen hatte. Er kannte auch eine Reihe italienischer Humanisten wie Francesco Filelfo, Agostini Dati, Poggio Bracciolini und vor allem Lorenzo Valla, und von den Kirchenvätern Augustinus, aber vor allem Hieronymus, der sein Leben lang sein Leitstern bleiben sollte.

Erasmus und sein Freundeskreis mögen im bäuerischen Holland eine Ausnahme gewesen sein; im übrigen Europa hingegen gab es in den Klöstern viele, die ein wenig mit der Sprache spielten, in den Bann einer fernen Welt gerieten und sich allmählich mit ihrem Los aussöhnten. Bereits aus der ersten Schrift, die wir von Erasmus besitzen, geht hervor, daß er tiefer nachdachte. Es handelt sich um das Werk *De contemptu mundi* (ASD V, 1, 1–86), die Weltverachtung, das er Ende der achtziger Jahre schrieb. Das Thema, die Ermunterung zum mönchischen Leben, war aus den vorhergehenden Jahrhunderten sattsam bekannt, und auf den ersten Blick scheint auch Erasmus das Thema in traditioneller Form zu behandeln. Man muß sich nur die Kapitelüberschriften ansehen, die lauten: „Es ist gefährlich in der Welt zu verbleiben", „Verachtung des Reichtums", „Ehrenbezeigungen sind eitel und unbeständig" (ASD V, 1, 44, 108; 46, 162; 50, 277). Doch der erste Eindruck ist in diesem Fall trügerisch. Bei der Lektüre entdeckt man, daß die Schrift ein Loblied auf die mönchische Existenz ist, allerdings aus ganz bestimmten Motiven. Es geht im Kern um die Vortrefflichkeit des einsamen Lebens, wie es im klassischen Altertum anempfohlen wurde. Erasmus bringt das mönchische Leben denn auch nicht in Verbindung mit allgemein christlichen Idealen, sondern eher mit dem allgemein menschlichen Ideal, wie es durch die Aristokraten des Geistes verwirklicht wird. Man gewinnt den Eindruck, daß Erasmus sich nicht damit begnügt, im Kloster zu leben und daneben humanistische Interessen zu haben. Er versucht, beides miteinander zu verschmelzen. Dasselbe Bestreben finden wir in seinen Gedichten, in denen sich eine Hinwendung zu religiösen Motiven feststellen läßt. In dieser Schrift gelingt es ihm jedoch nicht, eine Synthese zu erreichen. Er ist bestrebt, einer Lebensweise Sinn zu verleihen, die er offenbar bereits als sinnlos erlebt hat.

Im Jahr 1493 bot sich Erasmus eine Chance, die er entschlossen wahrnahm. Er wurde Sekretär des Bischofs von Cambrai, Heinrich von Bergen, der einen guten Latinisten benötigte. Obwohl der Prior von Stein, Servatius Roger, jener Servatius, an den er 25 Jahre zuvor seine Freundschaftsbriefe gerichtet hatte, ihm 1514 die Rückkehr befahl, kehrte Erasmus nicht zurück. Um 1507 legte er das Ordensgewand ab, weil man, wie er schreibt, in Italien seine Kleidung mit der der Pestbetreuer verwechselte, so daß er Unannehmlichkeiten bekam.

Aber zurück ins Jahr 1493. Die Stellung am Hof des Bischofs gefiel ihm nicht, eine vom Bischof geplante Romreise zerschlug sich, und Erasmus reiste im Gefolge seines Herren in den südlichen Niederlanden herum. Grund genug also, das unglückliche Geschick zu beklagen, das ihm die Möglichkeiten zum Studium mißgönnte. Übrigens wissen wir auch von diesem Lebensabschnitt so gut wie nichts. Erasmus selbst erwähnt kurz und kommentarlos die Vorfälle in einem Frauenkloster bei Valenciennes, wo die Nonnen von bösen Geistern besessen waren. Seine Studierlust scheint jedoch nicht erloschen, wie aus dem Bericht eines Mönchs aus dem Kloster Groenendaal bei Brüssel hervorgeht: Erasmus hatte während seines Aufenthalts im Kloster Werke von Augustinus entdeckt und studierte sie so eifrig, daß er sie sogar nachts in seinen Schlafraum mitnahm. Man lachte ihn aus, weil er alle anderen Bücher verschmähte und sich ausschließlich auf die Werke des Kirchenvaters beschränkte. Und das ausgerechnet an dem Ort, wo der große Mystiker Ruusbroec jahrelang gelebt hatte (A I, S. 590). Das Studium blieb das hohe Ziel, an einer Karriere im Dienst eines Kirchenfürsten war Erasmus nicht interessiert. Er wollte nach Paris, dem Zentrum der Wissenschaft.

In den letzten Monaten seines Verbleibs in den Niederlanden, vielleicht aber auch in seiner ersten Pariser Zeit, wo er seit 1495 lebte, schrieb Erasmus einen Dialog, in dem er das gute Recht des Studiums der bonae litterae verteidigte (ASD I, 1, 1–138). Die Bezeichnung *Antibarbari*, der Titel, unter dem das Werk 1520 publiziert wurde, spricht für sich selbst. Es ist bemerkenswert, daß Erasmus bereits hier die Dialogform wählte, die er später in den *Colloquia*, den Gesprächen, so meisterhaft handhaben sollte. In dem Werk *Antibarbari* benützt er sie noch ein wenig unbeholfen, wie der Pariser Humanist Robert Gaguin mit Recht bemängelte (A 46, 32–42). Nicht weniger typisch ist, daß er das Gespräch im ländlichen Gebiet Brabants ansiedelt, wo einige Freunde zusammenkommen, um sich in Ruhe zu unterhalten und ein gutes Mahl zu genießen. Eine solche Szene kehrt später mehrmals in seinem Werk wieder. Dazu kommt, daß er auch wirklich draußen auf dem Land an dem Buch gearbeitet hatte, vielleicht auf dem Landgut des Bischofs in Halsteren bei Bergen-op-Zoom.

Seit *De contemptu mundi* war im Denken von Erasmus kein Stillstand eingetreten: Die Problematik hatte sich gewandelt. Das mönchische Leben spielt keine Rolle mehr, vielmehr stellte sich nun die Frage, ob sich antike Kultur und Wissenschaft mit dem christlichen Glauben in Einklang bringen ließen. Ausgangspunkt der Erörterung war, wie es geschehen konnte, daß die wahre Kultur so sehr an Kraft eingebüßt hatte. Als entscheidenden Faktor nennt einer der Gesprächspartner die christliche Religion, und zwar aus verschiedenen Gründen. Von jeher habe es Christen gegeben, die es als schändlich empfanden, sich mit heidnischer Literatur auseinanderzusetzen: Hinter dieser Haltung steckte seiner Meinung nach falsch verstandener

Glaubenseifer oder eine natürliche Abneigung oder einfach Faulheit. Manche haßten, was sie nicht kannten. Anderen wiederum ging es allein um die Frömmigkeit, ihnen genügte die Tugend der simplicitas, der Einfalt, der Naivität. „Schließlich, sagt er, können Religion und Bildung an sich nicht recht miteinander auskommen. Religion ohne litterae bringt durchwegs etwas von einer trägen Dummheit mit sich. Die Kenner der litterae haben einen herzlichen Abscheu davor" (ASD I, 1, 46, 7–47, 7). Erasmus selbst lehnte diese Trennung zwischen Frömmigkeit und Bildung ab. Er war davon überzeugt, daß Gott sich auch außerhalb des Judentums, auch in den Jahrhunderten vor der Geburt Christi, nicht unbezeugt gelassen habe. In der gesamten Kultur des klassischen Altertums liege eine Vorbereitung von Seiten Gottes auf das höchste Gut, das Christus bringen sollte. Und die höchste Bildung stehe doch wohl dem höchsten Gut am nächsten (ASD I, 1, 84, 6–7)? Trotzdem gelangte Erasmus nicht zu einer wirklichen Synthese. Er verwies auf einige positive Vorbilder, besonders auf die Haltung von Hieronymus und Augustinus. Er geißelte den Hochmut der neueren Theologen, die außer sich selbst und ihren Zunftgenossen nichts gelten ließen, die sich allwissend dünkten, typische Antiakademiker, das Gegenteil der Academici des Altertums, der Philosophen, die ihr Urteil lieber zurückhielten (ASD I, 1, 89, 11–90, 10). Erasmus wies aber keinen Weg, wie in der Gegenwart eine Synthese erreicht werden könnte. Er verteidigte lediglich das Anrecht auf das Studium der litterae gegenüber den scholastischen Theologen, die dieses Studium für nutzlos und gefährlich hielten. Die polemische Tendenz überwog, eine positive Lösung blieb Erasmus schuldig.

Dennoch darf man die Bedeutung dieser Schrift nicht unterschätzen. Sie markiert ein Stadium in Erasmus' Entwicklung. Hier deutet sich zum erstenmal das zentrale Thema seines zukünftigen Werks an: Wie kann man ehrlichen Gewissens Kulturmensch und zugleich Christ sein?

Erasmus blieb, mit Ausnahme einiger Unterbrechungen durch Reisen in die Niederlande, von 1495 bis 1499 in Paris. Vorläufig fand er Unterkunft im Collège Montaigu, wo Jan Standonck aus Mecheln mit harter Hand das Szepter führte: Schlechtes Essen, schlechte Unterkunft, Prügel und Herabwürdigung der Schüler, die im Hospiz für arme Studenten lebten. Auch Erasmus litt unter der schlechten Versorgung: Noch dreißig Jahre später erinnerte er sich mit Grausen daran (ASD I, 3, 531–532). Er war nicht besonders kräftig, einer harten Gangart nicht gewachsen und besaß ein modern anmutendes Gefühl für Hygiene. Schon während des ersten Jahres wechselte er in ein großes Studentenhaus über. Doch einfach waren auch die folgenden Jahre nicht: eine zu geringe Beihilfe des Bischofs, ständiger Geldmangel, erniedrigende Betteleien, als Lehrer im Dienst reicher Söhne aus adligen oder wohlhabenden Bürgerfamilien – und das alles in einem

Alter von bereits dreißig Jahren. Seine Klagen sind sicher ernst zu nehmen, aber mit ihnen ist nicht die ganze Wahrheit ausgesprochen. So beschreibt er etwa eine farbenprächtige Prozession, die nach einem drei Monate währenden Regen stattfindet – die Seine war über die Ufer getreten –: und siehe da, die Atmosphäre klärt sich auf (A 50, 7–14)! Er ergötzte sich an einer Rauferei zwischen seiner Gastgeberin und der Dienstmagd, der er geraten hatte, der Frau den falschen Haarknoten herunterzureißen und dann auf sie loszugehen (A 55, 15–50). Er lernte den fröhlichen Humanisten Fausto Andrelini kennen, mit dem er während eines langweiligen Kollegs Briefe wechselt (A 96–100) und den er noch fünfundzwanzig Jahre später als Schürzenjäger und Theologenhasser in Erinnerung hatte (A 1104, 10–17). Sollte es bloßer Zufall sein, daß er ausgerechnet Andrelini von dem englischen Brauch berichtet, daß einen die Mädchen bei Ankunft und Abschied mit schmatzenden Küssen beehrten (A 103, 17–24)? Jedenfalls erzählte man sich im Brabant Geschichten über einen Erasmus, der Schulden machte, ein Faulpelz war und an der Schönheit der Frauen nicht achtlos vorüberging (A 81, 8–9; 83, 34–36).

Die Jahre in Paris standen eher im Zeichen der Abrechnung mit der Vergangenheit als im Zeichen eines Neubeginns. Über Standonck und Jan Mombaer, einen Geistesverwandten Standoncks, der nach Paris gekommen war, um Reformen in einigen Klöstern der Umgebung durchzuführen, kam Erasmus erneut in Berührung mit der Devotio moderna. Er hatte ja bereits während seiner Schulzeit die Bewegung kennengelernt und seine Kenntnisse hatten sich im Kloster Stein, das unter Einwirkung der Bewegung stand, vertieft. Die Frage nach dem Einfluß, den die Devoten auf Erasmus ausübten, ist stark umstritten. Mestwerdt hat ihn hoch veranschlagt, wohl zu Unrecht. Der Einfluß der Bewegung während Erasmus' Schulzeit dürfte gering gewesen sein, und die Klosterperiode war nicht gerade die glücklichste in seinem Leben. Standonck und Mombaer vermochten sein Urteil gewiß nicht positiv zu beeinflussen. Von Mombaer, dem er in seiner Pariser Zeit einige formelle Briefe schrieb, kannte er das *Rosetum*. Der Titel „Rosengarten" war seiner Meinung nach anmaßend: „Im Innern findest du nichts anderes als Disteln und Lolch" (ASD I, 1, 89, 20–21). Dieses Urteil ist nicht verwunderlich, wenn man bedenkt, daß der bekannteste Abschnitt des Werkes, das *Chiropsalterium*, von der Methode handelt, wie man mittels des Daumens, der die Innenseite der anderen Finger betastet, fromme Gedanken hervorzurufen vermag: Jeder Teil eines Fingers steht für eine eigene Betrachtung. Eine solche Lehre stand nicht gerade in Einklang mit den Idealen des Erasmus. Sein Urteil über Standonck ist uns bekannt, und seine Mitteilung, daß in Montaigu „selbst die Wände einen Theologengeist besitzen" (ASD I, 3, 531, 1322), zeigt überdeutlich, daß Erasmus die Erziehungsmethoden in der verhaßten Einrichtung nicht von der Theologie trennte, die dort gelehrt wurde. Dieser harte und gesetzliche Zuschnitt der

Devotio moderna, typisch für deren Spätstadium, war wenig attraktiv, und von Erasmus gibt es dazu keine Äußerung.

Er war nach Paris gegangen, um Theologie zu studieren, und er war fest entschlossen, den Doktorgrad zu erwerben (A 48, 23–24). Wir wissen nicht, warum er sein Vorhaben nicht verwirklichte. Welche Vorlesungen er besuchte, bleibt unklar. Soviel nur ist deutlich, daß er die scholastische Theologie in ihrer scotistischen Form kennenlernte, in der Schulrichtung also, die auf Duns Scotus zurückgeht. Wie sie auf Erasmus wirkte, erfahren wir aus zwei Briefen; einer stammt aus der Pariser Periode, der andere aus der Zeit in England, als er dort entdeckte, daß auch eine andere Theologie möglich war. Ein Blick in den letzten Brief dürfte wohl genügen: „Spitzfindigkeiten, sophistische Redereien, die Halbwisser und Streithähne erzeugen, Streit um Streit entsteht, und in erstaunlichem Stolz streiten wir uns um des Kaisers Bart, wir werfen mitunter Fragen auf, die frommen Ohren nahezu unerträglich sind" (A 108). Soviel nur als Stichprobe. Allerdings fügt Erasmus hinzu, daß er sich gegen die entarteten Theologen, nicht gegen die echten Meister wende. Wir kommen später auf die Frage zurück, ob Erasmus trotz seiner Abneigung doch von der Scholastik gelernt hat (vgl. S. 94–95), aber der Brief aus Paris macht deutlich, was der tiefere Grund für diese Ablehnung ist. Erasmus erzählt die aus der Antike bekannte Geschichte von Epimenides. Dieser hatte nicht weniger als 47 Jahre schlafend in einer Höhle zugebracht. Endlich erwachte er. Er hatte also noch einmal Glück, bemerkte Erasmus dazu, denn die meisten Theologen unserer Zeit werden niemals erwachen. Als Epimenides aufwachte, schien sich alles verändert zu haben, so daß er an sich selbst zu zweifeln begann: „Er kommt in die Stadt, auch hier alles neu! Er kennt die Mauern nicht, die Straßen, das Geld, die Leute selbst. Anders Kult und Ritus, anders die Sprache – so schnell wandelt sich die Gesellschaft!" Er läuft verwirrt herum, nur von ein paar Saufbrüdern wiedererkannt, die damals seine Freunde waren (A 64, 21–70). Dieser Epimenides ist für Erasmus das Abbild der scholastischen Theologie seiner Zeit. Die Theologen sind eingeschlafen, verharren beim Alten und führen sich in der heutigen Welt wie Narren auf.

Im gleichen Brief zeichnete Erasmus ein Selbstporträt: „Wenn du den Erasmus unter jenen heiligen Scotisten mit aufgesperrtem Munde sitzen sehen würdest, während von hohem Katheder Professor Schweinhuber eine Vorlesung hält! Wenn du ihn sehen würdest mit gerunzelter Stirn, starren Augen, gespannten Zügen! Du würdest sagen: Das ist Erasmus nicht... Ich bemühe mich mannhaft, nichts mehr lateinisch zu sagen, nichts mehr schön oder witzig" (A 64, 74–81). Hier spricht der Wortführer einer neuen Generation mit einem neuen Lebensgefühl.

Macht Erasmus auch positive Erfahrungen in Paris? Freilich, in den Kreisen der Pariser Humanisten, unter denen Robert Gaguin, der General der Trinitarier, als anerkannter Meister galt. Er lernte ihn kennen und

erhielt durch ihn die Chance, zum erstenmal etwas zu veröffentlichen: Am
Ende von Gaguins *De origine* ... *Francorum* blieben 1495 beim Druck einige
Blätter leer, und Erasmus ist einer derjenigen, die schnell einen Beitrag
liefern, eine Lobrede auf Gaguin. Er veröffentlichte noch einiges mehr, aber
man war in Paris nicht gerade sehr interessiert an ihm. Es gab wichtigere
Menschen, die mehr geleistet hatten. So durchlief er seine Lehrjahre und
nützte die Möglichkeiten, die das Pariser Milieu ihm bot. Einige kleinere
Ausgaben sind das Resultat dieser Jahre; überwiegend verbrachte er seine
Zeit mit Lesen, Auswendiglernen, Exzerpieren und Interpretieren der lateinischen Autoren. Daß er sich um seine jungen Schüler kümmern mußte,
war, auf lange Sicht gesehen, nicht nur Zeitvergeudung. Erasmus verspürte
gegen diese Arbeit nichts als Widerwillen; er war kein Schulmeister und
sollte nie einer werden. Aber aus seinem Unterricht gingen lateinische
Lehrbücher für Anfänger hervor, die später unglaublich populär wurden.
Bei der Lektüre fielen ihm die vielen Sprichwörter und Redensarten auf, und
er begann sie zu sammeln. Auch das war das Vorstadium für ein später
berühmt gewordenes Werk, die Sprichwörtersammlung, der er den Titel
*Adagia* gab.

Man täusche sich nicht, Persönlichkeiten seines Zuschnitts gab es viele:
Menschen um die dreißig, Geistliche, die wenig Begeisterung für Kirche
oder Theologie aufbrachten, die gut ausgebildet in der lateinischen Literatur
und voller Bewunderung für die Schönheit dieser Sprache waren, deren
finanzielle Mittel jedoch nicht ausreichten und die sich daher gezwungen
sahen, etwas Geld von einem zufälligen Mäzen und ein paar Schülern
zusammenzukratzen, von dem Ideal beseelt, nach Rom zu gehen, dem
Mittelpunkt der Welt.

## IV. Erasmus in der Welt der Humanisten

Im Jahr 1499 war Erasmus ein junger, unbekannter Literat – 1514 bezeichnet er sich selbst als alt, grau und kränklich (A 296, 209). Zu diesem Zeitpunkt war er wahrscheinlich 45 Jahre alt, und das Tor zum Erfolg stand ihm offen. Die fünfzehn Jahre dazwischen waren von entscheidender Bedeutung, aber auch über diesen Lebensabschnitt sind wir nicht besonders gut informiert. Der Briefwechsel umfaßt an die 200 Briefe, 150 stammen von Erasmus selbst. Das ist nicht viel, zumal die Verteilung sehr ungleich ist. Aus den Jahren 1502 bis 1508 sind uns 45 Briefe erhalten, aus den Jahren 1509 und 1510 ist sogar kein einziger Brief von Erasmus bewahrt geblieben. Hinzu kommt, daß viele Briefe – das gilt auch für die spätere Zeit – von Erasmus selbst herausgegeben worden sind oder von Freunden, die er autorisiert hatte, ihnen notwendig erscheinende Änderungen vorzunehmen. Man muß also berücksichtigen, daß die Briefe überarbeitet sein können. Daneben gibt es einige Veröffentlichungen, die Einblick in Erasmus' Interessen und seine Gedankenwelt gewähren, und gegen Ende dieser Periode, als er bereits bekannt zu werden begann, gibt es vereinzelt Mitteilungen Dritter über ihn. Die Situation ist für den Forscher also nicht schlecht, doch muß er mit Behutsamkeit vorgehen, will er bestimmte Entwicklungen in Erasmus' Denken registrieren: Scheinbare Unterschiede können auf Zufälligkeiten in der Überlieferung oder auf einer Bearbeitung des Materials beruhen.

Im Jahre 1499 faßte Erasmus den Plan, nach Rom zu gehen. Statt dessen ging er nach England, wo er sich vor allem in London und Oxford aufhielt. Auch in den folgenden Jahren reiste er viel; er lebte 1499–1500 in England, 1500–1501 in Paris und Orléans, 1501–1504 in den Niederlanden, 1504–1505 wieder in Paris, 1506–1509 in Italien, 1509–1514 wiederum in England. Diese Zusammenstellung seiner Wohnorte gibt Aufschluß darüber, wie weit Erasmus sich von seinem ursprünglichen Milieu entfernt hatte: Nach 1504 kehrte er nicht mehr in die Niederlande zurück, und in den Jahren davor hatte er mehr in den südlichen Niederlanden als im Norden gelebt. 1501 war er noch für anderthalb Monate in Holland gewesen, meinte jedoch mit großem Mißbehagen, er habe dort seine Zeit vergeudet, und er betonte: „Vertan, sage ich; denn nichts ist so sehr verloren" (A 159, 4–5). Ihn stieß sowohl das unmäßige Essen als auch die Unbildung und die Geringschätzung des Studierens ab (A 159, 59–64). Sodann sehen wir Erasmus in den Zentren der humanistischen Bewegung. Zunächst in Italien, sowohl im Norden wie auch in Rom, damals eine Selbstverständlichkeit für einen Humanisten; aber auch für England hatte Erasmus eine Vorliebe. Das

Rheinland mit seinen bedeutenden humanistischen Traditionen hatte er bis dahin noch nicht besucht. Wichtig waren vor allem die Jahre in England und in Italien.

Der erste Aufenthalt in England brachte Erasmus die heiß ersehnte Anerkennung. Er war dorthin als Lehrer von William Blount, Lord Mountjoy, gegangen. Der zwanzigjährige Lord und spätere Erzieher des Prinzen Henry verfügte über Verbindungen zu den höchsten Kreisen. Erasmus lernte Thomas More, den späteren Kanzler Heinrichs VIII. kennen, und dieser nahm ihn mit in den Palast, wo die Prinzen und Prinzessinnen lebten. So begegnete er dem späteren König, der zu dieser Zeit acht Jahre alt war, aber schon damals eine wahrhaft königliche Ausstrahlung besaß, wie Erasmus einige Jahre später bemerkte (A I, S. 6, 14–16). Der Umgang mit dem hohen Adel ist typisch für diesen ersten Aufenthalt, der etwa ein halbes Jahr dauerte. In einem Brief an Robert Fisher, der sich gerade in Italien aufhielt, „wo die Mauern mehr Bildung und Beredsamkeit haben als bei uns die Menschen", sang er dennoch ein Loblied auf England: Es gibt Geistesadel und Bildung, es gibt Menschen wie John Colet, William Grocyn, Thomas Linacre, Thomas More. „Es ist wunderbar wie dicht hier allenthalben die Saat der alten Wissenschaft sprießt". Erasmus schwebte so hoch in den Wolken, daß ihm Italien nur noch wie ein touristischer Leckerbissen erschien; er fand sogar das Wetter in England angenehm und gesund – und das Anfang Dezember (A 118, 15–27). Hier klingt die Freude durch, daß er endlich „entdeckt" worden war.

In England lernte Erasmus auch John Colet kennen. Natürlich war Colet in erster Linie ein Mäzen, der für Geld und Obdach sorgte und einflußreiche Beziehungen hatte. Aber das war nicht alles. Erasmus war tief beeindruckt von den Vorlesungen über die Paulusbriefe, die Colet 1499 hielt, und als er ihm 1510 als Prediger von St. Pauls und Leiter der Schule wiederbegegnete, die er dort neuerlich eingerichtet hatte, geriet er abermals in dessen Bann. Daß Colet zur geistigen Entwicklung von Erasmus viel beigetragen hat, steht außer Frage, dennoch ist es schwierig, diesen Einfluß genau zu bestimmen. Schon seit langem war man geneigt, ihm eine entscheidende Rolle beizumessen: Seiner Wirkung schrieb man es zu, daß sich Erasmus vom Literaten zum Bibelgelehrten entwickelte und daß durch ihn der erste Englandaufenthalt zum Wendepunkt seines Lebens geworden war. Diese Auffassung hat sich seit dem Erscheinen des fesselnden Buches von Frederic Seebohm aus dem Jahr 1867 durchgesetzt, der bezeichnenderweise im Untertitel von „the fellow-work" von Colet, Erasmus und More spricht. Stupperich (Erasmus 51–53) bestreitet das und hat damit, wie ich glaube – auch wenn ich seine Gründe nicht teile –, das Recht auf seiner Seite. Erasmus ist nicht durch Colet zum philologischen Bibelstudium gelangt, das in seinem Leben eine zentrale Bedeutung erlangen sollte. Dafür sind die Methoden der beiden viel zu unterschiedlich. Colet konnte nicht Griechisch, hielt seine Vorlesungen auf der Grundlage der *Vulgata*, und es bereitet dem heutigen Leser größte Mühe, etwas von der Anziehungskraft dieses Kollegs herauszuspüren. Diese muß eher in seiner Person als in seinem Werk gelegen haben. Die Lebensbeschreibung, die Erasmus kurz nach Colets Tod gegeben hat, macht das gleichfalls deutlich (A IV 1 202, 245–616): Es geht hier in erster Linie um den Menschen Colet.

Die Rückkehr nach Paris im Jahr 1500 geriet zur großen Enttäuschung. Das Reisen in einer Zeit, in welcher die Nachricht vom Tode Papst Julius' II. per „eylende Post" zehn Tage für den Weg von Rom nach Nürnberg benötigte, war kein einfaches Unternehmen. Erasmus hat des öfteren die Schwierigkeiten beschrieben, die ihm widerfuhren, meist in leicht ironischem Ton. Aber diesmal wurde es dramatisch. Nachdem sein Englandaufenthalt aufs Ganze gesehen ein großartiges Erlebnis gewesen war, nahmen ihm die Zollbehörden in Dover alles Geld ab, das er bei sich trug, 20 Pfund, eine Summe, die er bislang noch nie zusammengebracht hatte und die seinen Lebensunterhalt monatelang gesichert hätte. Kein Wunder, daß ihm auch die Reise von der französischen Küste nach Paris als Alptraum in Erinnerung blieb: Bedroht von zwei Franzosen, die ihm und einem Reisegefährten Pferde und Geleit verschafft hatten, sich unterwegs aber als Räuber entpuppten, erreichte er Paris nur deshalb ungeschoren, weil sowieso kein Geld mehr bei ihm zu holen war (A 119). Den Verlust des Geldes verübelte Erasmus England zeit seines Lebens. Dennoch blieb er anglophil, und er hatte dafür, wie wir sahen, seine Gründe.

Auch die Zeit in Italien, von 1506–1509, ist erwähnenswert. Erasmus kam nicht als junger Student, der alles erst noch lernen mußte, sondern eher als Fachmann, der etwas geleistet hatte, der Kollegen aufsuchen und sich weiter entwickeln wollte. Kurz nach seiner Ankunft erhielt er in Turin den Doktorgrad der Theologie (A 200, 8). Er lernte Bologna, Venedig, Padua und Rom kennen. Aus diesen Jahren existieren nur wenige Briefe, und auch später gibt es von Erasmus nur vereinzelt Aufzeichnungen über diese Zeit. Er erwähnt einen Stierkampf – aber der gefiel ihm nicht (A 3 032, 417–433) –, und er berichtet von einem stockfinsteren Tunnel durch einen Berg in der Nähe von Neapel (LB X 1 527 CD) sowie von einem Besuch in der Höhle der Sybille von Cumae in derselben Gegend (A I, S. 62, 210–213). Wir hören von dem Humanisten Hieronymus Aleander – später ein erbitterter Gegner des Erasmus – der ein besserer Graecist als er selbst war, aber das Lateinische weniger gut beherrschte (A 3 032, 530–533); Erasmus besuchte seine Vorlesungen und teilte mit ihm ein Zimmer im Hause des Schwiegervaters des berühmten venezianischen Druckers Aldus Manutius (ASD IX, 1, 149, n. 687–688). Später erzählte er seinem vertrauten jüngeren Freund Beatus Rhenanus von jenen Tagen in Venedig; er hatte dort wie besessen in der Druckerei gearbeitet, Manuskripte von griechischen Autoren herbeigeschafft bekommen und von den berühmtesten Humanisten seiner Zeit alle

Feinheiten des Faches gelernt (A I, S. 61, 147–165). Man hat wohl nicht zu Unrecht den Eindruck, daß Italien für Erasmus ein Synonym für Manuskripte und Bücher war. Im Jahre 1509 kam er – als bekannter Autor – nach Rom, und er nutzte seine Zeit dort gut. Er lernte wichtige Leute wie den Kardinal Domenico Grimani (A 2465, 10–56), Raffaele Riario und Egidio von Viterbo kennen sowie den späteren Papst Leo X. Der Aufenthalt blieb ihm in jeder Hinsicht unvergeßlich: Himmel und Felder, Bibliotheken und Wissenschaftler, viele Berühmtheiten (A 253, 4–9). Seinen kritischen Sinn büßte er dabei nicht ein. Zwanzig Jahre später erinnerte er sich mit Abscheu des berühmten Redners, der am Karfreitag im Beisein von Papst Julius II. und vieler Kardinäle und Bischöfe die Predigt gehalten hatte und dessen Rede sich überwiegend in Lobhudelei auf den Papst erschöpft hatte. Für den Redner war der Papst der allmächtige Jupiter, der mit einem Wink seinen Willen in Frankreich, in Deutschland, ja in allen Ländern der Welt durchzusetzen vermochte. Christus hingegen war für ihn nicht mehr als irgendeiner der Helden des Altertums, die ihr Leben für Rom geopfert hatten (ASD I, 2, 637, 20–639, 21).

Ein Erlebnis war auch die Reise über die Alpen, jedoch erfahren wir nichts über die Berge. Auf der Hinreise entstand *De senectute* (R 83), Das Alter, ein Werk, in dem Erasmus aus der Distanz beschreibt, wie er von Jugend an gelebt hat: Studierend, lesend, nichts als lesend. Auf dem Rückweg entwarf er *Das Lob der Torheit*, in dem er abrückt von allem, was auf der Welt als wichtig galt.

Sein zweiter Englandaufenthalt von 1509–1514 wurde nicht weniger bedeutsam als der erste. Gleich nach dem Tod Heinrichs VII. hatte Blount ihn ermuntert, sein Glück zu ergreifen und nach England zu gehen. Blounts Brief war in einem erregten Ton geschrieben: Mit der Thronbesteigung Heinrichs VIII. werde alles anders werden: „Der Himmel lacht, die Erde bricht auf, alles ist voller Milch, voller Honig, voller Nektar" (A 215, 14–15), und er prophezeite Erasmus, daß dessen Nöte nun ein Ende hätten. Humanistenstil? Gewiß, aber auch charakteristisch für die weitgesteckten Erwartungen. Um die Ernsthaftigkeit seiner Aufforderung zu unterstreichen, übersendet Blount ihm 10 Pfund für die Reise, die Hälfte von ihm selbst, die andere im Namen des Erzbischofs von Canterbury (A 215, 70–74). Erasmus nahm die Einladung begierig an, doch wurden seine hohen Erwartungen in England enttäuscht. Dennoch wurde er allmählich bekannt, mehr noch als zehn Jahre zuvor. Schon 1511, als er sich in Paris aufhielt, um sich um den Druck von *Lob der Torheit* zu kümmern, bekam er einen Brief aus England: „Ja, man vermißt dich gewaltig. Dauernd werde ich, als dein Hausgenosse bekannt, mit Fragen belästigt: ‚Hast du Neuigkeiten von Erasmus? Wann kommt er zurück? Er ist, das steht fest, die Sonne unserer Zeit. Wenn er nur zurückkäme!'" (A 221, 17–30). Das klingt freilich etwas überschwenglich, aber es ist ein Freund, von dem diese Zeilen stammen. Im Jahr 1512 schreibt

Erasmus über sich selbst: „Erasmus ist fast ganz Engländer geworden, so außerordentlich gütig begegnet man mir von vielen Seiten, ganz besonders mein unvergleichlicher Mäzen, der Erzbischof von Canterbury"; und es folgt ein Loblied auf William Warham (A 252, 15–31). Ein zweiter Grund für seine Englandliebe wird hier sichtbar. Er wurde geehrt, fand aber auch die Schutzherren, die er brauchte, um eine unabhängige Position zu erlangen. Das geschah freilich nicht von heute auf morgen, sondern erst gegen Ende seines Englandaufenthaltes, als Erasmus bereits Mitte Vierzig war.

Wie nun hatte sich das Leben von Erasmus in diesen fünfzehn Jahren abgespielt? Der Kampf ums nackte Dasein verschlang viele Energien. Die säuerliche Luft der Armut weht uns aus seinen Briefen entgegen. 1504 verfaßte er ein Loblied auf Philipp den Schönen, den Vater Karls V., und bemerkte zu Colet, er habe nie etwas mit größerem Widerwillen geschrieben, da es bei dieser Spezies von Literatur nicht ohne Schmeichelei abgehe (A 181, 54–57). Er bettelte weiter bei den alten Gönnern in den Niederlanden, mit der Zeit jedoch wurden die englischen Geldgeber wichtiger. Bei ihnen wurmte ihn das Betteln noch mehr. „Diese Bettelei! Ich weiß wohl, du lachst darüber. Aber ich hasse mich selbst", brach es 1511 gegenüber Colet aus ihm heraus (A 227, 20). Aber noch war kein Ende abzusehen. Im gleichen Jahr bedankte er sich bei Colet für eine Zusage, zeigte sich aber begreiflicherweise gekränkt durch dessen scherzhafte Bemerkung: „Wenn du nur demütig bettelst" (A 237, 17–70). Warum diese Lebensweise? Erasmus beantwortet diese Frage in dem Brief an einen alten Freund, der Anna von Burgund für ihn um Geld angehen soll: „Du wirst zeigen, wie ich durch meine Schriften der gnädigsten Frau mehr Ehre machen werde als andere Theologen, die sie unterstützt. Denn die predigen Alltägliches, ich schreibe Unvergängliches. Jene dummen Schwätzer hört man in der einen oder anderen Kirche; meine Bücher werden von Lateinern, Griechen, von allen Völkern auf der ganzen Erde gelesen werden. Von solchen dummen Theologen gibt es überall eine ganze Masse, einer meinesgleichen findet sich kaum seit vielen Jahrhunderten" (A 139, 34–39). War das ernst gemeint? Er fügt zwar hinzu, daß sein Freund bereit sein müsse, es um eines Freundes willen mit der Wahrheit nicht allzu genau zu nehmen, aber ernst gemeint waren die Worte trotzdem, und das um 1500, zu einer Zeit also, als er nur auf die Zukunft verweisen konnte.

Nur von milden Gaben konnte Erasmus nicht leben. Einen großen Teil seines Lebensunterhalts in jenen Jahren verdiente er sich, indem er unterrichtete oder auch nur beaufsichtigte. In dieser Funktion war er 1499 nach England und 1506 nach Italien gegangen. 1511 hielt er in Cambridge einige Vorlesungen (A 233, 8–13). Es blieb jedoch in dieser Hinsicht eine Kluft zwischen Theorie und Praxis bestehen. Zwar schätzte Erasmus Colet gerade

als Lehrer der Jugend, und er half ihm bei einem Lehrbuch (A 260 Einl.), mit
einer Predigt und mit Gedichten (R 85–90). Er verteidigte auch das Lehrfach
leidenschaftlich gegenüber einigen Theologen und betonte stets, daß keine
Arbeit in den Augen Gottes verdienstvoller sei als dieses Fach, mit dem es
kein Klosterleben aufnehmen könne, auch wenn die Mönche diese Tätigkeiten verachteten (A 237, 71–89). Dennoch hatte er selbst wenig Freude daran
(A 475, 14–18). Der echte Erasmus jener Jahre tritt uns in den Schilderungen
Stephen Gardiners, des späteren Bischofs von Winchester und eines Verfol-
gers der Protestanten unter Königin Mary entgegen. Gardiner war 1511 als
etwa fünfzehnjähriger Junge in Paris bei Erasmus gewesen, und fünfzehn
Jahre später erinnerte er sich, wie dieser ihn für den Salat gelobt hatte, den er
zubereitet hatte. Noch immer war er, wenn der Name Erasmus fiel, stolz
darauf, einst sein Koch gewesen zu sein! Besonders aber erinnerte er sich an
die vielen griechischen und lateinischen Bücher, die Erasmus damals gekauft
hatte (A 1669, 8–37).

Das war das Wichtigste für Erasmus in jenen Jahren. Als Humanist
studierte er die Klassiker und gab ihre Werke mit fachkundigen Kommentaren versehen heraus. Den Anfang machten die *Adagiorum collectanea* von
1500, gleich nachdem er aus England wieder nach Paris zurückgekehrt war,
eine Sammlung von 818 lateinischen Sprichwörtern, Redensarten und
Metaphern, eine Fundgrube für Leute, die ein korrektes und geschliffenes
Latein schreiben wollten. Es war das erste richtige Buch, das Erasmus
herausbrachte. Allerlei kleinere Werke folgten, von denen nur einige hier
erwähnt sein sollen: Editionen von Ciceros *De officiis*, der *Disticha Catonis*
und der *Mimi* von Publilius Syrus, lateinische Übersetzungen griechischer
Autoren wie Euripides, Plutarch und Lukian. Manchmal spielte Erasmus
seine Leistung herunter, entschuldigte sich dafür, daß er sich als Theologe
„ein paar Stunden damit beschäftigt" habe (A 298, 16–22). Das ist natürlich
reines Imponiergehabe. Auch später pflegte Erasmus bei wichtigen Büchern
stereotyp zu erklären, er habe ein paar Tage dafür gebraucht. Wie dem auch
immer sei, reich wurde er damit nicht. In einem uns erhaltenen Brief des
Pariser Druckers Josse Badius an Erasmus wird ein wirklichkeitsgetreues
Bild von den Schwierigkeiten gezeichnet, mit denen sich Autoren herumzu-
schlagen hatten. Badius schreibt, daß er die Manuskripte von Erasmus
erhalten habe, daß Erasmus seinen Preis für sie nicht erwähnt habe, daß er
nicht ordentlich bezahlen könne, weil seine Konkurrenten sowieso gleich
alles nachdrucken würden, und so unterbreite er ein Angebot, das Erasmus
wohl als lächerlich niedrig empfinden werde, aber er müsse sich damit
trösten, daß der Himmel es ihm lohnen werde, daß er sich verdient mache
und daß er diesem armen Badius mit seiner Kinderschar helfe (A 263).

Erasmus gab auch Werke eines anderen Genres heraus: 1503 das *Enchiridion*, 1511 *Das Lob der Torheit*. Wir werden ihnen, ebenso wie den *Adagia*,
in anderem Zusammenhang begegnen. Die *Adagia* und *Das Lob der Torheit*

wurden sofort populär, das *Enchiridion* blieb zunächst völlig unbeachtet, bis es fünfzehn Jahre später plötzlich Furore machen sollte.

Hatte Erasmus etwas Eigentümliches, das ihn unter den Humanisten auszeichnete? Außerordentlich war er nicht, wenngleich sich in diesen Jahren eigene Akzente herauszubilden begannen. Bestimmte Elemente kehrten immer wieder. Da war zunächst das Studium des Griechischen. Schon 1500 war er intensiv damit beschäftigt (A 124, 62–64). Er kratzte Geld zusammen, um Plato zu kaufen, griechische Bücher und einen Griechischlehrer bezahlen zu können. Er verfolgte weitgespannte Pläne, wollte dieses und jenes herausgeben, vor allem aber wollte er ausreichende Kenntnisse des Griechischen erwerben (A 138, 38–51). Zur gleichen Zeit, so erfahren wir, kaufte er alle Werke von Hieronymus (A 138, 39–40), die er bereits im Kloster eifrig studiert hatte; nun faßte er den Plan, eine kommentierte Textausgabe zusammenzustellen. Beide Hauptpunkte seines Studiums kehren in den Briefen regelmäßig wieder. Im Griechischen machte er gute Fortschritte. Schon 1502 konnte er sich ziemlich gut auf Griechisch ausdrükken, und zwar ex tempore (A 172, 10–12). Seine Arbeit an Hieronymus zog sich lange hin, aber immer wieder hören wir, daß er sich damit beschäftigte.

Warum gerade Griechisch und Hieronymus? Das Griechische brauchte er einfach, und wäre es nur für die *Adagia* gewesen. Hieronymus war eine alte Liebe. Aber in beiden Fällen steckte mehr dahinter. Keinem Kirchenvater hat sich Erasmus so verwandt gefühlt wie Hieronymus, mit niemandem hat er sich auch so stark identifiziert. Hieronymus war für ihn der „vir trilinguis", der Mann der drei Sprachen – Lateinisch, Griechisch und Hebräisch –, und er war der Mann der Bibelübersetzung und Bibelauslegung, ein Werk, das er allein durch seine phänomenalen Sprachkenntnisse hatte zustande bringen können. Er war es auch, der wie kein anderer westlicher Kirchenvater die Klassiker kannte und diese Kenntnis in die Theologie einbrachte. Die Verbindung von echter Gelehrsamkeit und Bildung mit Frömmigkeit und Theologie, die Erasmus anstrebte, fand er in diesem Kirchenvater verwirklicht. Ähnliches gilt für das Griechische. Als Erasmus seine Absicht ankündigte, sich mit aller Energie dem Studium des Griechischen zuzuwenden, hatte er ein genau umschriebenes Ziel vor Augen. Es sollte wie das Studium des Hieronymus beitragen „zu meinem Ruhm, ja zu meinem Heil". Er war entschlossen, sich völlig den „arcanae litterae" oder „sacrae litterae", wörtlich der „geheimnisvollen, geweihten Literatur" hinzugeben. Schon lange hatte Erasmus sehnsüchtig darauf gebrannt, sich mit der Bibel zu beschäftigen (A 138, 41–48), und das Studium des Griechischen und seine Hieronymusstudien sollten nun auch dem Bibelstudium nutzbar gemacht werden.

Ob ihm wohl selbst bereits ganz klar war, in welcher Weise? Im Vordergrund stand wohl die Auslegung der Bibel. Schon 1499 hatte Colet gebeten, Erasmus möge einige Bücher der Bibel besprechen. Erasmus hatte sich geweigert; weil er sich nicht genügend gerüstet fühlte (A 108, 74–101)? Schon nach einer kurzen Beschäftigung mit dem Griechischen wagte er sich an einen Kommentar der Paulusbriefe, gab aber bald auf, weil er einsah, daß dies ohne Kenntnis der Sprache unmöglich war (A 181, 31–34). 1501 demonstrierte er an einem Beispiel die Bedeutung des Griechischen. Bei zwei Psalmen kann die Übersetzung der *Vulgata* nur größte Mißverständnisse erzeugen, das Griechische dagegen macht sofort deutlich, was der Psalmist sagen wollte (A 149, 9–41). Eine merkwürdige Sache: Erasmus mußte gewußt haben, daß auch der griechische Text der Psalmen eine Übersetzung war. Hebräisch hat er selbst überhaupt nie gelernt (A 181, 36–38). Dennoch war das ein wesentliches Moment für seine Entwicklung. Er erkannte, daß Theologie ohne jegliche Grundkenntnisse der Sprachen nicht betrieben werden konnte. „Ich sehe ein, daß es der Gipfel des Wahnsinns ist, auf jenen Teil der Theologie auch nur hinzuweisen, der insbesondere von den Heilsgeheimnissen handelt, wenn man nicht auch des Griechischen mächtig ist"; ohne diese Kenntnis könne man nicht einmal den wörtlichen Schriftsinn entschlüsseln (A 149, 21–26). 1504 schreibt er, daß er seit drei Jahren „im Banne des Griechischen" stehe und sich fest vorgenommen habe, den Rest seines Lebens dem Studium der Heiligen Schrift zu widmen (A 181, 29–36). Er hatte damals bereits in einer Abtei bei Löwen das Manuskript von Lorenzo Vallas *Adnotationes* entdeckt, die Anmerkungen des berühmten Humanisten zum Neuen Testament, in dem dieser die lateinische Übersetzung an einer Reihe von Stellen mit einigen griechischen Handschriften verglich. 1505 gab Erasmus dieses Werk mit einem wichtigen Vorwort heraus, in welchem er die Einwände derer widerlegte, die verlangten, daß nur der Theologe und nicht der Philologe Kritik an der *Vulgata* üben dürfe. „Dieses ganze Werk, das Übersetzen der Heiligen Schriften, gehört ja sichtlich zu den Aufgaben des Philologen. Es ist doch nicht töricht, wenn Jethro in einigen Dingen weiser ist als Mose". Der Vergleich ist aufschlußreich. Mochte die Grammatik auch zu den profanen Wissenschaften zählen, so konnte sie dennoch der Theologie dienen, ja ihre Hilfe war sogar bitter nötig. Und denen, die behaupteten, die Theologie stehe so hoch, daß sie den Gesetzen der Grammatik nicht unterworfen sei, begegnete Erasmus mit dem Argument, daß es „eine neue Würde der Theologen wäre, wenn nur sie auf barbarische Weise reden dürften" (A 182, 129–140). Hier liegt das spezifisch Erasmische, daß er die Bedeutung des Philologen für das Neue Testament artikuliert. Erasmus hatte sich aufs Ganze gesehen seit der Abfassung der *Antibarbari* weiterentwickelt. Damals ging es ihm um die Integration von Kultur und Christsein, jetzt begann er die Verwirklichung des Ideals anzusteuern.

Wer war der Mensch Erasmus, der in diesen Jahren allmählich zu seiner Lebensaufgabe fand? Bei der Beantwortung dieser Frage geht es mir nicht primär darum, Charaktereigenschaften zu nennen. Huizinga hat bereits ein Bild von Erasmus entworfen: Sein Bedürfnis nach Reinheit, seine Empfindsamkeit und Überempfindlichkeit, sein Bedürfnis nach Freundschaft und Zuneigung, seinen Egozentrismus, sein Mißtrauen, sein maßloses Freiheitsbedürfnis, den Gegensatz zwischen seinem Abscheu vor der Lüge und den kleinen Tricks, die er manchmal einsetzt. Wir sehen die nicht allzu große, etwas zarte Gestalt, gut gewachsen, hellhäutig, mit blondem Haar und blauen Augen vor uns. Der Mensch Erasmus war sehr komplex. Uns geht es um die Frage: Welcher Charakterzug stach am stärksten hervor? Ich sehe seine Zähigkeit als wichtigstes Merkmal seiner Persönlichkeit an, das gegen alle Widerstände unverdrossene Festhalten an dem Ziel, das er erreichen wollte. Er ließ sich nicht von Armut abschrecken. Ebensowenig konnte ihn seine labile Gesundheit von seiner selbstgewählten Lebensaufgabe abhalten. Auch wir werden die letzten Tiefen von Erasmus nicht ausloten können, aber ein wesentlicher Zug seines Charakters wird uns deutlich, wenn wir auf eine Begebenheit in der Druckerei von Aldus Manutius in Venedig aus dem Jahre 1508 verweisen: acht Monate lang war Erasmus damit beschäftigt, aus der Sammlung von 800 Sprichwörtern, die er 1500 herausgebracht hatte, das umfangreiche Werk *Adagiorum chiliades* mit über 3200 Nummern herzustellen. Von Manuskripten griechischer Autoren umgeben, die der Drucker ihm zugänglich gemacht hatte, sammelte und erklärte er. Er arbeitete unablässig, während die Setzer bereits am Werk waren. Auch 1515 in Basel, in der Druckerei von Froben, war er unermüdlich tätig. Diese Szenen sind charakteristisch für seinen Lebensstil und seine verhaltene Leidenschaft.

Erasmus hatte Grund zur Genugtuung, als er im Sommer 1514 England verließ und Basel als erstes Reiseziel ansteuerte. Während der Reise schrieb er einen Brief an den Prior des Klosters Stein und zählte darin seine hohen Gönner in England auf: Bischöfe, die ihn alle an sich binden wollten, Heinrich VIII., der ihm einen eigenhändigen Brief geschrieben hatte, die Königin, die ihn als Lehrer wünschte; er berichtete über den Zuschuß und die Geschenke von Warham und anderen Bischöfen, die Universitäten, die ihn beide begehrten, und nicht zuletzt über John Colet, „ein Mann, der höchste Gelehrsamkeit mit bewundernswerter Frömmigkeit verbindet und bei allen sehr viel gilt" (A 296, 109–143). Auch wenn Wirklichkeit und Erwartung in diesem Brief ein wenig ineinanderfließen, so gibt es doch viel Wahres darin. Im gleichen Schreiben zählt er auch stolz die Kardinäle in Rom auf, die ihm brüderlich begegnet waren (A 296, 101–109).

Der Anlaß für diesen Brief war übrigens betrüblich genug: Kaum hatte Erasmus den Kanal überquert, erreichte ihn ein Brief des Priors, der ihn kurz und bündig zu Kloster und Klosterpflichten zurückrief, denen Erasmus vor über zwanzig Jahren den Rücken gekehrt hatte. In seiner Antwort spürt man die bitteren Erinnerungen an früher, das Fasten, das Aufstehen zu den

Chorgebeten, worauf er nicht wieder einschlafen konnte, seine Abneigung gegen leere Zeremonien, seine Sehnsucht nach Freiheit. Im Kern enthält der Brief eine begründete und entschlossene Weigerung. Das Klosterleben sei für ihn nicht geeignet, seine Berufung liege auf einem anderen Feld. Es zeugt von Mut, daß Erasmus sein eigenes Unvermögen klar erkennt. Er legte dar, daß seine körperliche Schwäche und der Nierenstein, an dem er litt, eine Rückkehr unmöglich machen. Auch das Essen und Trinken im Kloster, die ganze Lebensweise, die gemeinsamen Gespräche – das alles schreckte ihn ab. Er kann das nur sagen, weil der Leitfaden dieses Briefes die Auffassung ist, das mönchische Leben sei „eine Lebensweise", eine Möglichkeit neben anderen, die für manche empfehlenswert sei, die an sich aber nicht besser oder schlechter als irgendeine andere Lebensform sei. Diese Haltung weicht total ab von der üblichen Auffassung vom mönchischen Leben; das Leben der Mönche galt als Weg der Vollkommenheit, das höher zu bewerten war und zu Recht als „religio" bezeichnet wurde, als Dienst an Gott im wahrsten Sinne. Im *Enchiridion* hatte Erasmus auch bereits vom Klosterleben als „einer Lebensweise" gesprochen (vgl. S. 51). Was er dort allgemein ausgedrückt hatte, wandte er hier auf sich selbst an. Es zeugt gleichfalls von Mut, wenn er in dieser Situation sagt, daß die sogenannten „Religionen", die verschiedenen mönchischen Regeln, auf die christliche Frömmigkeit einen verderblichen Einfluß ausgeübt hätten. „Wieviel mehr entspräche es dem Sinne Christi, die ganze christliche Welt als ein einziges Haus und gleichsam als einziges Kloster zu betrachten, alle für Mitkanoniker und Mitbrüder zu halten, im Taufsakrament die höchste ‚religio' zu sehen, nicht darauf zu achten, wo man lebt, sondern wie tüchtig man lebt" (A 296, 84–88). Erasmus verteidigte seine Lebensweise, er zählte seine Werke auf und verbreitete sich über seine Leistungen und Pläne in bezug auf Hieronymus, das Neue Testament und insbesondere die Paulusbriefe. „Es ist mein fester Entschluß, in der Arbeit an der Heiligen Schrift zu sterben. Das ist meine Muße und mein Werk. Bedeutende Männer sagen, daß ich da etwas leiste, was andere nicht leisten. In eurer Lebensart leiste ich nichts" (A 296, 158–161). Das war eine deutliche Sprache und das beste Selbstporträt, das Erasmus geben konnte. Hier zeigt sich deutlich, daß Erasmus sich selbst und seinen eigenen Weg gefunden hatte und sich davon nicht abbringen ließ. Von einer Antwort auf seinen Brief ist nichts bekannt; im Jahre 1517 erhielt Erasmus jedoch den päpstlichen Dispens, um in der Welt zu leben.

Die Reise nach Basel wurde zum Triumphzug. Glanzvoll wurde Erasmus in Mainz, Straßburg und Schlettstadt von Humanisten wie Jakob Wimpfeling, Jakob Sturm, Beatus Rhenanus und Ulrich von Hutten empfangen. In England hatte er Anerkennung gewonnen, in Deutschland jubelte man ihm zu und erklärte ihn zum Deutschen. Für Hutten sind Johannes Reuchlin und Erasmus „die zwei Zierden Deutschlands, denn durch sie hörte diese Nation auf, barbarisch zu sein" (Hutten I, 106, 8–9). Erasmus ließ sich dieses Lob gerne gefallen. Auf der Rückreise von Basel nach England, ein halbes Jahr später, war es nicht anders. Der Ritter Eitelwolf vom Stein konnte wegen eines Nierensteins nicht an dem „sokratischen Zusammensein" teilnehmen, bei welchem Reuchlin, Hermann von dem Busche und andere Erasmus in Frankfurt empfingen. Er beklagte sich bitter, als sich am nächsten Tag herausstellte, daß Erasmus bereits abgereist war, so daß er ihn überhaupt nicht zu Gesicht bekommen konnte. Niemals war ihm seine Krankheit verdrießlicher als in jenem Augenblick, als er „den größten Mann Deutschlands" nicht gesehen hatte (Hutten I, 44, 2–8). Erasmus konnte zufrieden sein.

# V. Das Enchiridion

„Das bessere Bild werden seine Schriften zeigen", lautet ein Satz, der sich verschiedentlich als Unterschrift unter Erasmusbildnissen findet. In diesem Kapitel beschäftigen wir uns mit dem *Enchiridion militis christiani* (LB V 1–66), in der Übersetzung „Handbüchlein des christlichen Soldaten" aber auch „Handdolch". Erasmus schrieb es 1501 auf Ersuchen der Frau eines Militärs, des Waffenmeisters am burgundischen Hof, um diesen von seinem allzu rohen Leben abzubringen. Das Geschenk war kein großer Erfolg; der Mann benützte die Schrift des Erasmus wohl ebenso häufig, wie dieser das Schwert, das er als Gegengabe erhalten hatte (A 1556, 42–48). Auf Anraten des Franziskaner-Guardians Jean Vitrier, den er sehr verehrte, überarbeitete Erasmus die Schrift, und 1503 erschien das Werk in einem kleinen Sammelband. Schon diese Entstehungsgeschichte macht deutlich, welches Anliegen Erasmus mit dieser Schrift verfolgte: Er wollte, wie er in seiner Widmung sagte, „kurz zusammengefaßt einen Lebensplan vorschreiben, damit du zu einer Christi würdigen Gesinnung kommst" (A 164, 233). Er gibt eine Anleitung zur Praxis des christlichen Lebens, geschrieben „nicht um zu prahlen mit meinem Talent oder meiner Beredsamkeit" (A 181, 46–47).

Die Schrift ist logisch nicht klar geordnet. Der Ausgangspunkt ist das Leben als Kampf gegen die Dämonen und die Welt. In diesem Kampf gibt Gott uns zwei Waffen, das Gebet und die Erkenntnis, die man durch ein eingehendes Studium der Heiligen Schriften gewinnt. Dabei können die litterae humanae lediglich als Vorbereitung dienen. Der Mensch kann jedoch diesen schweren Kampf niemals führen, wenn er sich selbst nicht kennt. Das wichtigste Element dieser Erkenntnis ist das Bewußtsein, daß der Mensch im seelischen Bereich der göttlichen Welt angehört, im körperlichen Bereich jedoch der animalischen. Auf dieser Grundlage stellt Erasmus zwanzig Regeln auf, an die der Mensch sich halten muß, um wahrhaft glücklich zu werden. Die meisten davon handelt er kurz ab, sehr ausführlich jedoch beschäftigt er sich mit der fünften Regel, die vom Aufstieg des Sichtbaren zum Unsichtbaren, und mit der sechsten, die von Christus als dem Ideal der Frömmigkeit handelt. Schließlich folgt ein Teil, der von den Hilfsmitteln gegen eine Reihe besonderer Sünden handelt.

Obwohl die erwähnte Entstehungsgeschichte keine literarische Fiktion ist, war die gedruckte Ausgabe natürlich für ein breiteres Publikum bestimmt. Zunächst wurde dieses Ziel jedoch nicht erreicht. Sechs Jahre später erschien ein zweiter Druck, wieder in einem Sammelband, und zwischen 1515–1517 gab es sechs Drucke, alle in Form von Einzelausgaben. 1518 brachte Erasmus das *Enchiridion* zum ersten Mal bei Froben in Basel heraus, mit unverändertem Inhalt, aber mit einem neuen Vorwort, in dem er unmißverständlich Luther gegen seine Feinde in Schutz nahm. Danach erschienen zwischen 1519 und 1523 in rascher Folge 29 Drucke. Dann ging die Anzahl deutlich zurück, aber in den Niederlanden und in England wurde das Werk immer wieder neu gedruckt. 1525 notierte Erasmus stolz, daß das Büchlein, „das in alle Himmelrichtungen fliegt", bereits in vier Volkssprachen erschienen sei (A 1556, 45–47). In Wahrheit waren es 5, zu denen vor der Jahrhundertwende noch 3 hinzukommen sollten. In den Niederlanden erschienen vor 1600 mindestens 15 Auflagen in der Volkssprache und in England 13 Auflagen.

Diese Zahlen lassen uns nach dem Grund für die spät einsetzende, dann aber lange anhaltende Popularität eines Buches fragen, das nach Heiko A. Oberman „das langweiligste Buch in der Geschichte der Frömmigkeit" ist. Oberman macht deutlich, daß sich sein Urteil nicht nur auf die formale Gestaltung, sondern auch auf den Inhalt bezieht. Laut ihm verfolgt die Schrift das Ideal, die ganze Welt in ein Kloster zu verwandeln. In der letzterschienenen Dogmengeschichte steht Gustav Adolf Benraths Beurteilung der Schrift ganz im Zeichen der Qualifikation von Spiritualisierung und Moralisierung: Alles drehe sich bei Erasmus um den beständigen moralischen Kampf gegen Untugenden und Laster. Nur Ernst-Wilhelm Kohls urteilt positiver. Er sieht im *Enchiridion* eine Theologie, in der Gottes Hinwendung zum Menschen und die Rückführung des Menschen zu Gott gleich bewertet werden, zwei Linien, die sich in Christus kreuzen. Bedauerlicherweise überfragt Kohls auf dem Weg zu diesem Urteil systematisch seine Quellen, so daß die Authentizität dieses Erasmusbildes problematisch wird.

Es ist sicherlich statthaft, eine vor fast fünfhundert Jahren abgefaßte Schrift zu beurteilen, doch zeugt ein so einhellig negatives Votum über eine einst so populäre Schrift möglicherweise von einem Mangel an Verständnis für die damalige Situation. Im 16. Jahrhundert haben offensichtlich viele Menschen mit unterschiedlicher Einstellung sehr viel von diesem Buch gehalten. Es hat wohl auch etwas zu besagen, daß gerade in den Jahren von Luthers Aufstieg, als viele von einer Sehnsucht ergriffen wurden, Gott auf eine neue Weise zu dienen, Erasmus' Buch einen so durchschlagenden Erfolg verzeichnen konnte. Die Ausgaben der Schrift waren vor allem im Rheinland verbreitet: Basel, Straßburg, Mainz, Köln, in Gebieten also, in denen der reformatorische Einfluß groß, aber nicht ausschließlich durch Luther bestimmt war. Auch in gut katholischen Kreisen fand das *Enchiridion* großen Anklang; so waren beispielsweise Hieronymus Emser und der Bischof von Basel begeistert (A 412, 24–26).

Die englischen Übersetzungen stammten in erster Linie von Anhängern der neuen Lehre, während man die deutschen Übersetzungen vorwiegend in der Schweiz findet; in den Niederlanden schließlich waren es verschiedene Übersetzer unterschiedlicher Herkunft. Wenig Erfolg hatte das *Enchiridion* offensichtlich in den ausschließlich von Luther beeinflußten Gebieten, und nachdem die konfessionellen Fronten einmal festgeschrieben waren, fand es keinen Widerhall mehr; das Buch kam sogar auf den Index. Ignatius von Loyolas Urteil über die Schrift ist bezeichnend für die spätere Einstellung: Er fühlte den Geist Gottes in sich absterben, und die Glut seiner Frömmigkeit wurde gedämpft, als er es las.

Was aber sprach die Menschen im *Enchiridion* an? Auf welche Passagen gründete sich ihre Kritik? Zwei zeitgenössische Zeugnisse mögen Antwort auf diese Fragen geben. Eustachius van Zichem, Dominikaner und Hochschullehrer in Löwen, verfaßte 1531 eine Streitschrift gegen die fünfte Regel des *Enchiridion*. Seine Kritik konzentrierte sich auf drei Punkte. Erstens gehe es nicht an, die äußere Gestaltung des Gottesdienstes als minderwertig zu qualifizieren. Das habe zur Folge, so sein zweiter Einwand, daß Erasmus in die Nähe Luthers rücke mit dessen Ablehnung der guten Werke bei der Heilsaneignung. Schließlich verteidigt er den Wert der Klostergelübde, die von Erasmus angegriffen werden. Interessant ist vor allem der Tadel, der sich auf Erasmus' Ablehnung der Zeremonien bezieht. Wenn jemand diese ablehnt, dann muß der Glaube alles bedeuten. Paul de Rovere, der zweite zeitgenössische Zeuge, war Kaplan von St. Peter in Löwen und wurde 1543 wegen Ketzerei angeklagt und auch verurteilt. Eine der schwersten Anklagen gegen ihn lautete, daß De Rovere wiederholt verächtlich über die kirchliche Lehre vom Fegefeuer gesprochen habe, in Gesprächen mit Kollegen und anderen die Frage aufgeworfen habe, ob es so etwas wie ein Fegefeuer überhaupt gebe, es selbst absolut verworfen habe und auch die Seelenmessen abgelehnt habe. Bei den eindringlichen Verhören antwortete de Rovere zu diesem Punkt, „daß er einmal im *Enchiridion* des Erasmus gelesen hatte . . ., aus dessen Worten, wo er sagt, daß es in Wahrheit zwei Wege gibt, einen Weg des Heils und einen des Urteils, und daß es, ob man wolle oder nicht, keinen anderen Weg gibt, und daß er wie vom Blitz gerührt war, als er das las" (Van Santbergen 50). Die Sprache des offiziellen Protokolls ist etwas verworren, aber dennoch deutlich. In der betreffenden Passage des *Enchiridion* (LB V 22 EF) fällt über das Fegefeuer kein Wort. Für De Rovere genügte, daß die Zweiwegelehre vorkam. Das Fegefeuer gehörte seiner Meinung nach zu einem dritten Weg, bei dem der Mensch nicht selbst eine Entscheidung trifft, sondern die Kirche für sich wirken läßt.

Der Tadel von Eustachius van Zichem und die Überraschung von Paul de Rovere können uns helfen, das *Enchiridion* mit den Augen der Zeitgenossen zu lesen. Es ist nicht „Langeweile", die sie empfanden, sondern Betroffenheit über die Geringschätzung, wenn nicht gar Ablehnung eines großen Teiles der äußeren Struktur der Religion, des Zeremoniells, der kirchlichen

Vorschriften und Bräuche, der Sonderstellung von Geistlichen und Mönchen, und das alles zugunsten des inneren Gehalts, worauf nun aller Nachdruck gelegt wird. Groß ist der Unterschied in der Einschätzung: Was für De Rovere eine Erlösung von nutzlosem Tand und ein Durchbruch zum Eigentlichen ist, das bedeutet für Eustachius Verlust des religiösen Kerns. Für beide aber ist die fünfte Regel, die Ermahnung: „Steige vom Sichtbaren zum Unsichtbaren auf" (LB V 27 D–44 E) die entscheidende Stelle im *Enchiridion*. Nicht zu Unrecht. Diese Unterscheidung ist für Erasmus sehr wesentlich. Es gibt zwei Welten, eine geistige, in der Gott mit den Engeln wohnt, und eine sichtbare, die der Himmelssphären mit allem, was darin beschlossen liegt. Die sichtbare Welt ist das Vergängliche, Zeitliche, im Vergleich zur unsichtbaren nur ein Schatten, ein schwaches Abbild der geistigen Welt. Das Ideal des wahren Christen ist es, von der sichtbaren Welt aufzusteigen zur unsichtbaren. Tief ist Erasmus durchdrungen von der Wahrheit der Worte Jesu: „Der Geist ist es, der lebendig macht. Das Fleisch nützt nichts" (Joh. 6,63), und: „Aber die Stunde kommt, und sie ist schon da, zu der die wahren Beter den Vater anbeten werden im Geist und in der Wahrheit" (Joh. 4,23). „Ich hätte Bedenken getragen", so Erasmus im Hinblick auf den ersten Ausspruch, „zu sagen, ‚nützt nichts'. Es wäre genug gewesen, zu sagen: Das Fleisch nützt auch ein klein wenig, aber der Geist sehr viel mehr. Nun aber hat die Weisheit selbst gesagt: Es nützt nichts. So wenig nützt es, daß es todbringend ist, es werde denn auf den Geist bezogen... Der Leib kann ohne den Geist nicht bestehen, der Geist bedarf des Leibes nicht" (LB V 30 BC).

Erasmus fand verschiedene Begriffe, um den Gegensatz zu umschreiben: Sichtbar gegenüber Unsichtbar, Fleisch oder Körper gegenüber Geist, aber auch Buschstabe gegenüber Geist, Zeitlich gegenüber Ewig, Finsternis gegenüber Licht. Und er fand überall in der Bibel den Gegensatz wieder, nicht allein in der Lehre Jesu, sondern auch ganz stark bei Paulus, der ja dazu aufgerufen hatte, das zu suchen, was droben ist, und nicht das, was auf Erden ist. Hatte nicht er das Fleisch dem Geist gegenübergestellt, die Weisheit des Fleisches als Tod und Feindschaft gegen Gott bezeichnet, die Weisheit des Geistes aber als Leben und Frieden (LB V 33 EF)? Erasmus war zutiefst davon überzeugt, daß er selbst damit den Kern der biblischen Botschaft getroffen hatte. Er war sich aber auch der Tatsache bewußt, daß diese Gedanken in der Antike wiederzufinden seien (LB V 28 CD). Dadurch werden sie gewiß nicht weniger wichtig: Natürlich hat auch die so außerordentlich bewunderte Antike etwas von dieser Wahrheit verspürt.

Wenn Erasmus über die unsichtbare und geistige Welt spricht, dann meint er in erster Linie den Himmel, doch wurde durch Christus etwas von diesem Himmel auf die Erde gebracht. Wenn Gott Geist ist, müssen wir auch Geist sein. Das äußert sich in Liebe, Freude, Frieden, Geduld, Langmut, Güte, Milde, Sanftmut, Glauben, Mäßigkeit – kurzum darin, daß wir

Abbilder Christi auf dieser Welt sind (LB V 33 CD). Zusammenfassend sagt Erasmus: „Aber weshalb führe ich die eine und andere Bibelstelle an? Der ganze Paulus besteht darin, daß man das aufbegehrerische Fleisch verachten müsse. Er will uns auf den Geist gründen, der der Urheber von Liebe und Freiheit ist" (LB V 35 DE). Es gibt also keine absolute Trennung zwischen der Welt des Geistes und der des Fleisches. Der Mensch hat Teil an beiden und ist Pilger in der sichtbaren Welt. Nicht nur, daß sein Weg zur unsichtbaren Welt führt, inmitten der ermüdenden Vielfalt der sichtbaren Dinge gehört dieser Weg selbst bereits in vieler Hinsicht zur himmlischen Welt.

Ein solcher Gedankengang hätte leicht zu einer völligen Ablehnung alles Irdischen führen können. Vor diesem letzten Schritt scheute Erasmus jedoch zurück. Er bekämpfe nicht, so sagt er, die äußeren Dinge an sich, gewiß nicht jene von der Kirche anerkannten. Im Gegenteil, die kirchlichen Zeremonien könnten Zeichen der Frömmigkeit sein und auf dem Weg dorthin helfen. Für die Kinder in Christo, die Schwachen im Glauben, seien sie sogar notwendig oder beinahe notwendig (LB V 32 E, 37 B). Alle diese Dinge, das Fasten, der regelmäßige Kirchgang, der häufige Besuch der Messe, das Beten vieler Psalmen seien für sich selbst genommen indifferente Dinge, weder gut noch böse. Sie könnten ebensosehr Geist wie Fleisch sein.

Diese Auslegungen waren an sich bereits revolutionär genug, aber Erasmus geht noch weiter und deutet an, daß jedes Haften an äußerlichen, stofflichen Dingen nicht nur ein anderer Weg zu Gott sei, sondern darüber hinaus ein geringerer, niedrigerer. Die Betonung liegt auf der Aufforderung zum Vollkommenen. Die äußeren Zeichen sind nicht mehr nötig, wenn das Kind in Christo ein Mann geworden ist (LB V 32 E). Gewiß, auch dann darf er sich noch nicht im absoluten Sinne darüber erhaben fühlen und dadurch dem schwachen Bruder zum Anstoß werden. Aber schließlich gilt als höchste Regel: „Gott ist Geist und wird durch geistige Opfer umgestimmt . . . Geist ist er, und zwar der allerreinste und allereinfachste. Darum muß er vornehmlich mit reinem Gemüt verehrt werden" (LB V 37 CD). Alle äußeren Dinge nützen nichts, wenn sie keine Parallele in dem finden, was sich im Herzen abspielt: „Selig also, die das Wort Gottes inwendig hören. Glücklich jene, an die der Herr inwendig das Wort richtet; ihre Seelen werden gerettet werden" (LB V 37 F–38 A). Diese evangelische Freiheit, im Gegensatz zur Sklaverei der äußerlichen Gebote, war für Erasmus entscheidend.

In diesen Auseinandersetzungen sah sich Erasmus als Verteidiger der wahren Freiheit, die von Christus gebracht und vor den Pharisäern beschützt worden war, die Paulus gegen die Judaisten verteidigt hatte, die die Kirche des 1. Jahrhunderts wieder zum Judentum zurückführen wollten. Zwar habe die Kirche das Recht, bestimmte Zeremonien einzuführen und Vorschriften zu machen, aber zur Freiheit, jedenfalls zur inneren Freiheit all dieser

Gesetze habe Christus uns aufgerufen. Erasmus sah eine große Gefahr darin, daß der Mensch, der Christus in sichtbaren statt in unsichtbaren Dingen verehrt, der darin den Gipfel der Frömmigkeit erblickt und andere verurteilt, die nicht so handeln, daß dieser Mensch durch all diese Äußerlichkeiten von Christus abgezogen werden könnte, daß er das Gesetz der Freiheit aufgeben und zurück ins Judentum fallen würde. „Judentum" bezeichnet hier, wie meist bei Erasmus, nicht die ethnisch-religiöse Gruppe, sondern eine niedere, bloß äußerliche Form von Religion, wie sie bei vielen Christen anzutreffen sei und die in ihrem Formalismus mit der Religion der Juden vergleichbar sei. Das bedeutete Werkgerechtigkeit und dadurch Aberglauben; wiederum setzt der Mensch sein Vertrauen nicht in Gott, sondern ins Irdische und damit in sich selbst. Leider war nicht nur die große Masse der Christen fast ausnahmslos diesem Abstieg verfallen, sondern auch ihre Führer, die Priester, die Theologen, die Bischöfe (LB V 32 F–33 A). Die Mönchsclique suchte den Gipfel der Religion im ängstlichen Einhalten von Zeremonien. „Sieht sie sich jemand genauer an und forscht er nach geistlichen Dingen, wird er kaum einige finden, die nicht im Fleische wandeln. Daher die so große seelische Mutlosigkeit: Sie zittern, wo es nichts zu fürchten gibt, und gähnen verschlafen, wo die Gefahr am allergrößten ist. Daher jenes immerwährende Kindsein in Christo" (LB V 35 B). Erasmus bestreitet nicht, daß Zeremonien manchmal nützlich sind, aber der Mensch dürfe nicht so sehr an Kleinigkeiten hängen und das Gefühl für das Wichtigste darüber verlieren, er dürfe sich nicht darauf stützen – das sei verderblich (LB V 35 B). „Im Fleisch des Gesetzes verharren und auf eine nichtige Sache sein Vertrauen setzen, das fürwahr verabscheut Gott" (LB V 37 A).

Worin besteht für Erasmus das Stoffliche, Irdische? Soviel ist klar geworden, daß dazu jedenfalls die ganze äußere Seite des kirchlichen Lebens gehört. Einige Beispiele können das verdeutlichen. Erasmus spricht ausführlich über die Heiligenverehrung. Letztlich, glaubte er, sei es allein wichtig, den Tugenden der Heiligen nachzueifern, der Demut von Maria, dem Glauben des Paulus, der Liebe des Petrus. Es sei sinnlos, sich in einer Franziskanerkutte begraben zu lassen, wenn der eigene Lebenswandel so völlig anders als der des heiligen Franziskus gewesen sei: nur die Kutte könne keine Rettung bringen. Die Asche des Paulus verehren? Wichtiger sei es, den Geist, der in seinen Schriften lebt, zu verehren (LB V 31 C–E). Ähnliches sagte er über Amuletten mit Christusbild, über die Verehrung eines Splitters aus dem Kreuz Christi oder des heiligen Schweißtuchs. Besser sei es, den Worten Christi zu lauschen. „Wie nichts dem Vater ähnlicher ist als der Sohn, des Vaters Wort, das aus seinem innersten Herzen hervorströmt, so ist nichts Christus ähnlicher als das Wort Christi, das aus dem Allerheiligsten seiner hochheiligen Brust gekommen ist" (LB V 32 A). Das Wort sei geistig, vor allem das Wort der Heiligen Schrift. Trotzdem sei es nicht geistig genug. Auch die Schrift kenne den Buchstaben und das Geheimnis hinter dem Buchstaben. Was solle man anfangen mit den manchmal naiven, manchmal anstößigen Geschichten des Alten Testaments, wenn man nicht nach dem tiefen Sinn in der Geschichte suche (LB V 29 B–30 B)?

Am ausführlichsten spricht Erasmus über die Eucharistie. Auch da stehe das Fleisch dem Geist gegenüber. Jesus selbst habe das Essen seines Leibes und das Trinken seines Blutes geringgeachtet, wenn nicht geistig gegessen und getrunken werde. Wer täglich der Messe beiwohne, aber inzwischen nur für sich selbst lebe, stecke noch im Fleisch des Sakramentes; das Essen der Eucharistie deute an, daß man ein Geist mit dem Geist Christi, ein Leib mit dem Leib Christi sei. Wenn man sich bemühe, dieses Ideal zu erreichen, sei man ein lebendiges Glied der Kirche. Im Abendmahl vollziehe sich der Tod unseres Hauptes Christus. Darum hätten wir uns zu fragen, inwieweit wir abgestorben seien an der Welt (LB V 30 F–31 B). In diesem Gedankengang wird deutlich, daß für Erasmus die ganze äußere Meßhandlung zum Niederen, Sichtbaren gehörte. Dies alles sei erst dann wertvoll, wenn dazu eine innere Einstellung des Menschen komme, der sich in seiner Person Gott aufopfere, wenn sich das Opfer also auch im Herzen des Menschen abspiele. Mit diesen Überlegungen tastete Erasmus die Kirchenlehre nicht an, er suchte vielmehr danach, die Verehrung Christi in der Eucharistie auf eine höhere Ebene zu führen, da man stets nach dem Höheren, dem Unsichtbaren, dem Geist streben müsse.

Jacques Étienne hat in diesem Zusammenhang über „la religion du pur esprit", den Gottesdienst des reinen Geistes, gesprochen. Dieser Begriff ist treffend gewählt. Er ist nicht nur für das *Enchiridion* charakteristisch, sondern für das Werk von Erasmus ganz allgemein. Später hat Erasmus diesen Gegensatz zwischen Fleisch und Geist auch auf das Dogma bezogen: Je mehr die Kirche alles festlege, um so mehr erkalte die Liebe und weiche dem Zwang und den Drohungen (A 1 334, 217–234. 375–381). Der Neigung, viele Dinge als Glaubensartikel festzulegen, stellte Erasmus den Aufruf zu einem heiligen Leben gegenüber. Das ist das Unsichtbare, der Geist. Auch hier bleibt das Modell sich gleich: Das Aufsteigen des Menschen zur geistigen Welt. Dabei kann das kirchliche Dogma nur eine vorbereitende Funktion ausüben. Das wesentliche Ziel liegt in der Einswerdung mit Christus.

Dennoch genügt es nicht, festzustellen, daß Erasmus die kirchliche Lehre nicht angetastet hat. Eustachius van Zichem legte dar, daß das Innere und das Äußere zusammengehörten, daß Gott auch das Äußere verlange. Dahinter stand seine Sorge, die Spiritualisierung, die Erasmus vertrat und die er selbst für eine Reinigung hielt, werde zu einer völligen Interiorisierung führen, wobei alles Äußerliche unwesentlich werde. Von da sei es nur noch ein Schritt zur Resignation, zur Flucht vor der Wirklichkeit, zum Rückzug auf den eigenen Geist. Erasmus wollte diesen Weg nicht gehen. Im Gegenteil, er wollte mit seiner Schrift den Menschen gerade vor die Entscheidung stellen: Wie kann ich in dieser Zeit, als freier und für mein Tun verantwortlicher Mensch, Gott im Geist dienen? Es lohnt sich, in diesem Zusammenhang die Worte zu zitieren, von denen Paul de Rovere so stark getroffen wurde: „Du darfst dich nicht zerteilen wollen zwischen Christus und der Welt. Du kannst nicht zwei Herren dienen. Es gibt keine Gemeinschaft zwischen Gott und Belial... Es gibt nur zwei Wege: Der eine gehorcht den Leidenschaften und führt zum Verderben. Der andere ertötet das Fleisch und führt zum Leben. Was zögerst du? Einen dritten Weg gibt es nicht, einen von diesen beiden mußt du wohl oder übel wählen. Wer du auch seist, du mußt den schmalen Pfad gehen, auf dem wenige wandeln" (LB V 22 EF). Hinter dieser Ermahnung steht der Gegensatz zwischen Fleisch und Geist, jetzt aber auf den Menschen bezogen. Der Mensch hat Teil an beiden Welten, Erasmus bezeichnet ihn darum sogar als eine dritte Welt, die von beiden Seiten angezogen wird. Das Leibliche, Tierische, das sich in den Schamteilen manifestiert, entspricht der sichtbaren Welt. Das Höchste, der Geist, hat Teil an der göttlichen Welt. Erasmus war diese Unterscheidung so wichtig, daß er ihr ein eigenes Kapitel widmete (LB V 11 F–14 E).

Erasmus galt der Leib an sich nicht als böse. Er stellt im Gegenteil fest, daß die einzigartige Stellung des Menschen gerade in seiner Zugehörigkeit zu beiden Welten bestehe. Zwar sei der Leib von Natur aus das Niedrigere, nicht aber das Nichtswürdige. Gott habe bei der Schöpfung beide Naturen, Seele und Leib, in glücklicher Harmonie miteinander verbunden. In dieser Harmonie beherrschte die Seele den Leib, und der Leib gehorchte willig der Seele (LB V 12 EF). Statt Harmonie herrschten nun aber Zwietracht und Streit. In dieser Auslegung unterscheidet sich Erasmus von den Florentiner Platonikern, die sein Menschenbild tief beeinflußt haben. Diese sahen den Menschen als das von Natur aus zweigeteilte Wesen, so daß sich der Kampf nicht gegen die Sünde und deren Folgen, sondern nur gegen die niederen Neigungen im Menschen richtete. Erasmus geht davon aus, daß die Zwietracht im Menschen durch das Auftreten des Teufels entstanden sei. Die Sünde habe verdorben, was gut von der Hand des Schöpfers angelegt gewesen sei. Erasmus selbst vergleicht die menschliche Situation mit einem Reich, in dem ein Aufstand wütet. Die Hefe des Volkes, also die niedrigen Begierden, habe sich gegen den König, die Vernunft, erhoben (LB V 13 A–E). Dieses Höchste im Menschen, seine ratio, sei unversehrt und göttlich geblieben (LB V 13 D, 14 AB). Es ist bezeichnend, daß die ratio für Erasmus das Höchste im Menschen bedeutete und daß er ihr einen Sitz im Gehirn zuwies. An anderer Stelle führt er jedoch aus, daß der Schöpfer mit seinem Finger, das heißt mit seinem Geist, in den Geist des Menschen das ewige Sittengesetz eingegraben habe (LB V 19 B, 21 B). So vermeidet Erasmus einen groben Rationalismus, aber gleichzeitig wird deutlich, daß das Rationelle und das Sittliche für ihn zusammenfallen. Gott habe jedem Menschen den Begriff von Gut und Böse eingepflanzt, ein Bewußtsein, das auch durch die Sünde nicht verlorengegangen sei. Der Mensch wisse in seinem Geist, was gut und was böse ist, und dadurch komme es in ihm ganz selbstverständlich zu dem Kampf zwischen Geist und Fleisch. Darauf konzentriere sich alle Aufmerksamkeit. Diese Gedankengänge waren ausschlaggebend beim Abfassen des *Enchiridion.* Erasmus wollte pädagogisch und pastoral tätig sein, Anweisungen geben für die Praxis des christlichen Lebens.

Das Ziel des Kampfes steht fest: In seinem Geist ist der Mensch göttlich, also muß er danach streben, Gott gleich zu werden. Wie muß er den Kampf aber führen? Das erste, was dem Menschen nötig ist, kann Erasmus mit den berühmten Worten ausdrücken: Erkenne dich selbst. Er verweist darauf, daß dieser Spruch bei den Menschen der Antike in hohem Ansehen stand: Sie glaubten, daß dieses Wort aus dem Himmel stammte und die Summe aller Weisheit war. Aber auch die Schrift rufe die Menschen auf, sich selbst als Geist und Leib zu erkennen (LB V 12 CD, 16 B). Diese Aufforderung zur Selbsterkenntnis macht deutlich, daß Erasmus ein ungebrochenes Vertrauen in die Möglichkeiten des Menschen hatte, sich selbst zu verbessern, wenn er nur einsähe, wo die Gefahren liegen. Hauptgefahren sind nach Erasmus die Blindheit, das Fleisch und die Schwäche des Menschen, und die auch nach der Taufe verbliebenen Reste der Erbsünde. An vorderster Stelle steht die Blindheit, der Nebel der Unwissenheit, der die Einsicht der Vernunft verdunkelt. Das ist für Erasmus die weitaus größte Gefahr. Durch die Schuld unserer Ureltern wurde das strahlende göttliche Licht verdunkelt; schlechte Erziehung, falscher Umgang und so weiter haben das Dunkel noch mehr verfinstert (LB V 21 BC). Darum auch ist die Erkenntnis so wichtig, die zusammen mit dem Gebet die schärfste Waffe gegen den Teufel sei. Dabei habe das Gebet als das Gespräch mit Gott den höchsten Wert. Aber Erkenntnis ist nicht minder notwendig. Der Mensch muß zwei Leitfiguren haben, Aaron und Mose, als Symbole für Gebet und Erkenntnis (LB V 5 D–6 C).

Wegen dieser Aussagen wird Erasmus immer noch des Rationalismus bezichtigt, ohne daß man berücksichtigt, daß er ausdrücklich betont, Mose bedeute Erkenntnis des Gesetzes, also der Heiligen Schrift, und einige Sätze später umständlich darlegt, daß es um „ein inbrünstiges Bibelstudium" gehe (LB V 6 F). Gleichwohl liegt in den Betrachtungen ein rationales Element.

Diese ganze Gedankenkette geht für Erasmus eindeutig auf die Bibel zurück, in der immer wieder vom Kampf zwischen Geist und Fleisch die Rede ist. Im Alten Testament – so Erasmus – wird dieser Kampf durch Esau und Jakob, Eva und Adam, Sara und Abraham versinnbildlicht: Immer steht dort der Leib gegen den Geist. Viel klarer aber spricht Paulus darüber. In seinen Briefen stellt er den Gegensatz von Fleisch und Geist, Sklaverei und Kindschaft, Gesetz der Sünde und Gesetz des Geistes, äußerem und innerem Menschen, irdischem und himmlischem Menschen heraus. Und auch Plato spricht von den zwei Seelen in dem einen Menschen (LB V 15 F–17 B). Soviel ist klar: Erasmus liest die Bibel als Kind seiner Zeit. Die Begriffe „Fleisch" und „Geist" sind natürlich von Paulus übernommen. Die Bedeutung, die die Worte bei Erasmus besitzen, erinnert aber eher an den Platonismus. Die menschliche Freiheit, Würde und Verantwortlichkeit, der ethische Idealismus, die zentrale Stellung des Menschen in der Welt, all diese Gedanken findet Erasmus selbstverständlich in der Bibel. So lesen wir die Ermahnung, daß der Mensch an die Würde seiner Bestimmung denken müsse: „Du bist allein dazu geschaffen und dazu erlöst, um jenes höchste Gut zu genießen; Gott hat dieses ganze Wunderwerk der Welt geschaffen, damit alles dir zu Diensten sei" (LB V 59 C). An anderer Stelle ist der Mensch „jenes edle Geschöpf, demzuliebe allein Gott dieses Wunderwerk der Welt geschaffen hat, der Genosse der Engel, ein Kind Gottes, ein Erbe der Unsterblichkeit" (LB V 55 C).

Erasmus ist ausführlich zu Wort gekommen, und ich habe versucht, das *Enchiridion* so zu verstehen, wie es vermutlich die Zeitgenossen verstanden und gelesen haben. Aber wie verstehen wir heute diese Schrift? Was geschieht hier? Was hat Erasmus damit erreichen wollen? Erasmus selbst hat sein Buch wohl am besten charakterisiert, indem er es als *„eine gewisse Theorie der Frömmigkeit"* (A 181, 51) bezeichnete. Für Erasmus gehört es zur vordringlichen Aufgabe des Theologen, eine solche Theorie zu schaffen. Dennoch muß man weiter fragen. Welche Theorie vertrat Erasmus? Renaudet (435) hat darauf hingewiesen, daß sich all diejenigen, die versucht hatten, die Kirche zu erneuern, damit begnügt hätten, die Askese und das Studium der traditionellen Theologie wieder aufleben zu lassen, die Schriften der Mystiker zu verbreiten und das mönchische Ideal wieder zu Ehren zu bringen. Erasmus hingegen wies den Weg zu einer auch inhaltlichen neuen Reform, und er setzte sich scharf von erneuten Anpreisungen des alten Weges ab. Diese Feststellung scheint mir zutreffend zu sein. Viele Menschen empfanden die Kritik am Schluß des *Enchiridion* als Beleidigung: Erasmus geißelt hier „jene abergläubische Art von Mönchen", die handeln „wie wenn es außerhalb der Kutte kein Christentum gäbe. Wenn sie dann mit bloßen Bedenken und unentwirrbaren Spitzfindigkeiten dem Menschen das Herz schwer gemacht haben, binden sie ihn an gewisse menschliche Überlieferungen und stürzen den Armen vollends in ein gewisses Judentum hinein, lehren ihn Angst, nicht Liebe. Das Mönchtum ist keine Frömmigkeit, sondern eine Lebensweise, die je nach der körperlichen und geistigen Beschaffenheit nützlich oder schädlich ist. Dazu will ich dir nicht zuraten, aber auch nicht davon abraten" (LB V 65 B). Im Kreise der Devotio moderna und der von ihren Idealen beeinflußten Gläubigen konnte man mit diesen

Worten nichts anfangen. Andererseits wendet sich Erasmus im *Enchiridion* implizit gegen eine Frömmigkeit, wie sie im *Rosetum* des Jan Mombaer gelehrt wird. Zwischen den beiden Werken liegen Welten.

Es waren unerhörte Töne, die Erasmus anschlug: Innerhalb des Christentums sollte es keinen Unterschied geben zwischen Klerus und Laien, die Taufe sollte der einzige Zugang zur Christenheit sein, alle Getauften sollten gleichwertig sein, ohne Rücksicht auf die Lebensweise, die sie für sich selbst wählten. „Damit die bonae litterae der Frömmigkeit dienstbar seien, habe ich das *Enchiridion* geschrieben", schrieb Erasmus dreißig Jahre später (A 3032, 467–468). Und das dürfte zutreffen, denn sein Büchlein fand bei jenen Menschen Anklang, die sich von den bonae litterae, der neuen Bildung, angesprochen fühlten. In dieser Schlußpassage des *Enchiridion* folgen die Worte: „Nur dazu mahne ich: Sieh das Wesen der Frömmigkeit nicht in Speise noch Kult noch in irgend etwas Sichtbarem, sondern in dem, was wir überliefert haben. Wo du aber das wahre Bild Christi findest, da schließe dich an" (LB V 65 C–66 A).

Das *Enchiridion* wurde für aufmerksame Menschen geschrieben, die einen neuen Weg suchten. Es ist kein Zufall, daß die Schrift ihre größte Popularität in den Jahren erlebt, in denen auch Luther und Zwingli auf ihre Weise ein gleiches geistiges Bedürfnis zu stillen suchten. Das Vorwort zur zweiten niederländischen Übersetzung des *Enchiridion* von 1523 macht das sehr schön deutlich. Der Übersetzer verweist darauf, daß der Mensch in seiner Schwäche kaum wählen könne zwischen Licht und Finsternis, Gut und Böse. In der Wahl und in dem Kampf, vor die der Mensch gestellt sei, könne das *Enchiridion* helfen. „So wird ihn dies Büchlein wohl unterweisen und lehren, alles was ihm Not sein wird, um ein vollkommener Christenmensch zu werden, in welchem Zustand denn ein Mensch ist oder kommen mag". Diese Worte waren Erasmus aus dem Herzen gesprochen, sie sind eine perfekte Zusammenfassung dessen, was Erasmus mit seiner Schrift ausdrücken wollte.

Ein vollkommener Christenmensch. Wir wissen heute, daß mit Ausgang des Mittelalters die Gottessehnsucht tief empfunden wurde. In der Kirche gab es eine breite Strömung, die dieser Sehnsucht durch eine Vervielfältigung der bereits bestehenden Kultformen, der bekannten Wege zu Gott entgegenkommen will. Alle diese Wege liegen innerhalb des kirchlichen Systems. Man erhöhte die Anzahl der Messen für besondere Anlässe, man veranstaltete mehr Wallfahrten, mehr Prozessionen, erließ mehr Ablässe, intensivierte die Heiligenverehrung, forderte größere Ehrfurcht für den Priester und die Mönche durch die Betonung ihrer außerordentlichen Stellung. Einer der bekannten Vertreter dieses Frömmigkeitstypus, Johannes von Paltz, bezeichnete die Priester sogar als „Götter und Christusse". Erst vor diesem Hintergrund können wir den besonderen Charakter der von Erasmus artikulierten Frömmigkeit ermessen. Es ist nicht die Frömmigkeit der Masse, sondern die des einzelnen. Der Gewissenstrost liegt nicht in der gemeinsam erlebten Anbetung Gottes auf den von der Kirche angebotenen Wegen. Erasmus erkannte, daß das alles nur irdisch, stofflich war, nützlich für den Anfänger, aber doch eher ein Hindernis als eine Hilfe. Sein Ideal einer christlichen Lebenshaltung ist durch und durch individualistisch geprägt. 1522 beschrieb Erasmus einen Tag aus dem Leben eines jungen Mannes. Sogar während des Gottesdienstes fühlt dieser sich nicht in die Gemeinschaft aufgenommen. Er wählt einen guten Prediger aus, und als ihm die Predigt trotzdem mißfällt, liest er indessen das Neue Testament, das von einem der Kirchenväter kommentiert ist (ASD I, 3, 177, 1713–1724). Der Mensch steht als Individuum vor Gott und geht nur mit Gott und seinem eigenen Gewissen zu Rate. Auf Verantwortung und Mündigkeit des Menschen liegt das volle Gewicht. Es ist der Weg der Verinnerlichung: Das Objektive ist unwichtig, das Institutionelle hilft nichts, die allzu massiven, von der Kirche angebotenen Hilfsmittel schlagen nicht an, nur das Herz, die Gesinnung, zählt. Darum bekommt auch Christus einen so hohen Stellenwert: „Hüte dich davor, daß du nicht die Augen deines Herzens abkehrst von deinem Vorbild Christus. An der Hand der Wahrheit wirst du nicht irregehen" (LB V 44 D).

# VI. Das Lob der Torheit

Fast jeder kennt den Titel: *Das Lob der Torheit, Moriae encomium*. Das Buch aber kennen nur wenige, und zwar nicht erst in unseren Tagen. Erasmus selbst hat bereits einige Jahre nach Erscheinen des ersten Druckes einen Kommentar angefügt, eine Auslegung, die fortan den Text fast aller Auflagen begleitete. Das war auch dringend geboten, denn die Schrift schreitet auf Kothurnen, sie ist vollgestopft mit Zitaten und Anspielungen auf klassische Autoren wie Homer, Plato, Vergil, Horaz und Plinius. Dennoch war der Anlaß für die Entstehung des Buches sehr menschlich. Im Sommer 1509, auf der Rückreise von Italien nach England zu Pferde, wollte Erasmus – er erwähnt es selbst in seiner dem Buch vorangehenden Widmung – seine Zeit nicht mit belanglosem Geschwätz vergeuden; lieber dachte er an seine wissenschaftliche Beschäftigung, in der Vorfreude auf das Wiedersehen mit seinen Freunden nach so langer Zeit. Unter diesen nahm More, dem die Schrift gewidmet ist, die erste Stelle ein. Das „More", „Morus" brachte Erasmus auf „moria", Torheit, und die Idee war geboren. Warum kein Lob der Torheit, gewidmet jenem Manne, der der letzte Tor der Welt war? More würde an solch einer Spielerei gewiß Gefallen finden (ASD IV, 3, 67, 2–16). Nach einer zweimonatigen Reise traf Erasmus in England ein; er wohnt bei More, wird krank und arbeitet zum Zeitvertreib den Einfall innerhalb einer Woche und ohne Bücher und Hilfsmittel aus, ein Umstand auf den er später, unbewußt seiner Rolle verhaftet, nachdrücklich hinweist (A 337, 126–132, LB II 460 F). Zwei Jahre darauf erscheint das Büchlein bei zwei Pariser Verlegern in Koproduktion, ein unansehnliches, schlecht korrigiertes, wenig attraktives Druckwerk.

Aber bald schickte sich die Torheit an, wie der jüngste Herausgeber und Übersetzer ins Englische, Clarence H. Miller, es ausdrückte, ihre brillante Karriere als eine der populärsten und umstrittensten Primadonnen der abendländischen Literatur zu beginnen (Praise X). Seine Edition und die von ihm erstellte Übersetzung erschienen 1979. Ein Jahr darauf folgte eine Studie von Michel A. Screech, die den Unterschieden zwischen dem ersten Druck von 1511 und der von Erasmus drei Jahre später überarbeiteten Ausgabe nachging. Neben geringfügigen Änderungen schob Erasmus damals vier ausführliche Passagen in den Text ein, wodurch sowohl die Komposition ziemlich verändert, vor allem aber der Inhalt stärker zugespitzt wurde. Ich beschränke mich im folgenden zunächst auf eine Besprechung der ersten Ausgabe und gehe dann gesondert auf die Änderungen von 1514 ein.

Ist *Das Lob der Torheit* ein Spiel, aus Langeweile entstanden und vielleicht nur geschrieben, um den Schmerz zu unterdrücken? Erasmus selbst spricht etwas geringschätzig über sein Werk; er nannte es „Spiel" (A I, S. 19, 6), sprach von „Späßen", von „Scherz" (ASD IV, 3, 67, 14; 68, 23), allerdings von Scherz mit einem ernsten Hintergedanken. In einer Verteidigung der Schrift betonte er, daß er „unter dem Anschein des Spiels" das gleiche wie im *Enchiridion* bezweckt habe. Die Frage geht von einem uneigentlichen Dilemma aus, das wenig zur Torheit, wenig auch zu Erasmus paßt. Er erinnert unmittelbar nach dem Vergleich mit dem *Enchiridion* an das Wort des Horaz, „lachend die Wahrheit sagen", und an die Funktion des Narren, der freimütig über Fehler herziehen durfte, wenn sie nicht allzu schwerwiegend waren (A 337, 91–109). „Vielleicht ist es nicht ganz angemessen, Christus in diese Liste aufzunehmen", schreibt Erasmus dann anschließend. In diesem Satz offenbart sich das Wesen des Erasmus: Seine tiefsten Emotionen vermochte er nur, wie in diesem Satz, stark unterkühlt oder, wie im *Lob der Torheit*, in ironischer Verhüllung zu äußern. Dennoch bleibt alles ein Spiel. Erasmus selbst nennt u. a. Lukian und dessen ironische Lobrede als Vorbild in der Antike. Historiker haben auf den Karneval und den französischen „sermon joyeux", eine kurze Spottpredigt vor der eigentlichen Predigt oder vor einem Theaterstück, hingewiesen. Alles bleibt Spiel, und eines der wesentlichen Merkmale des Spiels ist ja, daß es sehr ernst gemeint ist.

Was nun ist das Besondere an dieser Scherzlobpreisung? Zunächst einmal, daß der Sprecher über sich selbst spricht. Auch dafür gibt es einige Beispiele aus der Antike, so etwa die Armut, die sich selbst preist. In der Schrift von Erasmus jedoch ist es die Torheit, die Narrheit, die spricht und ihr Eigenlob verkündet, und das verleiht dem Ganzen einen doppelten Boden. Wenn die Torheit die Torheit preist, kobolzt Torheit über Torheit, so daß bald nicht mehr klar ist, wo Ja zu Nein wird: „Ihr applaudiert. Ich wußte wohl, daß keiner von euch so klug sei, oder besser: so töricht, nein doch: so klug, daß er diese Meinung teilt" (ASD IV, 3, 81, 177–178).

Aber genug nun über die Torheit. Hören wir lieber der Torheit selbst zu: „Meinetwegen können die Menschen in aller Welt von mir sagen, was sie wollen – denn ich weiß, wie übel auch die ärgsten Toren über die Torheit herziehen –, es ändert nichts daran, daß Götter und Menschen es mir, ja, mir allein und meiner Kraft verdanken, wenn sie heiter und fröhlich sind". Mit diesen Worten beginnt die Torheit ihre Rede, und die Leute lauschen ihr lachend. Damit ist das Thema des ersten Teils vom *Lob der Torheit* umrissen (ASD IV, 3, 71, 1–134, 184): Die Narrheit regiert Menschen und Götter, und das ist gut so. Ihr Vater ist das Geld, ihre Ammen waren Trunkenheit und Dummheit, ihre Hofdamen Eigenliebe, Schmeichelei, Vergeßlichkeit, Faulheit, Genuß, Unvernunft und Wollust. Durch diese treuen Gehilfinnen hat sie die ganze Welt unterjocht. Umständlich zeigt die Torheit auf, daß alles ihr zu verdanken ist: Der Krieg, das Staatswesen, Freundschaft und Liebe, alles kommt aus ihrer Hand. Es fällt auf, daß sie sehr facettenreich ist: Die Narretei der Jagdpartien des Adels, die Eitelkeit und Schmeichelei der Frau, aber auch die mangelnde Lebenserfahrung der Jugend und das Kindischsein der Greise, selbst der Frohsinn und Scherz bei einer fröhlichen Mahlzeit sind ohne sie nicht denkbar.

Erasmus wirft einen scharfen Blick in die Runde. Taugen im Krieg die Philosophen? „Nein – stramme, stämmige Kerle, das sind die rechten Krieger, möglichst frech und möglichst dumm" (ASD IV, 3, 96, 470–471). Warum sind dumme Menschen glücklich? „Unbekannt ist diesen Leuten die Furcht vor dem Tode, . . . unbekannt ein quälendes Gewissen, die Märchen von den Toten ängstigen sie nicht, . . . keine Furcht vor drohendem Unheil martert sie, keine Erwartung kommenden Glückes foltert sie, mit einem Wort, die tausend Sorgen, die diesem Leben zusetzen, schlagen ihnen keine Wunde" (ASD IV, 3, 114, 800–804). Und was weiß die Torheit über den Chauvinismus zu sagen? Die Engländer rühmen sich ihres guten Aussehens, ihrer Musikalität und ihrer Eßkultur; die Franzosen sind stolz auf ihre Bildung, die Pariser maßen sich an, die besten Theologen der Welt zu sein – die Trauben blieben sauer! –, die Römer träumen von der Wiedergeburt des alten Imperiums, die Deutschen sind stolz auf ihren hohen Körperwuchs und die Kenntnisse der Schwarzen Kunst (ASD IV, 3, 128, 59–130, 75). Mehr als bloße Beobachtungsgabe läßt jene Äußerung Erasmus' erkennen: „Denn vornehmlich zweierlei hindert den Menschen an der klaren Erkenntnis der Wirklichkeit: Die Schüchternheit, die den Geist vernebelt, und die Furcht, die ihm, wenn er die Gefahr sieht, jegliche Lust zu kühner Tat lähmt. Gegen beides hilft mit glänzendem Erfolg die Torheit" (ASD IV, 3, 104, 572–575).

Die Torheit übt ihren Einfluß auch auf dem Gebiet der religiösen Praxis aus. Alles unterliegt dem gleichen Verdikt: Übertriebene Bauwut, Würfelspiel, der Glaube an zahllose Wundergeschichten, die Priestern und Bußpredigern finanziellen Vorteil verschaffen, der Glaube an bestimmte Heilige: „Wer dem Erasmus an bestimmten Tagen mit bestimmten Kerzchen mit bestimmten Gebetlein naht" – die Diminutive sind vielsagend –, „ist im Nu ein gemachter Mann" (ASD IV, 3, 122, 964–966). Ablässe, das Hersagen bestimmter Gebete, der besondere Schutzpatron einer bestimmten Region, die spezialisierte Hilfe von Heiligen – Apollonia bei Zahnweh, Hyazinthus bei Wehen, Antonius bei Diebstahl –, unerbittlich wird auf diese Auswüchse hingewiesen (ASD IV, 3, 120, 942–126, 22).

Welchen Leitgedanken verfolgt Erasmus in _Lob der Torheit_? Am Ende des ersten Teils heißt es: „Aber sich täuschen lassen, sagt man, ist schlimm. Nein, sich nicht täuschen lassen, das ist das Allerschlimmste . . . Schließlich ist der Mensch so geschaffen, daß ihm der Schein besser gefällt als die

Wirklichkeit" (ASD IV, 3, 130, 96–102). Das ist der Leitgedanke, der uns aber auch schon an früherer Stelle begegnet. „Wenn jemand den Spielern auf der Bühne die Masken abreißen wollte, um den Zuschauern ihre wahren, natürlichen Gesichter zu enthüllen, stellte das nicht das ganze Stück auf den Kopf...? Zerstört man die Illusion, so ist das Spiel verdorben – gerade Maske und Schminke fesseln den Zuschauer. Was ist schließlich das Leben anderes als ein Schauspiel, in dem jeder seine Maske vors Gesicht nimmt, auftritt und solange seine Rolle spielt, bis ihn der Leiter abtreten läßt? Oft steckt dieser den gleichen in ganz verschiedene Kostüme: Wer eben noch als König im Purpur auftrat, spielt jetzt den Sklaven im Lumpengewand. Alles ist Blendwerk, aber anders läßt sich diese Komödie nun einmal nicht aufführen. Nun denkt euch, es fiele ein Weiser vom Himmel und finge zu schreien an: ‚Der da, zu dem alle wie zu Gott dem Herrn aufschauen, ist kaum noch ein Mensch; denn wie ein Stück Vieh läuft er am Gängelband der Triebe. Ein Sklave ist er, verächtlich wie nur einer; freiwillig dient er einer Menge der abscheulichsten Herren! Und du, was weinst du um den verstorbenen Vater? Du solltest lieber lachen! Er fängt ja erst zu leben an, während das Leben hienieden nichts ist als ein Tod! Und du dort, was pochst du auf deinen Stammbaum? Bist ja doch nur ein Gemeiner, ein Bankert, denn du bist weit von der Tugend daheim, die allein zum Ritter schlägt!' Denkt euch, der Mann rede im gleichen Stil weiter – was würde er wohl damit erreichen, als daß jeder ihn für verrückt und toll hielte?... Wer wahrhaft klug sein will, der beherzige: Du bist ein Mensch; darum begehre nicht mehr zu wissen, als dir beschieden, und mach es wie die anderen – die drücken lachend ein Auge zu oder lassen sich gutmütig über den Löffel balbieren. ‚Gerade das aber', sagt man, ‚ist Torenmanier!' Ich streite es nicht ab; nur soll man mir zugeben, daß sich so und nur so die Lebenskomödie spielt" (ASD IV, 3, 104, 591–106, 619).

Bei dieser eindrucksvollen Passage sieht man sich unwillkürlich zu der Frage veranlaßt: Welche Rolle spielt Erasmus hier? Spricht die Torheit die Wahrheit? Ist der Schein erstrebenswerter als die nackte Wahrheit? Erasmus ist gewiß kein Himmelsstürmer. Dennoch gewinnt man den Eindruck, daß er sich hier selbst als der Tor darstellt, der sich nicht mit dem Schein zufriedengeben kann, der vielmehr nach dem Wesen der Dinge fragt.

Im zweiten Teil vom *Lob der Torheit* wendet sich Erasmus einem traditionellen Thema zu: Der Kritik an den verschiedenen Ständen und Gesellschaftsgruppen (ASD IV, 3, 134, 185–178, 885). Die Schulmeister, Dichter, Rhetoren, die Verfasser gelehrter und einfältiger Bücher, Juristen, Dialektiker, Naturphilosophen, Theologen, Mönche, Fürsten und Höflinge, Päpste, Kardinäle und Bischöfe, keiner der Vertreter der gesellschaftlichen und geistigen Elite wird geschont. Weit weniger konsequent als im ersten Teil meldet sich die Torheit selbst zu Wort. Nicht zu Unrecht fällt gegen Ende dieses Teils die Bemerkung, daß die Lobrede beinahe zur Satire werde

(ASD IV, 3, 176, 856–857). Die Torheit beabsichtigt, sich bei den anderen Göttern niederzulassen und von oben herab das irdische Spektakel zu betrachten (ASD IV, 3, 136, 196–201). An manchen Stellen wird tatsächlich die notwendige Distanz erreicht, so etwa, wenn die Naturphilosophen mit einer selbstverständlichen Verachtung als närrische, völlig unwissende Pfuscher und Scharlatane abgetan werden: „Wie köstlich phantasieren sie, wenn sie ihre zahllosen Welten bauen ..." (ASD IV, 3, 144, 362–363). Auch die Lehrer werden fast ebenso herablassend behandelt, jedoch schimmert etwas Mitleid durch für einen „Menschenschlag, wie man ihn sich jämmerlicher, elender, gottverlassener nicht vorstellen kann"; aber in erster Linie ist die Torheit vom Dünkel der Lehrer fasziniert, der dazu führt, daß „die dumme Mutter und der einfältige Vater im Lehrer denjenigen sieht, zu dem er sich selber macht". Sogar als kluge Philologen wollen sie gelten (ASD IV, 3, 138, 242–243. 258–259).

An einer anderen Stelle wiederum bleibt die Torheit zwar über dem Getümmel erhaben, blickt aber durch die Augen des Erasmus. So heißt es über die Kaufleute: „Sie lügen, betrügen, stehlen, täuschen und schwindeln ohne Unterlaß und kommen sich doch vor wie die Fürsten, weil ihre Finger in goldenen Ringen stecken" (ASD IV, 3, 136, 217–219). Wer die Briefe des Erasmus an seinen Antwerpener Bankier Erasmus Schets aus späteren Jahren durchliest, empfindet fast Mitleid mit dem Namensgenossen des Erasmus, so argwöhnisch verhält sich dieser gegenüber seinem Bewunderer aus der Geldwelt. Besonders hübsch ist die Stelle, in der von den Leuten die Rede ist, „die sich mit Bücherschreiben die Unsterblichkeit verdienen wollen ... So einer quält sich tagein tagaus mit Einfügen, Abändern, Ausstreichen, Neuschreiben, Umschreiben, Vorlesen, ... und dies alles für nichts, für ein bißchen Lob, das eine Handvoll Leser spendet" (ASD IV, 3, 140, 304–142, 316).

Aus ihrer Rolle fällt die Torheit, wenn sie sich den Theologen, Mönchen und Kirchenfürsten zuwendet. Jegliche Distanz ist aufgehoben; Spott und Schadenfreude weichen dem Zorn und der Wut, oder anders formuliert, die Torheit muß Erasmus nun ihren Platz einräumen. Zuerst geht es den Theologen an den Kragen, auch wenn es vernünftiger wäre, einen Bogen um diesen „hoffärtigen und reizbaren" Menschenschlag (ASD IV, 3, 144, 382–383) zu machen. Sie müssen sich vor allem vorwerfen lassen, daß sie sich mit den unergründlichsten Mysterien befassen und dabei zu absurden Fragen kommen: „Hätte Gott auch in die Gestalt eines Weibes, eines Teufels, eines Esels, eines Kürbisses, eines Kiesels eingehen können? Und wie hätte dieser Kürbis dann gepredigt und Wunder getan? Wie hätte man ihn kreuzigen müssen?" (ASD IV, 3, 148, 402–404). Eine billige Kritik an der seit Jahrhunderten geübten scholastischen Methode, die wahrlich nicht als töricht abgetan werden kann. Aber man muß wohl bedenken, daß es sich hier um eine neue Form des Theologisierens handelt, eine Methode, die nicht dem bestehenden theologischen System verhaftet bleibt, sondern sich auf den Bibeltext stützt. Gerade in diesem Zusammenhang ist folgender an die Theologen gerichteter Tadel aufschlußreich: „Unbeschreiblich aber ist ihr Glück, wenn sie die Heilige Schrift wie einen Klumpen Wachs nach Belieben bald so, bald so zurechtdrücken" (ASD IV, 3, 154, 490–156, 491), ein Bild, das Erasmus anderen entnommen hatte, mit dem er Schule machen sollte. Auch die Anprangerung des barbarischen Lateins ist keine bloße Herablassung: „Denn sie sagen, daß es der Würde ihrer heiligen Wissenschaft nicht angemessen sei, sich den Regeln der Grammatiker beugen zu müssen (ASD IV, 3, 158, 516–519). In der neuen Form des Theologisierens aber erhält der Text und damit auch die Grammatik ein Eigengewicht.

Viel ausführlicher beschäftigt sich Erasmus mit den Mönchen (ASD IV, 3, 158, 524–168, 674). Sie seien dumm und hielten ihre Dummheit für ein Merkmal der Frömmigkeit; die Bettelmönche seien eine wahre Plage, denen die Bestimmungen über Kleidung und Lebensweise als das wichtigste erschienen: alles sei aufs genaueste vorgeschrieben. Hier spricht Erasmus aus eigenen Erfahrungen. Es war noch nicht lange her, daß er die Ordenskleidung abgelegt hatte. Am meisten ärgerten ihn wohl die Predigten, die er von Ordensgeistlichen mitangehört hatte: Törichte Prahlereien, voll von theologischem Nonsens und unsinnigen Geschichten. Er ärgert sich an einem Vortrag, der plump und tölpelhaft ist. Erst zum Schluß unterbricht die Torheit mit ihrem Kommentar: „Ihr seht nun wohl, wie sehr mir diese Menschen verpflichtet sind: den paar nichtigen Zeremonien und lächerlichen Possen und ihrem Spektakel verdanken sie die reinste Tyrannenmacht und bilden sich ein, sie seien Redner wie Paulus oder Antonius" (ASD IV, 3, 168, 670–672).

Am schärfsten aber ist der letzte Abschnitt dieses zweiten Teils, der vom Papst, den Kardinälen, Bischöfen und dem niederen Klerus handelt. Alles kreise um Ehre, Macht, Herrlichkeit, Rechte, Pracht und Prunk; es gebe ein Heer von Schreibern, Kopisten und zahllosen Funktionären; Interdikte, Exkommunikationen, Bannflüche würden geschleudert; Päpste führten Kriege zu ihrem Ruhm. „Da werden abgelebte Greise" – gemeint ist der Kriegspapst Julius II., dessen Kriege Erasmus in Norditalien miterlebt hatte – „so frisch und stark wie die Jünglinge: Sie scheuen keine Kosten, keine Strapazen sind ihnen zu schwer, keine Bedenken zu gewichtig, ob auch Recht, Religion und Friede und die ganze Welt darob zuschanden werden" (ASD IV, 3, 174, 818–821). Und bei Hoch und Niedrig spielt das Geld – als Geldernte bezeichnet das Erasmus – die Hauptrolle. Erasmus verfährt in diesen Stellen auf zweierlei Weise. Auf der einen Seite arbeitet er mit der symbolischen Bedeutung des liturgischen Gewandes: Das Weiß der Albe ist der unbefleckte Lebenswandel, der Krummstab die Wachsamkeit über die Herde usw. Die symbolische Bedeutung der Gewänder war seit langer Zeit festgelegt und durch Handbücher allgemein bekannt. Zum andern stellt er die zeitgenössische Kirchenpraxis der apostolischen Zeit gegenüber: „Nicht anders halten es die Kardinäle. Sagte sich einer: ‚Wir stehen an der Stelle der Apostel. Dasselbe fordert man von uns, was sie geleistet haben. Wir sind nicht Herren, wir sind Verwalter der Gaben des Heiligen Geistes und müssen binnen kurzem darüber Rechenschaft ablegen'... Aber wenn erst die Päpste, die Stellvertreter Christi, es versuchen wollten, ihm nachzuleben, nämlich seiner Armut, seiner Arbeit, seiner Lehre, seinem Kreuz, seiner Todesbereitschaft, ... wessen Herz wäre da bedrückter als das ihre?" (ASD IV, 3, 172, 753–756. 768–771). Auch dieses Motiv ist nicht neu. Aber Erasmus greift es hier zum erstenmal auf. Und bald schon wird das Heimweh nach dem Früher, nach der goldenen Zeit des Urchristentums sein Denken bestimmen.

Im letzten, dritten Teil der Schrift (ASD IV, 3, 178, 886–194, 277) zählt die Torheit jene Autoritäten auf, deren Worte und Taten den Beweis für ihre Macht erbringen. Man erwartet nun eigentlich eine Reihe von Zitaten bekannter oder auch weniger bekannter Autoren, denn der Ausdruck „Autoritäten" deutet besonders darauf hin. Zunächst wird diese Erwartung auch erfüllt, und zwar durch ein recht doppeldeutiges Zitat aus den *Disticha Catonis*: „Stell dich nur dumm zur rechten Zeit, und keiner ist wie du gescheit" (ASD IV, 3, 178, 893). Aber schon bald bittet die Torheit um die Erlaubnis der Theologen, ihre Lobrede mit Sprüchen aus der Bibel zu schmücken, die unter Christen möglicherweise höher als andere Autoritäten eingeschätzt werde. Hier bereits vollzieht sich der Übergang: Bis dahin hatte die Bibel keine besondere Rolle gespielt. Nun tritt die Torheit als Theologe auf, von Duns Scotus, wie sie hofft, erleuchtet. Es folgen in der Tat einige Bibelstellen aus den Büchern „Prediger" und „Sprüche" sowie aus den Briefen des Paulus an die Korinther. Die Paulusbriefe, insbesondere 1. Kor. 3,18: „Wenn jemand unter euch meint, weise zu sein in dieser Welt, der werde ein Tor, um weise zu werden", dienen als Stütze für das Folgende.

Es folgt ein fabelhaftes Gaukelspiel. Auf die Frage: Warum sind die Toren Gott wohlgefällig?, folgt eine erste Antwort (ASD IV, 3, 186, 79–189, 147): Aus demselben Grund, aus dem die Fürsten Menschen hassen, welche bei gutem Verstande sind, so daß sie sich gern mit dummen Menschen umgeben. Spricht hier die Torheit? Es nützt nichts, wenn man die Behauptung umkehrt. Im Gegenteil, denn es heißt weiter: „Genauso will Christus von diesen Weisen da, die sich auf ihre Klugheit verlassen, nichts wissen und verdammt sie" (ASD IV, 3, 186, 84–85). So werden Menschen, die auf eigene Einsicht vertrauen, Kindern, Frauen und Fischern gegenübergestellt, von denen Christus offensichtlich am meisten hielt. Entscheidend ist es deshalb, klein zu sein, sich vertrauensvoll hinzugeben, unbekümmert zu sein. Nicht von ungefähr ritt Jesus mit Vorliebe auf einem Esel, dem Bilde der Dummheit. Mehr noch, Jesus selbst wurde in gewissem Sinne töricht, als er die menschliche Natur annahm. Erasmus schließt mit den Worten: „Allein, um nicht das Unerschöpfliche erschöpfen zu wollen und um nur die Hauptsache zu sagen: Mir scheint, die christliche Religion steht überhaupt einer gewissen Torheit recht nahe; mit der Weisheit hingegen verträgt sie sich schlecht. Wollt ihr Beweise dafür haben, so achtet darauf, ob nicht Kinder, Greise, alte Leute, Frauen und Blödsinnige an den heiligen Handlungen des Gottesdienstes besonderes Vergnügen finden und immer in unmittelbarer Nähe des Altares anzutreffen sind, offenbar einzig aus natürlichem Triebe" (ASD IV, 3, 189, 141–146).

Erasmus kennt auch eine andere Art von Toren. „Jene von christlicher Frömmigkeit einmal ganz Erfaßten" sind die wahren Toren, die ihr Hab und Gut verschenken, Schmähungen hinnehmen, Ungerechtigkeiten erdulden. So als weilte ihre Seele schon andernorts und nicht in ihrem Körper. Eine zweite Dimension der Torheit also, wenn die absolute Forderung des Evangeliums absolut erfüllt wird (ASD IV, 3, 189, 147–190, 155).

Nach einigen abrupten Sätzen bewegen sich die Gedanken wieder in andere Richtung (ASD IV, 3, 190, 156–192, 230). Die Glückseligkeit, welcher der Christ nacheifere, sei – mit Verlaub gesagt – eine bestimmte Form von Wahnsinn oder Torheit. Wie in der bekannten Erzählung Platos die Gefangenen in der Höhle, welche nichts anderes als Schatten sahen, den einen Mann auslachen, der die Wirklichkeit gesehen hatte, so lache die große Schar der Christen, die dem Stofflichen, Sichtbaren verhaftet bleibe, jeden einzelnen aus, der nach dem Geistigen, Unsichtbaren strebe. Dieser uns aus dem *Enchiridion* bekannte Gedanke gewinnt hier eine neue Dimension. Jener Mensch, der der Materie entflieht und das rein Geistige sucht, gehört nicht mehr in diese Welt. Er gleicht jenen Wahnsinnigen, denen es gelungen ist, dem Körper zu entfliehen, oder jenen Sterbenden, die im Angesicht des Todes wie in geistiger Entrückung reden. Der Körper gilt ihnen nichts, die gröberen Sinne sterben ab, selbst die natürliche Liebe wird besiegt. Dieser Gegensatz zwischen den vielen und dem einzelnen führt dazu, daß man einander wechselseitig töricht nennt, „nur daß dieses Wort auf die Frommen, wie ich meine, viel eher paßt" (ASD IV, 3, 192, 229–230).

Und abschließend: In der himmlischen Seligkeit wird die menschliche Seele, vom Körper gelöst, aufgehen im göttlichen Geist, jenem höchsten Gut, das alles zu sich hinzieht. Diese Glückseligkeit wird hier von einzelnen erlebt, wenn auch nur als Vorgeschmack, als winziges Tröpfchen, als Schimmer, als Geruch: „Wer das einmal fühlen durfte – beschieden ist es nur wenigen –, den überkommt es wie Wahnsinn". Wenn er wieder zu sich selbst gekommen ist, weiß er nur, daß er glücklich war, und er wünscht sich, für immer in jener Form des Wahnsinns zu verharren. „Und doch heißt das nur ein klein wenig genippt am vollen Becher künftiger Seligkeit" (ASD IV, 3, 193, 257–194, 267). Dann hält die Torheit schnell inne, und mit einigen Sätzen endet sie.

Im November 1514 erschien eine Ausgabe von *Lob der Torheit* mit bedeutsamen Ergänzungen im zweiten und dritten Teil. Im zweiten Teil erweiterte Erasmus die Passagen über die Theologen und Mönche, ohne Rücksicht auf das kompositorische Gleichgewicht. Auch im dritten Teil fügte er ausführliche Passagen ein, aber dort sind die Eingriffe nicht spürbar. Die neuen Abschnitte beziehen sich alle auf Kirche, Kirchenfürsten und vor allem Theologen und Prediger, so daß das Werk erst jetzt eine klare Zielrichtung erfuhr. Unter den neuen Passagen finden sich meisterhafte Genrestücke. Der Leser sieht den eingebildeten Prediger gleichsam vor sich. Hinter der Maske der Gelehrsamkeit entdeckt er das tiefste Heilsgeheimnis in den drei Fällen des Namens „Jesus": Jesus, Jesum, Jesu. Sie deuten an, daß er summum, medium und ultimum, der Erste, der Mittlere und der Letzte ist. Ein noch tieferes Geheimnis liegt in dem Mittelbuchstaben des Namens „Jesus", s, hebräisch „sin", im Schottischen – der Sprache des achtzigjährigen Scotisten, der die Predigt hält – die „Sünde", von welcher Christus die Welt erlöst (ASD IV, 3, 164, 611–621). Dem Ärger über eine solche Predigt entspricht der Widerwille gegen eine theologische Disputation – „ich bin oft dabei", sagt die Torheit –, in welcher ein Greis – „sein Hochmut verriet bereits, daß er Theologe war" – angeblich biblische Argumente für die Tötung von Ketzern anführte. Hatte Paulus nicht befohlen, den Ketzer zu meiden, das heißt: zu töten? Man beachte nur das Lateinische: „devita", „meide", wird zu „de vita", „aus der Welt" schaffen! (ASD IV, 3, 185, 48–186, 55). In wenigen schneidenden Worten finden sich Zeugnisse von beißendem Spott. Der Prediger (1, 17) hat gesagt, daß er Weisheit und Torheit kennenlernen wolle. Absichtlich in dieser Reihenfolge: Kommen nicht bei Prozessionen die höchsten Würdenträger als letzte? Jedenfalls hören sie dann die Worte Jesu, daß die Ersten die Letzten sein werden (ASD IV, 3, 180, 943–948). Auch Beispiele eines sehr subtilen Spotts lassen sich herauslesen. In Jesus Sirach 41, 18 (15) steht: „Besser ist einer, der seine Torheit verbirgt, als einer, der seine Weisheit verbirgt". Selbstverständlich, sagt die Torheit, der Mensch verbirgt schließlich nur Wertgegenstände wie Gold und Edelsteine (ASD IV, 3, 180, 949–182, 962). Ein wahres Juwel ist die Feststellung, es sei „das verbürgte Recht der Theologen, den Himmel, das heißt, die Heilige Schrift, auszuspannen wie ein Fell" (ASD IV, 3, 182, 997–183, 998): Sie machen daraus, was ihnen gerade in den Kram paßt. Der Doppelsinn wird erst sichtbar, wenn man erkennt, daß Erasmus hier ein Zitat aus Psalm 103 (104), 2 einflicht: „Gott spannt den Himmel aus wie ein Fell", heißt es in der lateinischen Übersetzung. Damit ist wohl klar, welche Rechte sich die Theologen herausnehmen; der Leser des 16. Jahrhunderts hört das, im Gegensatz zu den meisten Kommentatoren unserer Zeit, noch mitschwingen.

An anderer Stelle ist der Humor recht grob. „Ich für mein Teil", sagt die

Torheit, „halte mich an die großen, massiven, handfesten, patentierten Theologen; denn die Gelehrten gehen, so wahr mir Gott helfe, fast alle lieber mit diesen auf dem falschen Weg als auf dem rechten mit jenen Dreizungenmenschen" (ASD IV, 3, 182, 985–987). In den neuen Passagen kommen die „Dreizungenmenschen", die Menschen des Hebräischen, Griechischen und Lateinischen, die Humanisten, explizit vor. In diesem Fall wird Erasmus selbst namentlich erwähnt, „wenn nicht der Erste, so doch der Zweite in dieser Gesellschaft", der, notabene, Nikolaus von Lyra, den mittelalterlichen Exegeten schlechthin, zu tadeln wagt, daß er einen Ausspruch von Paulus falsch ausgelegt habe. Kein Wunder übrigens, „denn beim heiligen Paulus bekommen Worte der Heiligen Schrift eine andere Bedeutung als sie an ihrer ursprünglichen Stelle haben" (ASD IV, 3, 182, 974; 183, 998–999). Also: Wenn Paulus das Alte Testament zitiert, gibt er den Worten häufig einen neuen Sinn. Man muß sich nur trauen, meinten viele.

An anderer Stelle verweist Erasmus ausdrücklich auf den Unterschied zwischen einer neuen Generation und der alten. Nach einer langen Tirade gegen die scholastischen Theologen folgt: „Aber ihr glaubt sicher, daß ich das alles zum Scherz sage. Kein Wunder. Auch unter den Theologen gibt es inzwischen gebildetere Menschen, die einen Widerwillen empfinden bei diesen ihrer Meinung nach abgeschmackten Spitzfindigkeiten der Theologie. Manche verfluchen es wie Gotteslästerung und betrachten es als groben Mangel an Frömmigkeit, über solch geheimnisvolle Gegenstände, die eher Verehrung als Erforschung verdienen, so ungehörig daherzureden und dabei mit den unheiligen Spitzfindigkeiten der Heiden zu disputieren, anmaßende Begriffsbestimmungen zu formulieren und die Erhabenheit der göttlichen Theologie mit so kalten, ja armseligen Worten und Begriffen zu beschmutzen" (ASD IV, 3, 154, 478–484). Hier erhebt sich die Frage nach der rechten Methode der Bibelexegese und des Theologisierens im allgemeinen, eine Frage, die über das rein technische Problem hinausgreift. Erasmus stößt sich an der Auslegung des Nikolaus von Lyra. Dieser legt die Worte Jesu, seine Jünger sollen nur mit einem Geldbeutel und einem Schwert ausziehen, so aus, daß der Geldbeutel alles bedeutet, was man zu seinem Lebensunterhalt braucht, und das Schwert alles, was zur Verteidigung dienen kann. „So läßt dieser Deuter des göttlichen Gedankens die Apostel mit Lanzen, Armbrüsten, Schleudern und Donnerbüchsen bewaffnet ausziehen, um den Gekreuzigten zu predigen, und belädt sie mit Geldkatze, Felleisen und Gepäck, auf daß sie ja nie eine Herberge ohne Frühstück verlassen müßten" (ASD IV, 3, 184, 39–41).

„... den Gekreuzigten zu predigen". Hier ist in vier Worten ein Gegensatz formuliert, der charakteristisch für das Denken von Erasmus wird und der in dieser Schärfe in der ursprünglichen Version von *Lob der Torheit* noch nicht vorhanden ist. Es ist der Gegensatz zwischen Vergangenheit und Gegenwart, zwischen Kirche, Kirchendienern und Theologie von heute in

Gegenüberstellung zur Lebenspraxis und Lehre Christi und der Apostel.
Auf zwei ihm sehr wichtigen Punkten arbeitet Erasmus diesen Gegensatz
heraus. Er hatte sich, als er auf die Mönche zu sprechen kam, verächtlich
über törichte Vorschriften auf dem Gebiet der Zeremonien und Kleidung
geäußert. Diese Passage erweitert er nun. Am Tag des Gerichts werden sie
prahlend mit all ihren selbst ersonnenen Verdiensten daherkommen. „Aber
Christus wird dazwischenfahren – sonst nähmen die Prahlereien kein Ende –
und wird sprechen: ‚Was habe ich zu schaffen mit diesem neuen Juden-
geschlecht? Ein einziges Gebot erkenne ich an als das meine, und von diesem
allein höre ich kein Wort'" (ASD IV, 3, 162, 569–571). Viel ausführlicher
beschäftigt er sich mit der scholastischen Theologie. Er hatte sie bereits
wegen ihrer abstrusen Fragen verspottet. Nun stellt er dieser Theologie die
Apostel gegenüber, die die Welt nicht mit einer derartigen Botschaft für
Christus erobert haben. Sie hätten diese sogar nicht einmal begriffen.
„Paulus war Manns genug, für seinen Glauben zu zeugen; aber wenn er
sagt: ‚Der Glaube ist eine feste Zuversicht auf das, was man hofft, und ein
Nichtzweifeln an dem, was man nicht sieht' (Hebr. 11, 1), so ist das keine
magistrale Definition. Er legt die schönste Liebe an den Tag, dennoch fehlte
es ihm an der nötigen Dialektik, um ihren Begriff nach Umfang oder Inhalt
genügend zu bestimmen (ASD IV, 3, 150, 423–426). Erasmus wird nicht
müde, den Gegensatz auf verschiedenen Gebieten herauszuarbeiten: Wußten die Apostel von einer Transsubstantiation? Wußten sie, wie Maria von
der Erbsünde frei geblieben war? Waren ihnen alle Finessen der Tauflehre
präzise geläufig? Der verwirrenden und nutzlosen Kompliziertheit von
heute steht die Klarheit, die Einfalt von damals gegenüber.

Die neue Ausgabe von *Lob der Torheit* verrät etwas von der Stimmung des
Erasmus im Jahr 1514. Wir sahen, daß es sich um die Zeit seiner ersten
großen Triumphe in Deutschland handelt. Wichtiger ist, daß in diesem Jahr
ein neuer Erasmus vor uns steht, ein Erasmus mit einem klaren Lebenspro-
gramm. Dieses umfaßt wissenschaftliche Arbeit, in erster Linie die Herausgabe des Neuen Testaments und der Werke von Hieronymus. Das Interesse
bestand schon lange, im *Lob der Torheit* finden wir zum ersten Mal Ansätze
zu einer Verwirklichung. Man kann hier nicht nur einzelne Passagen
entdecken, die den 1516 erscheinenden Anmerkungen zum Neuen Testament vorgreifen, sondern Grammatik und Rhetorik bilden hier zum ersten
Mal die Grundlage der Wissenschaft und verdrängen damit die Dialektik.
Auch Ideale auf gesellschaftlich-kirchlichem Gebiet – beide Bereiche bilden
noch eine Einheit –, die er hier anspricht, wird er von nun an propagieren.
Das wird deutlich in der Ausgabe der *Adagia* von 1515, der *Klage des
Friedens* von 1517, den späteren Ausgaben des Neuen Testaments, seit 1519,
und den *Colloquia*, seit 1522. Die neue Ausgabe von *Lob der Torheit* ist ein
erstes Zeugnis für das zukünftige Programm von Erasmus. Im Kern findet

der Leser hier bereits verschiedene Elemente seiner Erneuerungsideen, besonders in der dargestellten Diskrepanz zwischen der eigenen Zeit und jener von Christus und den Aposteln.

Im Jahr 1515 erschien *Das Lob der Torheit* bei Froben in Basel, der der eigentliche Drucker von Erasmus werden sollte. Die Ausgabe war wichtig, weil sie zum erstenmal den Kommentar enthielt, der die Schrift für den mit der Klassik weniger vertrauten Leser erläuterte. Der Kommentar wurde unter dem Namen des niederländischen Humanisten Gerard Listrius publiziert, stammte aber zum Teil von Erasmus selbst, zumindest was seine spätere Erweiterung angeht. Am Rand eines Exemplars dieser Ausgabe brachte Hans Holbein der Jüngere seine berühmten Zeichnungen an.

Mit Ausnahme der *Colloquia* erlebte keine Schrift von Erasmus einen größeren Erfolg. Zu seinen Lebzeiten erschienen von *Lob der Torheit* 36 Ausgaben bei 21 verschiedenen Druckern. Es folgten zahllose Übersetzungen, so schwierig diese Aufgabe auch war, und Nachahmungen. In die lateinischen Ausgaben wurde oft der Kommentar von Listrius aufgenommen, sehr häufig auch ein ausführlicher Brief (A 337), in dem Erasmus die Schrift gegen den in Löwen dozierenden holländischen Theologen Maarten van Dorp verteidigte. Spätere Angriffe aus Paris und Spanien waren anderer Art: Zu dieser Zeit muß man den Widerwillen gegen *Das Lob der Torheit*, den die Theologen der alten Kirche hegten, vor dem Hintergrund der Reformation sehen. Bezeichnenderweise hatte Luther inhaltlich dieselbe Kritik wie seine erbittertsten Gegner. Spiel war nun nicht mehr möglich.

Erasmus und *Das Lob der Torheit* gehören zusammen: Die geistige Einstellung des Autors kommt in der Schrift in jeder Zeile zum Ausdruck. Es gibt wohl kaum einen feinsinnigeren Menschen und ein feinsinnigeres Buch als dieses. Erasmus blickt, wie seine Schöpfung, vom Olymp herab. So jedenfalls sieht es Holbein in seiner Zeichnung. Er stellt die Torheit, die eine Narrenkappe trägt, auf einen Katheder – vielleicht ist es aber auch eine Kanzel. In der Kreidezeichnung eines vermutlich holländischen Zeitgenossen wird die Torheit ganz anders dargestellt: als eine Frau, aber ohne Narrenkappe, die auf ihrem Thron sitzt. Vor ihr steht ihre Zuhörerschaft, ein Mönch, ein Bischof, ein Handwerker. In der Gruppe befindet sich auch Erasmus, den Finger mahnend hochgestreckt (Bjurström 68).

# VII. Christliche Philosophie

„Wenn es je ein Goldenes Zeitalter gegeben hat, dann besteht gute Hoffnung, daß das unsrige ein solches werden wird", so Erasmus in einem Brief an Papst Leo X. vom April 1517 (A 566, 34–35), in dem er auch seine hochfliegenden Erwartungen begründet: Die christliche Frömmigkeit werde sich erneuern; die Literatur, die in Vergessenheit geraten und verdorben sei, werde ihren Platz zurückerobern; die Eintracht der Christenheit, die Wiege der Frömmigkeit und Bildung, sei nun für immer gesichert. Diese Hoffnung bringt er in den Jahren zwischen 1514 und 1518 wiederholt zum Ausdruck. Auch für ihn selbst waren es die goldenen Jahre, in denen die Zukunft lockte. Er wird von den Gelübden dispensiert, bekommt eine Anstellung als Rat Karls V. und damit auch die Zusage eines Jahressoldes – der, wie er später bitter bemerkte, zwar nur selten ausbezahlt wurde (ASD IX, 1, 284, 33–35) –, und seine finanzielle Situation verbessert sich merklich; in Deutschland ist er eine Berühmtheit, und seine Korrespondenz, äußeres Zeichen des Ruhms, wächst in unvorstellbarem Ausmaß; die Größen seiner Zeit erkennen in ihm einen der ihren; er korrespondiert mit Kardinälen und widmet die Ausgabe des Neuen Testaments dem Papst – seinen alten Mäzen, den Erzbischof William Warham von Canterbury, dem die Widmung zunächst zugedacht war, übergeht er –, kurzum, er dringt ins Zentrum der gebildeten Welt vor.

In eben diesen Jahren gibt er auch die Schriften heraus, die am klarsten die Ideale widerspiegeln, die ihn beseelen und so optimistisch stimmen. In seinem Brief an Papst Leo X. zählt er die Bereiche auf, denen diese Ideale entstammten: der Frömmigkeit, der Literatur und der Einheit der Christenheit. In diesem Kapitel stelle ich die einzelnen Schriften zunächst kursorisch vor. Sie sind erfüllt vom gleichen Geist; trotz ihrer unterschiedlichen Thematik liegt ihnen das gleiche Konzept zugrunde, und wir können daher die in diesen Schriften vertretene Auffassung als eine Einheit behandeln. Im zweiten Teil des Kapitels werde ich dann auf das Konzept eingehen.

1515 erschien eine neue Ausgabe der *Adagia* (LB II; ASD II, 5–6). Erasmus selbst schätzte dieses Werk außerordentlich. In der Vorrede betont er, daß die Ausgabe von 1508 eine gewaltige Verbesserung gegenüber der ersten Ausgabe bedeute (vgl. S. 39). Nun habe er sich wieder einmal selbst übertroffen, und so werde auch diesmal die Zustimmung groß sein (A 269, 33–35). In der Tat mangelte es nicht an Zustimmung. Der venezianische Gesandte in London schreibt, daß er „mit viel Vergnügen und lautem Lachen" jeden Tag in dem Buch lese und daß der Kommentar von Erasmus ihn mehr interessiere als die Sprichwörter selbst, obgleich er im allgemeinen lieber die Klassiker als die modernen Autoren lese (A 591, 33–57). Sein Sekretär übertraf ihn noch in seinem Lob: Er wende täglich zwei Stunden an „dieses goldene und wahrhaft göttliche Werk" und er müsse Erasmus unbedingt mitteilen, daß Erasmus seiner Meinung nach „von allen Menschen, die gelebt haben, leben und noch leben werden bei weitem der gelehrteste ist" (A 590, 18–19. 42–69). Im Vergleich mit diesem ist Ulrich Zasius karg in seinem Lob. Er meinte, es habe seit „sechshundert Jahren und länger" keinen gelehrteren Mann gegeben (A 344, 14–16). Aber er war denn auch Jurist, eine Leuchte in seinem Fach.

Der Unterschied zur Ausgabe von 1508 lag nicht in der Anzahl der behandelten Sprichwörter, denn es kamen lediglich 150 Stück hinzu. Der Unterschied lag vielmehr darin, daß Erasmus neun lange Stücke hinzufügte, in denen die Behandlung des Sprichworts in einen umfassenden Essay über ein gesellschaftliches Phänomen einmündete. Diese Beiträge wenden sich gegen Tyrannei, beschreiben das Übel des Krieges, befürworten Veränderungen in der Kirche und verteidigen die Ideale der bonae litterae. Einige dieser Essays wurden in Separatausgaben, auch in volkssprachlichen Übersetzungen, herausgegeben. Margaret Mann Phillips (96–121) spricht von der „utopischen Ausgabe", und das aus gutem Grund. Thomas Mores' *Utopia* und die *Adagia* werden von dem gleichen gesellschaftlichen Interesse getragen, und in beiden Schriften befindet sich dieselbe Entrüstung über die Unverschämtheiten der Mächtigen und die Unterdrückung der Kleinen; andererseits wird in diesen beiden Schriften der Unterschied zwischen dem Staatsmann und dem idealistischen, aber leicht naiven, unabhängigen Intellektuellen sichtbar.

Im Jahre 1516 folgte auf die *Adagia* die *Institutio principis christiani* (ASD IV, 1, 95–219), Die Erziehung des christlichen Fürsten, die dem späteren Kaiser Karl V. gewidmet war – ein Fürstenspiegel wie viele andere auch. Erasmus arbeitete die Schrift aus, nachdem er gehört hatte, daß er in den großen Kreis der Ratgeber berufen werden sollte und daß ihm ein Jahressalär zugesprochen würde. Eine solche Ernennung erfolgte ehrenhalber und schloß keinerlei Verpflichtungen ein. Die *Institutio* ist eine typische Gelegenheitsschrift, bei der man gewiß nicht jedes Wort auf die Goldwaage legen darf. Dennoch tauchen auch hier einige zentrale Gedanken von Erasmus auf. Das Wichtigste spricht er gleich in der Widmung an. In Anlehnung an Plato stellt er die Forderung, der Staat müsse von einem Fürsten regiert werden, der ein Freund der Philosophie sei: „Unter Philosophie verstehe ich nicht Disputieren über die Elemente, die erste Materie, die Bewegung oder das Unbegrenzte, sondern Befreiung von falschen, allgemein verbreiteten Ansichten und schlimmen Leidenschaften, Wegleitung, nach dem Vorbild der ewigen Gottheit richtig zu regieren" (ASD IV, 1, 133, 21–134, 24). In der Schrift selbst werden „Philosoph-Sein" und „Christ-

Sein" gleichgestellt (ASD IV, 1, 145, 267–268), da beide letztlich das höchste Gut anstreben.

Im gleichen Jahr erscheint Erasmus' erste Ausgabe des Neuen Testaments. Dieses Unternehmen und die Leistung von Erasmus als Bibelexeget werden uns im nächsten Kapitel beschäftigen. Hier verweise ich nur auf zwei der sogenannten Einleitungsschriften, die *Paraclesis* von 1516 und die *Ratio verae theologiae* von 1518, in denen Erasmus zwar auf alle Fragen hinsichtlich Bibeltext und Bibelinterpretation eingeht, die aber auch etwas von der Gedankenwelt, in der Erasmus lebte, und von den Idealen, die ihn bei seinem Tun als Bibelexeget leiteten, verraten.

1517 erschien die *Querela pacis* (ASD IV, 2, 1–100), die Klage des personifizierten Friedens. Auch das eine Gelegenheitsschrift, die Erasmus, wie er selbst sagt, „auf Befehl" von Jean le Sauvage, Kanzler von Burgund, verfaßte, um damit die Pläne für einen Vertragsabschluß zwischen den Herrschern über das Deutsche Reich, Spanien, Frankreich und England zur Sicherung des Friedens in Europa zu unterstützen. Zu einem Vertrag kam es schließlich nicht, ja man kann sagen, daß die Schrift im Augenblick ihres Erscheinens schon nicht mehr aktuell war. Dennoch war sie sehr erfolgreich: Zu Lebzeiten von Erasmus erschienen 26 Drucke, des weiteren zwei deutsche Übersetzungen im Jahr 1521, eine französische Übersetzung, Übertragungen in andere Volkssprachen, darunter mehrere niederländische Übersetzungen, die erste 1567 mitten in den Wirren des beginnenden Aufstands gegen Spanien. Auch in unserem Jahrhundert blieb das Interesse an der Schrift groß. So erschien 1955 zum erstenmal eine russische Übersetzung, und in Anthologien von Friedenstexten und Studien über Friedensfragen spielt die *Querela pacis* eine wichtige Rolle. Es ist in der Tat eine beeindruckende Schrift, die von Christus als Friedensstifter ausgeht und mit einem Loblied auf die neuen jungen Fürsten des christlichen Europa endet. Der Herausgeber dieser Schrift in der neuen Amsterdamer Ausgabe stellt zurecht fest, daß der Tenor der *Querela pacis* keineswegs durchgehend so optimistisch sei, wie es der Schluß vermuten läßt (ASD IV, 2, 29). Die Schrift enthält eine scharfe Kritik an Gesellschaft und Kirche und ist von einem tiefen Mißtrauen gegenüber dem Menschen durchdrungen, der sich selbst überlassen ist. Letztlich ist der Friede allein in Christus zu finden, der Christen zu Brüdern macht und Christen mit Nicht-Christen zur wahren Eintracht verbindet.

Als letztes wenden wir uns der einleitenden Widmung zu, die in der Ausgabe des *Enchiridion* aus dem Jahr 1518 enthalten ist (A 858). Es ist ein ziemlich kurzes Stück, das dennoch die Vorstellungen, die Erasmus in seinen „goldenen Jahren" entwickelte, in komprimierter Form veranschaulicht: Alle Themen werden berührt, das Ideal einer wahrhaft christlichen Gesellschaft wird evoziert.

Alle erwähnten Schriften erschienen bei Froben in Basel. Obgleich

Erasmus ursprünglich die *Adagia* dem Pariser Verleger Josse Badius zugedacht hatte, wurde die Abschrift versehentlich – wie man annehmen darf,
durch ein von Erasmus beabsichtigtes Versehen – Froben anvertraut (A 283,
152–164). Alle wichtigen Schriften von Erasmus sollten in Zukunft in dieser
Offizin erscheinen, und der Verleger besorgte dem Autor, der von 1521 an
für lange Zeit in Basel lebte, sogar ein Haus. Die Zusammenarbeit kam
beiden zugute; sie verschaffte Erasmus insbesondere die Ruhe, die er zu
ungestörter Arbeit brauchte, und gerade in diesen Jahren arbeitete er hart.
Selbst wenn man berücksichtigt, daß ein Teil des Materials bereits in
England zusammengetragen worden war und daß die gleichen Themen in
unterschiedlichem Zusammenhang wiederkehren, bleibt Erasmus' Leistung
in diesen Jahren schier unfaßbar. Als der berühmte Pariser Humanist
Guillaume Budé ihn 1516 behutsam mahnt, sich nicht mit Trivialitäten
abzugeben, zählt Erasmus stolz auf, was er alles herausgegeben hat: Das
*Enchiridion*, die *Adagia* und die *Institutio*. Er habe sich nicht mit Kleinigkeiten verzettelt, man habe ihn gerade einer beträchtlichen Waghalsigkeit
geziehen, weil er sich erkühne, kontroverse Themen zu behandeln. Das
*Enchiridion* zeige, daß er abweichende Meinungen gegenüber allen Autoritäten zu verkünden wage. Die *Adagia* steckten voller Kleinarbeit, gewiß,
aber die längeren Essays machten deutlich, daß er sich auf das Gebiet der
Philosophen und Theologen wage und sich dabei weiter als geziemend
mitreißen lasse. Die *Institutio* schließlich unterrichte über ein Thema, an
das sich kein Theologe wagen würde (A 421, 75–93). Aus alledem geht
hervor, daß Erasmus sich in diesen Jahren seiner Kraft und seines Mutes
bewußt war: Er hatte eine Mission zu erfüllen.

Wo liegt die Einheit von Erasmus' Denken? In den vorangegangenen
Kapiteln haben wir bereits wichtige Züge seines Denkens herausgestellt. Im
*Lob der Torheit* spielt die Kritik am Bestehenden eine bedeutende Rolle;
implizite richtet sich diese Kritik gegen die Gesellschaft im ganzen. Erasmus
rügt, daß der Mensch immer wieder den Schein dem wahren Wesen der
Dinge vorziehen wird und er wendet sich insbesondere gegen die Kirche, die
Theologen und Ordensgeistlichen, die diese Neigung noch verstärken.
Hinter dieser Kritik – auch das wurde deutlich – verbirgt sich bei Erasmus die
Sehnsucht nach der Vergangenheit, nach der Zeit Christi und der Apostel.
Schließlich wird vor allem im *Enchiridion* der Gegensatz zwischen Fleisch
und Geist, Sichtbar und Unsichtbar ausführlich behandelt. Daß die in den
verschiedenen Werken zum Ausdruck kommenden Gedanken in einem
Zusammenhang stehen, dürfte klar sein. Welches zentrale Anliegen aber
war es, das Erasmus in seinen Schriften verfolgte? Er selbst nannte es
„christliche Philosophie", „Philosophie von Christus" oder „himmlische
Philosophie". Was will Erasmus mit diesem Begriff, der viele Mißverständnisse ausgelöst hat, sagen? Nach Augustin Renaudet (XVII–XIX, 122–189)

kennzeichnet er den evangelischen Positivismus von Erasmus, der seinen
Spott mit Philosophie und Theologie treibe. Da Erasmus eine auf dem
Evangelium basierende Moral verfechte, verteidige er die Freiheit gegenüber
jeglicher Glaubensformulierung und allen verpflichtenden kirchlichen Praktiken und gelange somit in seinen Schriften zu einer totalen Spiritualisierung. Der ungewöhnliche Begriff „christliche Philosophie" deutete darauf
hin, daß es ihm um den Unterricht eines Meisters gehe, der göttlich und
zugleich vertraut, ganz nahe sei. Damit beziehe sich Erasmus insbesondere
auf Plutarch und Cicero, korrigiert nach dem Evangelium. Demgegenüber
hat Louis Bouyer (93–135) wohl mit Recht darauf verwiesen, daß der Begriff
auf die griechischen Kirchenväter zurückgehe und einen von Erasmus
beabsichtigten Archaismus darstelle, und er lehnt die Vorstellung Renaudets daher eindeutig ab. Andere vertreten die Auffassung, daß dieser
Terminus auch der mittelalterlichen mönchischen Tradition nicht fremd sei.

Erasmus verwendet den Ausdruck wahrscheinlich zum erstenmal in den
*Adagia* von 1515. Er erklärt dort die Redensart „die Sileni von Alkibiades",
ein Ausdruck, der auf Plato zurückgeht, aber erst durch Erasmus selbst zu
einer sprichwörtlichen Redensart wurde. Erasmus legt dar, daß es sich um
etwas handle, das auf den ersten Blick lächerlich und verächtlich erscheine,
sich aber bei genauerer Betrachtung als bewunderungswürdig herausstelle.
Es scheint, sagt er, daß Sileni alberne Statuetten waren, die geöffnet werden
konnten und dann das Bildnis eines Gottes freigaben. Solch ein Silenus war
Sokrates mit seinem lächerlichen Äußeren, seiner einfachen Sprache, seinem geringen Vermögen – aber öffne diesen Silenus, und du findest eher
einen Gott als einen Menschen. Dasselbe gilt für Antisthenes, Diogenes und
Epiktet. Aber ist Christus nicht ein besonderer Silenus? Unbekannte und
arme Eltern, ein einfaches Haus, ein paar arme Schlucker als Schüler, ein
Leben in Hunger und Elend, das am Kreuz endet. Aber wenn er sich den
gereinigten Augen der Seele offenbaren will, welche unaussprechlichen
Reichtümer finden wir dann! „Welch eine Erhabenheit in solch einer
Niedrigkeit, welche Reichtümer in solch einer Armut, welch eine unvor-
stellbare Kraft in solch einer Schwäche, welch eine Glorie in solch einer
Schande, welch vollkommene Ruhe in solchen Mühen. Und schließlich, in
diesem so bitteren Tod der unversiegbare Quell der Unsterblichkeit. Warum
haben gerade jene Menschen, die sich auf seinen Namen berufen, einen
solchen Abscheu vor dieser Vorstellung? Natürlich wäre es ein Leichtes für
Christus, die Herrschaft über die ganze Erde zu gewinnen und sich dessen zu
bemächtigen, was in alten Zeiten die Regenten Roms vergeblich zu erringen
suchten, sich sogar mit einer größeren Leibwache zu umgeben als Xerxes,
die Reichtümer von Krösus zu übertreffen, alle Philosophie zum Schweigen
zu bringen und die sogenannten Weisen zu bezwingen. Aber dies war das
einzige Muster, das ihm gefiel und das er seinen Schülern und Freunden, den
Christen also, vor Augen stellte. Er wählte also gerade diese Philosophie, die

mit den Regeln der Philosophen und den Prinzipien der Welt in völligem
Widerspruch steht, die als einzige von allen das bringen sollte, was jeder auf
seine Weise zu erwerben trachtet: Glück" (ASD II, 5, 164, 81–93).

Aus diesem langen Zitat geht hervor, daß Erasmus das Wort Philosophie
in der Bedeutung von Lebensweise oder, vielleicht besser, Erscheinungsform, verwendet. Es geht nicht um eine bestimmte Lehre oder ein System.
Erasmus benützt das Wort, um anzudeuten, wer Jesus war und was Jesus
gebracht hat. Er schenkte Glück, und damit verwendet Erasmus dasselbe
Wort, welches am Ende vom *Lob der Torheit* die ewige himmlische Freude
andeutet. Auch sonst sind die Parallelen unübersehbar. Befindet sich die
Kirche in ihrer imponierenden Erscheinungsform in Übereinstimmung mit
dem Leben ihres Gründers? Ihre Diener üben Macht aus, ihre Zeremonien
drücken der Gesellschaft einen Stempel auf, ihre Gelehrten beherrschen die
Universitäten, das soziale und wirtschaftliche Leben wird von ihr kontrol-
liert. Jeder ist ein Glied der Kirche, die Bischöfe sind mächtig, und der Papst
ist erhaben über alle Völker. „Ein großer Teil der Menschen stellt einen
umgekehrten Silenus dar", formuliert Erasmus schneidend scharf (ASD II,
5, 166, 120–121). All diese Menschen mit ihren großartigen Titeln, ihrer
Gelehrsamkeit, ihrem Prunk und ihrer Pracht tragen eine glänzende Außen-
seite zur Schau – wie aber sieht es in ihrem Inneren aus? Dieser Zustand
widerspricht der natürlichen Ordnung der Dinge. Im Samen liegt die
Lebenskraft des Baumes – und wie winzig ist dieser. Gold und Edelsteine
liegen tief in der Erde verborgen. Luft und Wasser sind die wichtigsten
Elemente, aber sie sind am schwersten greifbar. Beim Menschen ist es nicht
anders. Sein Geist, der göttliche und unsterbliche Teil, ist unsichtbar. Der
Atem, der vitalste Teil des menschlichen Körpers, ist nicht zu fassen. Und
am ungreifbarsten für die menschlichen Sinne ist Gott – erhaben über all
unser Begreifen und Wissen.

Hinter dieser Betrachtungsweise liegt ein tiefes Bedürfnis nach dem
Echten und dem Schmucklosen, eine Sehnsucht nach einem Menschen,
einer Welt und vor allem auch einer Kirche, die den Mut haben, wieder das
zu werden, was sie sein sollten. Manchmal, sagt Erasmus, gibt es einen
unbekannten Mann, in den Augen der Menschen eine simple Seele und ein
halber Tor, in dem dies alles unverfälscht vorhanden ist. Solche Menschen
hat es auch früher gegeben: Die Propheten, derer die Welt nicht würdig war,
Johannes der Täufer, der allen irdischen Ruhm verschmähte, die Apostel, die
ein Schauspiel für die Welt darstellten. Aber mehr als jeder andere war
Christus ein solcher Mensch. In diesem Zusammenhang zitiert Erasmus
Jesaja 53: „Er hatte keine Gestalt und Hoheit ... Er war so verachtet, daß
man das Angesicht vor ihm verbarg" (ASD II, 5, 164, 67–168, 161). Aus
diesem Grunde wendet er sich gegen eine Kirche, die sich in der Welt breit
gemacht hat, verwirft er voller Abscheu allen Triumphalismus. Dem Chri-
stus-Imperator wird der leidende Knecht Gottes gegenübergestellt. In der

*Ratio* (LB V 97 C–98 F) berichtet Erasmus ausführlich, auf welche Weise Christus die Welt überwunden hat: Nicht mit Krieg, nicht durch Syllogismen der Philosophie, nicht durch Schätze oder Ehre. Erasmus zeichnet ein lebensvolles Bild von Jesus, der mit verachteten Menschen umgeht, der Mensch geworden ist, um die Menschen zu retten, der freundschaftlich mit Sündern verkehrt, um Sünder zu reinigen, der sich stets zu Menschen herabneigt. Auch hier ist er der Knecht Gottes aus Jesaja, der das geknickte Rohr nicht zerbricht und den glimmenden Docht nicht auslöscht. „Hauptsächlich durch diese Hilfen haben Christus und nach diesem die Apostel die Hartnäckigkeit des jüdischen Volkes bekämpft. Er hat den Hochmut der aufgeblasenen Philosophie Griechenlands besiegt, durch diese hat er die mit Waffen unbesiegte Wildheit so vieler Nationen unterworfen" (LB V 98 CD = H 223, 6–10). Erasmus' Herz sucht diesen Jesus, der die Sanftmut und Demut selbst ist, der durch Milde siegte und durch den Tod triumphierte.

Der Ausdruck „Philosophie von Christus" war bei Erasmus nicht abstrakt, es geht ihm vielmehr ganz konkret um Jesus Christus, darum, wie dieser sich in der Welt offenbarte. Darin ist er Gott, daran läßt Erasmus keinen Zweifel bestehen. Die Anschuldigung, daß Jesus für Erasmus nicht Gottes Sohn sei, zielt daher völlig ins Leere. Erasmus erkennt in Jesu das Echte, das Unverfälschte und deshalb steht Jesus im Mittelpunkt seines Denkens: ein Jesus, der nicht über den Menschen thront, sondern neben ihnen steht.

Der Begriff „Philosophie von Christus" wird von Erasmus vor allem in der *Paraclesis* auch auf Christen und Christentum angewendet. Diese Philosophie, diese Lebensweise ist das Ziel, nach dem wir zu streben haben. Christus ist der Lehrer und als solcher von Gott selbst beauftragt: „„Dieser', sagte er, ,ist mein geliebter Sohn, an dem ich mein Wohlgefallen habe, ihn höret'... Was heißt ,ihn höret'?: Dieser ist wahrlich der einzige Lehrer, dessen Schüler ihr ausschließlich seid" (LB V 143 C). Nicht der Intellekt ist entscheidend, sondern die Liebe. Darum ermahnt Erasmus die Eltern, dafür Sorge zu tragen, daß ihre kleinen Kinder von der Lehre Christi erfüllt werden. Was der Mensch in den ersten Anfängen seines Lebens lernt, vergißt er schließlich nie mehr: „Das erste Kinderlallen bringe den Namen Christi hervor, aus seinen Evangelien werde das frühe Kindesalter geformt. Ich möchte, daß von Christus so gelehrt wird, daß auch die Kinder ihn lieb haben. In diesen Studien mögen sie verweilen, bis sie in stillem Wachsen zum kräftigen Mannesalter Christi heranreifen" (LB V 144 AB = H 148, 17–24). Erasmus ruft auf zur Nachfolge Christi, zu leben in Armut und Demut, in Liebe und Selbstverleugnung wie er. Wenn wir uns nach Christus benennen, müssen wir auch in ihm bleiben.

Erfüllt von diesem Anliegen, plädiert Erasmus verschiedentlich dafür, die Quintessenz vom christlichen Glauben und Leben auf möglichst einfache Weise zusammenzufassen. Sowohl in der *Ratio* (LB V 84 A–E) als auch in dem Vorwort zum *Enchiridion* (A 858, 139–154) will er dem Anfänger eine Anleitung geben. Im *Enchiridion* ist der Beweggrund, daß Erasmus das Neue Testament als schwieriges Buch empfand: Er selbst käme manchmal bei der Suche nach dem Sinn ins Schwitzen. In der *Ratio* ist die Triebkraft die heutige Theologie, die mit ihren schwierigen Fragen und noch schwierigeren Antworten dem Ungeübten jegliche Lust vergällt. In diesem Werk aber gibt Erasmus auch eine Zusammenfassung seiner Gedanken preis: Alles muß sich auf die Christenheit konzentrieren, die so zu leben hat, wie Christus gelebt hat. Im Vorwort des *Enchiridion* faßt er sehr kurz zusammen: „Die Glaubenslehre soll in wenigen Sätzen abgemacht werden, die Ethik ebenfalls kurz behandelt werden, und zwar so, daß man erkennt: Christi Joch ist sanft und leicht, nicht hart. Man soll erkennen: Wir haben Väter bekommen, nicht Tyrannen, Hirten, nicht Räuber, man ruft uns zum Heil und reißt uns nicht in Knechtschaft. Auch sie sind Menschen und tragen weder Eisen noch Stahl im Herzen" (A 868, 144–149). Aus dem Kontext dieser Worte wird deutlich, daß Erasmus sein Büchlein als einen Versuch in dieser Richtung begreift. Im Vorwort wird klar, daß er an einige Leute denkt, die vom Papst einen offiziellen Auftrag erhalten sollten; hinter den Worten steht ein bestimmtes Bild von dem Theologen, ein Bild, das Erasmus in der *Ratio* skizziert hat. Im Gegensatz zum gängigen Theologentypus seiner Zeit fordert er einen Theologen, der sich nicht mit allerhand törichten Problemen herumschlägt, sondern der die Heilige Schrift auslegt, über Glauben und Frömmigkeit spricht, der Tränen vergießt und die Menschen zu einer himmlischen Einstellung anspornt (LB V 83 F–84 A). So würde die Philosophie von Christus zur christlichen Philosophie, sowohl für den Theologen wie für den Anfänger, und so könne ihr Loblied gesungen werden. Nichts anderes bezweckt die *Paraclesis*. „Sei nur lernwillig und du hast es in dieser Philosophie weit gebracht. Sie stellt als Lehrer den Geist, der sich niemandem lieber mitteilt als einfältigen Herzen ... Diese paßt sich allen in gleicher Weise an, unterwirft sich den Kleinen, gleicht sich ihrem Maße an, nährt sie mit Milch, trägt sie herum, liebkost sie, erträgt sie, tut alles, bis wir in Christo heranwachsen. Andererseits ist sie aber den Niedrigsten wieder so zu eigen, daß sie auch den Höchsten bewundernswert erscheint. Ja, je weiter du in ihre Schätze eingedrungen bist, desto mehr wirst du durch ihre Majestät hingerissen" (LB V 140 AB). Ein Leben in der Nachfolge Christi muß das Ziel jedes Menschen sein, dahingehend muß er erzogen werden. Daher haben vor allem die Fürsten, die Bischöfe, die Priester und Erzieher der Jugend eine große Aufgabe zu bewältigen.

Das Ziel ist eine Gesellschaft, deren Mittelpunkt Christus ist. Im Vorwort des *Enchiridion* zeichnet Erasmus diese Gesellschaft als ein hierarchisches Ganzes; als eine wohlgeordnete Welt, in der die verschiedenen Klassen und alle Individuen den rechten Platz einnehmen. Um Christus herum stehen verschiedene Kreise. Am nächsten bei Christus stehen die Priester, Bischöfe,

Kardinäle und Päpste. Ihre Aufgabe ist es, die Lehre Christi an ihre Nächsten weiterzugeben. Den zweiten Kreis bilden die weltlichen Fürsten. Sie dienen Christus, indem sie die öffentliche Ordnung aufrechterhalten und die Übeltäter in ihre Schranken weisen. Im dritten Kreis steht das einfache Volk, das gleichfalls zum Leib Christi gehört. Dieser Entwurf mutet sehr mittelalterlich an. Das statische Element wird jedoch durchbrochen, indem Erasmus betont, daß es ein Wachstum auf Christus hin geben muß. In diesem Wachstumsprozeß wird die natürliche Ordnung gestört, und das ist gut so. Das einfache Volk bildet gleichsam die Füße, Beine und Schamteile des Leibes. Aber wer Fuß ist, kann Auge werden. Andererseits laufen gerade jene Christus am nächsten stehenden Stände größte Gefahr zu entarten (A 858, 230–343). Kein Wunder, daß besonders die Geistlichen und Fürsten die gröbsten Fehler begehen. Das Verderben der Besten ist schließlich das Schlechteste. In der *Institutio* findet sich eine schöne Passage, in der Erasmus diesen Gedanken für den Fürsten ausarbeitet. Der Fürst ist, wie schon Plutarch gesagt hatte, ein gewisses lebendes Abbild Gottes. Ein schlechter Fürst, ergänzt Erasmus, ist das Abbild eines bösen Dämons, in ihm finden wir die Verbindung von großer Macht mit höchster Bosheit, so wie im guten Fürsten die Verbindung von Güte und Macht. Ein christlicher Fürst darf deshalb nicht eingebildet und hochmütig sein, daß er als Ebenbild Gottes gilt. „Vielmehr sollte dich diese Tatsache mit der Sorge erfüllen, diesem Urbild zu entsprechen, das wunderschön ist. Es ist zwar sehr schwierig zu erreichen, aber es ist eine große Schande, es nicht zu erreichen". Gott ist die höchste Macht, die höchste Weisheit, die höchste Güte. Diese Dreiheit muß der Fürst nach allen Kräften zu verwirklichen suchen; Macht ohne Güte ist Tyrannei, ohne Weisheit ist sie Unheil und kann keine geordnete Herrschaft sein (ASD IV, 1, 150, 441–462).

Wenn die Gesellschaft als ganz und gar christlich betrachtet wird, stellt sich die Frage, wie Erasmus nichtchristliche Bürger in einer solchen Gesellschaft sieht. In seinem Jahrhundert bedeutet das: Wie sah er die Stellung der Juden in einer christlichen Gesellschaft? Für Erasmus ist es selbstverständlich, daß sie die normalen Bürgerrechte genießen. Das Bild, das er von ihnen hat, ist aber negativ. Das Judentum ist eine religiöse Gemeinschaft, und zwar eine veraltete, die auch nach der Geburt Christi einem äußerlichen Formalismus verhaftet geblieben ist. Die Juden wählen das Fleisch – und das ist das Gegenteil dessen, was geschehen sollte. In der *Ratio* finden wir einen ausführlichen Abschnitt über die Juden, die Christus verworfen und sich hartnäckig gegen das von Christus dargebotene Heil gewehrt haben. Den Unterschied zu den Christen formuliert Erasmus sehr bündig: „Der Jude pocht auf seine guten Taten, dem bußfertigen Heiden werden die Vergehen seines früheren Lebens nicht mehr angerechnet" (LB V 96 D). Für Erasmus ist der Jude identisch mit dem ältesten Sohn aus dem Gleichnis vom verlorenen Sohn. In seiner Ablehnung der Juden zielt Erasmus letztes Endes auf die Christen, die ebenfalls die Religion im Formalismus aufgehen lassen und die zurecht Juden oder Pharisäer genannt werden. Den Abschnitt über die Juden schließt er ab mit den Worten: „Keinem Jahrhundert fehlen seine Pharisäer, keinem fehlt die Gefahr, wenn es die Wohltaten Gottes mißbraucht" (LB V 96 F). Judenhaß oder Antisemitismus kann man Erasmus also nicht nachsagen, allerdings liegt in der Identifizierung von Gesellschaft und Christentum eine latente Bedrohung für die Juden, und die Charakterisierung der jüdischen Religion als veraltet und gefährlich kann leicht zum Antisemitismus führen.

Inwieweit bleibt Raum für eine realistische Einschätzung der Wirklichkeit? Das 16. Jahrhundert war gekennzeichnet von einem zum Absolutismus neigenden Königstum; es gab fortwährend Kriege, die mit der Entstehung der Nationalstaaten und des Nationalgefühls heftiger wurden und die von den Kirchenfürsten gesegnet wurden; Expansion und Kolonialismus begannen sich abzuzeichnen, und es gab viele Kämpfe mit dem ottomanischen Imperium. Spuren dieser historischen Realität finden wir besonders in der *Institutio* und der *Querela pacis*. Aber der Gedanke, Christus bilde den Mittelpunkt der Gesellschaft, ist in allen Werken des Erasmus ausdrücklich oder stillschweigend als zentraler Gedanke enthalten. Er neigte dazu, der Wirklichkeit aus einer idealistischen Position zu begegnen und sie von daher zu verurteilen. Darin liegt zugleich die Kraft und die Schwäche seiner Betrachtungen. Der moralische Appell ist stark, er findet sein Fundament in einer religiös bestimmten Sicht der Wirklichkeit. Das führt zu Resignation, wenn die Realität zu roh ist.

Zwei Motive sind bestimmend für Erasmus' Gedankenwelt: Die Vorstellung von der Freiheit aller Menschen und die des Friedens. Da alle Menschen frei sind, dürfen die Fürsten also auch ihre Untertanen nicht als Sklaven behandeln. In der *Institutio* legt Erasmus zunächst dar, daß die Natur alle als freie Menschen geschaffen hat, selbst nach den Vorstellungen der Heiden. Also, fährt er fort, ist es unrecht, daß ein Christ Christen tyrannisiert und gesetzeswidrig diejenigen zu Sklaven macht, die Christus von aller Sklaverei erlöst hat, die an denselben Sakramenten teilhaben, die mit ihm Christus als gemeinsamen Herren verehren. Soll das heißen, daß ein heidnischer Herrscher mehr Rechte hat als der Christenfürst? Nein, lautet die Antwort, letzterer hat durchaus Rechte über seine Untertanen; diese gründen sich aber auf ein anderes Fundament. Die Untertanen sind nicht sein Eigentum, denn ihre Zustimmung macht ihn erst zum Fürsten. Sie werden gerne gehorchen, denn sie gehorchen freiwillig (ASD IV, 1, 165, 930–167, 995). Damit sind die wesentlichen Probleme ausgeklammert, die Frage nach einem Widerstandsrecht wird nicht gestellt und kann auch nicht mehr gestellt werden: Der Konsensus, die Zustimmung der Untertanen, hat dem Christenfürsten eine Machtkompetenz gegeben, die dem Absoluten zuneigt.

Das zweite Motiv, das des Friedens, wird in der *Querela pacis* eindrucksvoll abgehandelt. Erasmus ist sich bewußt, daß die Fürsten die Nationalgefühle ihrer Untertanen ausbeuten. „Der Engländer ist der Feind des Franzosen, aus keinem anderen Grunde, als weil er Franzose ist. Der Brite ist dem Schotten feind, aus keinem anderen Grunde, als weil er Schotte ist ... Warum bist du nicht lieber als Mensch dem Menschen, als Christ dem Christen geneigt?" Paulus wollte nicht, daß unter den Christen Trennung aufkommt. „Und wir sind der Meinung, daß das allen gemeinsame Wort ,Vaterland' ein gewichtiger Grund sei, daß ein Volk ein anderes zu vernichten trachtet?". Menschsein und Christsein vermischen sich in diesen Aussagen immer wieder. Dann folgt eine deutliche Steigerung. „Ja, man sollte eher bedenken, wie es sich wirklich verhält, daß diese Welt das gemeinsame Vaterland aller ist – wenn die Bezeichnung Vaterland zusammenführt; daß wir alle von denselben Ahnen abstammen – wenn Blutsverwandtschaft zu Freunden macht; daß die Kirche eine Familie sei, auf gleiche Weise allen gemeinsam" (ASD IV, 2, 91, 701–92, 273). In dieser Reihenfolge wird die Spannung im Denken von Erasmus nachvollziehbar. Christsein läßt sich andeuten mit Begriffen wie Eintracht und Übereinstimmung. Die Wahrheit ist, daß Kanonen eine Erfindung der Christen sind. Sie erhalten auch noch die Namen von Aposteln; wahrscheinlich dachte Erasmus hier an die zwölf Geschütze, die Heinrich VIII. für seinen Feldzug gegen Frankreich 1513 hatte gießen lassen und die die zwölf Namen der Apostel erhalten hatten. Wenn wir die Türken zum Christentum bekehren wollen, müssen wir erst selbst Christen werden. Nirgends wird grausamer gekämpft als unter Christen, und genau das ist es, was Christus am meisten verabscheut (ASD IV, 2, 96, 833–842). „Und was das Allerabsurdeste ist, in beiden Heerlagern, über jeder der beiden Schlachtenreihen leuchtet das Kreuz, in jedem Lager werden Gottesdienste gefeiert. Welcher Wahnsinn: Das Kreuz kämpft mit dem Kreuz, Christus führt gegen Christus Krieg!" (ASD IV, 2, 84, 536–538). Aus dem Abscheu vor diesen Praktiken ist die stahlharte Passage zu Anfang des Büchleins zu verstehen, wo der personifizierte Friede sagt: „Wenn ich das Wort ,Mensch' höre, laufe ich schnell hin wie zu einem vorzugsweise für mich geborenen Lebewesen, voll Vertrauen, daß ich dort Ruhe finden könnte. Wenn ich die Bezeichnung ,Christen' höre, eile ich noch schneller herbei, voll Hoffnung, daß ich bei diesen Menschen gewiß werde herrschen können" (ASD IV, 2, 65, 119–121). Das ist die Realität: unter Christen herrscht viel mehr Kampf als bei den Heiden.

Ein Durchbrechen der Rangordnung finden wir in dem berühmten, 1515 neu aufgenommenen Adagium *Dulce bellum inexpertis*, Der Krieg ist „lustig den Unerfahrenen«, wie es in einer deutschen Übersetzung heißt. Es handelt sich um eine längere Abhandlung, die häufig als Einzelausgabe erschien, auch in Übersetzungen. Zum Schluß wendet sich Erasmus auch dem Krieg gegen die Türken zu (LB II 966 D–968 C), einem in jener Zeit beliebten Zeitvertreib, wenn auch mehr mit Worten als mit Taten, bis zu dem Augenblick, als die Türken in der zweiten Hälfte der zwanziger Jahre nach Westen vorrückten. Erasmus ist sehr mißtrauisch. Er ist der Meinung, es handle sich um bloßen Imperialismus, wobei nicht berücksichtigt werde, daß in diesen Gebieten die Mehrheit der Bevölkerung aus Christen oder halben Christen bestehe. Sollten doch die Dominikaner und Franziskaner lieber diese bekehren! Erasmus rät von einem Krieg strikt ab. Dem Christentum sei nicht gedient, wenn es auf diese Weise verteidigt werden müsse. In diesem Zusammenhang macht er einige bemerkenswerte Beobachtungen, in denen die Grenze zwischen Christen und Nichtchristen verschwimmt. Wenn man den Namen Christ und das Kreuz wegdenkt, kämpfen wir „als Türken mit Türken". An anderer Stelle heißt es: „Die, die wir Türken nennen, sind zum großen Teil halbe Christen und vielleicht stehen sie dem wahren Christentum näher als sehr viele von uns". Wir kämpfen mit Soldaten, die nicht an die Auferstehung oder ein ewiges Leben glauben, gegen „Ketzerlein, die bezweifeln, ob der Papst Jurisdiktion über die Seelen besitzt, die im Fegfeuer gequält werden" (LB II 966 E, 967 CD). Die Grenze wird nach beiden Seiten hin überschritten: Der Christ, der unchristlich handelt oder über das Wesen des Glaubens lacht, ist kein Christ, und der Moslem steht dem Christentum nahe. Mit den Ostchristen hat Erasmus sichtlich keine Mühe. Das Wort „Ketzerlein" deutet darauf hin, daß er diesen Unterschied nicht ernst nimmt. In alledem spielt die Einheit des Menschengeschlechts auf der ganzen Welt eine große Rolle. Diesem Gedanken begegnen wir in der Renaissance immer wieder; man ist davon überzeugt, daß die Welt nicht von Individuen bevölkert wird.

Bei Erasmus findet diese Einheitsvorstellung noch eine andere Ausformung. Im Einklang mit seinem Interesse für die Antike faszinierte ihn die Idee von der Einheit des menschlichen Geschlechts durch alle Zeiten hin. Auch dieser Gedanke bedeutete eine Grenzüberschreitung. Erasmus sah sich vor die Frage gestellt, wie es möglich war, daß die größten Geister der Antike so schöne Dinge gesagt hatten, die eines Christen gewiß nicht unwürdig gewesen wären. In der *Paraclesis* schreibt er wörtlich: „Wir können sehr vieles in den Büchern der Heiden finden, das mit seiner Lehre (nämlich der von Christus) übereinstimmt" (LB V 141 F). Er nennt auch die Beispiele: Die Stoiker, Sokrates, Aristoteles, Epikur, Diogenes, Epiktet. Dabei geht es nicht nur um ihre Worte, sondern ebenso um ihre Taten. Nicht wenige von ihnen haben in ihrem Leben einen guten Teil der christlichen Lehre erfüllt. Der Grund dieser Aussage ist klar: Der christliche Glaube ist in seiner Sicht keine exotische oder unergründliche Angelegenheit, nach dem Willen Christi kein Privileg für Wenige, sondern er stimmt voll mit der Anlage, der Natur des Menschen überein und durchdringt darum die Herzen aller. „Was ist aber die Philosophie Christi, die er selbt eine Wiedergeburt nennt, anderes als die Erneuerung der gut geschaffenen Natur?" (LB V 141 F). Weil das Evangelium dem Besten des Menschen entspricht, ist es nicht von ungefähr, daß die

Besten der Menschheit zu Worten und Taten fähig waren, die mit dem Evangelium in Einklang stehen. Diese Aussagen geraten jedoch in einen falschen Zusammenhang, wenn man die Bedeutung seiner Worte übersieht. Erasmus schätzt nicht etwa die Klassiker hoch ein, sondern genau umgekehrt: Erasmus äußert sein Erstaunen darüber, daß Christen den Worten Christi und damit den Evangelien so wenig Aufmerksamkeit schenken. Christus ist die allbeherrschende Gestalt. Es ist auch gar nicht anders möglich. Denn allein die Lehre Christi ist eine Einheit, und in ihm fallen Lehre und Leben zusammen. Er gebietet Unschuld, Sanftmut und Armut, aber er selbst ist, was er gebietet. „Vielleicht magst du in den Schriften Platos und Senecas finden, was nicht mit den Gesetzen Christi im Widerspruch steht; du magst im Leben des Sokrates Dinge finden, die weithin mit dem Leben Christi übereinstimmen. Aber diesen geschlossenen Kreis und die unbedingte Harmonie aller miteinander übereinstimmenden Dinge wirst du nur bei Christus finden", so die *Ratio* (LB V 91 F–92 B).

Ähnliche Gedanken äußert Erasmus über den Fortgang der Heilsgeschichte. Sie finden sich in der *Ratio* (LB 86 E–88 C), wo er sich der richtigen Auslegung der Schrift zuwendet. Man muß dabei die verschiedenen Perioden berücksichtigen, in denen die Geschichte sich vollzieht, und nicht einfach Aussprüche aus einer vergangenen Zeit ins Heute transponieren. Zuerst kommt die Zeit des Alten Testaments mit seinen Geboten und Verboten, die für uns ihre Gültigkeit verloren haben. Das Hassen des Feindes, die Kriege, die Polygamie und dergleichen waren damals erlaubt, manchmal sogar gefordert. Danach folgt die Zeit von Johannes dem Täufer, eine Zeit der Vorbereitung auf das Licht, das kommen sollte. Er lehrte noch nicht, was die Menschen zu Christen macht, das blieb Christus vorbehalten. Johannes lehrte zwar, daß die Soldaten niemandem Gewalt antun dürften und zufrieden sein müßten mit ihrem Sold, er lehrte jedoch noch nicht, daß man seinem Feind Gutes tun müsse. Vielleicht fällt in diese Periode das erste Auftreten der Apostel, die auf Befehl Christi über ihn schwiegen. Es folgt die Zeit, in der die Kirche mit ihren strengen Geboten sich etabliert: Man muß das Kreuz auf sich nehmen, Vater und Mutter verlassen, alles Hab und Gut verkaufen. In diese Zeit fällt auch das Gebot an die Heiden, welche sich bekehren, daß sie sich des Erstickten und des Blutes enthalten sollten: Eine nützliche Bestimmung, um der „unüberwindlichen Hartnäckigkeit der Juden" zu begegnen, aber heute natürlich überflüssig. Paulus forderte noch, die Bischöfe müßten ihre Frauen und Kinder gut regieren, heutzutage dürfen selbst die Subdiakone nicht verheiratet sein. Erasmus zählt weitere Unterschiede auf: Damals gab es weder vorgeschriebene Festtage und möglicherweise auch keine geheime Ohrenbeichte, deren Heilsamkeit der Kritiker Erasmus offensichtlich anzweifelte.

Nach Kaiser Konstantin dem Großen, im 4. Jahrhundert, kam dann eine neue Epoche, in der neue Gesetze durch die Kirche eingeführt wurden, von denen einige, bei Nichtberücksichtigung der skizzierten Unterschiede zwischen den einzelnen Epochen, im Widerspruch zu den Geboten Christi zu stehen scheinen. Erasmus zählt hier die einzelnen Gebote nicht auf, das tut er an anderer Stelle ausführlich. Ihm geht es offensichtlich mehr darum, die Sinnlosigkeit solcher Vorschriften der Kirche, in denen Äußerlichkeiten geregelt werden, zu betonen. Er mißbilligte diese Gesetze nicht radikal, aber sein Herz schlägt offensichtlich für die dritte Periode, für jene erste Kirche mit ihren strengen Geboten. Er sieht bereits einen letzten Zeitabschnitt herannahen, den der entarteten, von der Urkraft des christlichen Geistes abgefallenen Kirche, deren Vorboten er in manchen Phänomenen zu erkennen glaubt.

Oder war diese letzte Periode bereits angebrochen? In den Jahren 1513 oder 1514 schrieb Erasmus seinen Dialog *Julius exclusus e coelis* (F 38–124), Julius vor der verschlossenen Himmelstür, der einige Jahre später gedruckt wurde. Erasmus hat zwar stets, implizit aber nicht ausdrücklich, seine Autorschaft geleugnet, man nimmt jedoch allgemein an, daß die mit äußerster Schärfe geschriebene Schrift von ihm stammt. Das Thema – der soeben gestorbene Papst Julius II. begehrt selbstherrlich Einlaß in den Himmel, wird aber von Petrus abgewiesen – erlaubt es Erasmus, die heutige Kirche mit ihrem Papst der Urkirche und deren Papst gegenüberzustellen, ein Kunstgriff, den er, wie wir bereits gesehen haben, häufiger anwendete. Neu ist der außerordentlich scharfe Ton; das ganze Gespräch ist ein Modell der von Erasmus geschaffenen Sprachverwirrung. Petrus und Julius sprechen gänzlich verschiedene Sprachen. Wenn Petrus das Wort „Kirche" in den Mund nimmt, denkt er an das durch den Geist Christi verbundene Christenvolk; Julius korrigiert ihn, indem er sagt, daß es sich bei diesem Wort um Kirchenbauten, Priester, Kurie und in erster Linie um ihn selbst als Oberhaupt der Kirche handle. Wenn Julius sagt, daß die Kirche heute blühe wie niemals zuvor, fragt Petrus: Durch die Glut des Glaubens? Durch die Heiligkeit der Lehre? Durch Weltverachtung? Für Julius sind das leere Worte, er denkt an Paläste, Pferde, Personal (F 115, 976–116, 1003). Daß auch die Kriegssucht von Julius eine Rolle spielt, zeigt sich darin, daß er zum Schluß Petrus mit einem Angriff auf den Himmel droht!

Ziel der christlichen Philosophie ist Veränderung des Herzens. „Dies sei dein erstes und einziges Ziel, das dein Begehren, darauf allein richte dich, daß du dich verändern läßt, mitreißen, anspornen, umformen in dem, was du lernst... Nicht sollst du meinen, Fortschritte gemacht zu haben, wenn du scharfsinniger disputierst, sondern wenn du fühlst, daß aus dir allmählich ein anderer wird", so die *Ratio* (LB V 77 BC). Darum müssen wir uns dieser Philosophie auch reinen Herzens nähern und von allen Unruhe stiftenden Begierden Abstand nehmen, damit Christus, das Bild der ewigen Wahrheit, sich in uns widerspiegle wie in stillem Wasser oder einem glänzenden

Spiegel (LB V 76 A). Das klingt quietistisch, und trotz des meist vorherr-
schenden aktivistischen Elements gehört auch dies zum Wesen des Erasmus.
Immer wieder stellt er alte und neue Theologie einander gegenüber:
„Schließlich möchte ich lieber mit Chrysostomus ein frommer Theologe als
mit Scotus ein unbesiegter sein" (LB V 137 B). Dieser Vergleich stellt die
Evangelien und die Paulusbriefe in Gegensatz zu Aristoteles und der
Dialektik. Aber Erasmus geht tiefer, wenn er in der *Paraclesis* schreibt, daß
der echte Theologe „durch sein Antlitz, durch seine Augen, durch sein
persönliches Leben lehrt, daß man den Reichtum verachten müsse, daß der
Christ nicht auf den Schutz dieser Welt vertrauen solle". Und weiter heißt
es: „Wenn einer dieses und Ähnliches, vom Geiste Christi angetrieben,
predigt, einschärft, dazu ermahnt, einlädt und ermuntert, der ist letzten
Endes ein wahrer Theologe, und sei er auch ein Ackersmann oder Tuchwe-
ber" (LB V 140 EF). Veränderung des Herzens in der Nachfolge Christi ist
das Wahre.

Erasmus sieht diese Nachfolge Christi in den Tugenden Demut und Liebe
realisiert. Damit baut er auf einer langen Tradition auf, die im Spätmittelal-
ter neue Impulse empfing. Insbesondere wurde die Betonung der humilitas
hervorgehoben. Erasmus verschmilzt sie häufig mit Erbgut aus der Antike,
vor allem dann, wenn er dazu ermuntert, „im Verborgenen zu leben". Aber
er stößt auch in tiefere Bereiche vor. In der *Institutio* erklärt er, es sei
Wahnsinn, wenn sich ein Fürst Alexander den Großen, Julius (= Cäsar) oder
Xerxes zum Vorbild nehme (ASD IV 1, 182, 494–496). In den *Adagia* nennt
er noch zusätzlich Krösus. Er wirft dann die Frage auf, ob es einem Papst
gezieme, Herrschern, die die schlimmsten Räuber seien, eher zu folgen als
Christus, der öffentlich erklärt hat, sein Königreich sei nicht von dieser Welt
(ASD II, 5, 182, 455–457). Diese Sätze über die Herrscher, die Räuber sind,
enthalten eine Anspielung auf Augustinus und dessen Worte über Herrschaft ohne Gerechtigkeit; die Namen Alexander und Julius erinnern an die
beiden letzten Päpste, Alexander VI. und Julius II.

Neben der Demut wird die Liebe hervorgehoben. Nichts anderes als die
höchste Liebe wollte Christus uns einschärfen, sie ist das Feuer, welches
Christus auf die Erde warf. Als Jesus kurz vor seinem Tod mit seinen
Jüngern spricht, klingt aus seinen Worten nur flammende, brennende Liebe,
die stärker ist als der Tod. Diese Liebe ist es, die die Jünger dazu bringt, ihr
eigenes Leben aufs Spiel zu setzen, und die uns auf Christi Geheiß von
anderen Menschen unterscheidet (LB V 106 C–107 E). Die Betonung der
Liebe enthält offensichtlich eine polemische Spitze. Erasmus sieht in den
vielen Geboten der Kirche, den Zeremonien von Essen, Trinken, Fasten und
so weiter die Liebe untergehen. "Christus verkündet, daß nicht der Mensch
wegen des Sabbats geschaffen, sondern daß der Sabbat wegen des Menschen
eingeführt worden sei – und du willst, daß deine Gesetze so viel gelten, daß
eher ein Christenmensch zugrunde gehen sollte, als daß er auch nur einen

Fingerbreit von diesen abweichen dürfte?" (LB V 107 C). Erasmus erkannte, daß menschliche Gebote, die das Gewissen binden, keinen Raum für Liebe lassen.

Die Schriften aus den entscheidenden Jahren von 1514 bis 1518 zeichnen sich durch eine klare Tendenz aus. Erasmus verfolgt ein bestimmtes Ideal auf kirchlich-gesellschaftlichem Gebiet. Er sieht die Kirche und die Theologie seiner Zeit als Hindernisse auf dem Weg zu Gott. Das Herzstück seiner Religion ist Jesus Christus. Ziel seiner Arbeit ist es, den Christen wahrhaftig und nicht nur dem Namen nach Christ werden zu lassen, ihm den Weg zu dem großen Vorbild, dem großen Lehrmeister zu weisen. Nur auf diesem Weg kann die Welt wieder den Absichten Gottes gerecht werden. Es nimmt nicht wunder, daß sein Konzept einseitig ist. Diesem Phänomen werden wir an anderer Stelle nochmals begegnen (vgl. S. 175). Hier reicht es aus, wenn wir begreifen, daß dieses Programm, entworfen und propagiert zu einer Zeit, als die Namen Luther oder Zwingli noch niemandem bekannt waren, Menschen angezogen und neue Hoffnung verbreitet hat.

# VIII. Bibel und Kirchenväter

„Da es mir ganz klar ist, daß die Grundhoffnung und der letzte Anker, wie man sagt, für die Wiederherstellung und Besserung der christlichen Religion darauf beruht, daß alle Bekenner der christlichen Philosophie auf Erden vor allem die Lehren des Urhebers des Christentums aus den evangelischen und apostolischen Schriften einsaugen, in denen das einst aus dem Herzen des Vaters zu uns gekommene Himmelswort meiner Meinung nach so wirksam und so persönlich noch lebt, noch atmet, noch handelt und noch redet wie nirgends sonst, und da ich sehe, daß jene Heilslehre viel reiner und lebendiger in den Adern selbst gefunden, aus den Quellen selbst geschöpft wird als aus den Tümpeln oder abgeleiteten Bächen, so habe ich das ganze Neue Testament getreu nach dem griechischen Originaltexte kritisch bearbeitet, nicht leichtfertig oder mit geringer Mühe, sondern unter Heranziehung mehrerer griechischer und lateinischer Handschriften, und zwar der ältesten und besten, nicht ganz beliebiger". Diese Worte sind an Leo X. gerichtet und stehen in der Widmung von Erasmus' Ausgabe des Neuen Testaments von 1516 (A 384, 42–55). In wenigen Zeilen weiß er das gesamte Unternehmen zu charakterisieren. Wir werden auf diese Worte noch zurückkommen. Sie sind kennzeichnend für die Schriften von Erasmus, die uns in diesem Kapitel beschäftigen: In erster Linie seine Ausgabe des Neuen Testaments, dann die Ausgaben verschiedener Kirchenväter, die *Paraphrasen* der Bücher des Neuen Testaments und die Kommentare zu einigen Psalmen.

Im März 1516 erscheint bei Froben als Foliant von über 1 000 Seiten in 1 200 Exemplaren das *Novum Instrumentum*, das Neue Testament, so genannt, weil das in diesem Zusammenhang unbekannte Wort „instrumentum" besser angibt, daß es sich um etwas Geschriebenes handelt. Das Buch enthält nach der Widmung zunächst die Einleitungsschriften, die *Paraclesis* (LB V 137–144), die *Methodus* (H 150–162) und die *Apologia* (LB VI $^{xx}$2 r°–$^{xx}$3 r°), das heißt: eine Ermunterung, das Neue Testament zu lesen, eine Anleitung zum fruchtbaren Lesen und eine Verteidigung des Unternehmens. Dann folgen, in zwei nebeneinander gedruckten Kolumnen, der griechische Text und die lateinische Übersetzung aus der Feder von Erasmus. Den Schluß bilden die *Annotationes*, Anmerkungen zum Text, die etwa gleichviel Raum einnehmen wie der lateinische und der griechische Text zusammen.

Die Ausgabe des *Novum Instrumentum* hat eine lange Vorgeschichte (vgl. S. 37–38), die bis in das Jahr 1500 zurückreicht, als Erasmus den Plan faßte, gut griechisch zu lernen und sein Leben den sacrae litterae zu weihen. Schon bald ergab sich, daß diese Vorsätze unter anderem zur Auslegung der Bibel führen sollten. Im Jahr 1501 arbeitete Erasmus an einem Kommentar zu den Briefen des Paulus, diese Arbeit jedoch wurde nicht publiziert. 1505 gab er die *Adnotationes* von Lorenzo Valla heraus. Beschäftigte er sich in diesen Jahren auch mit einer eigenen Übersetzung des griechischen Grundtextes des Neuen Testaments ins Lateinische? Man nimmt es oft an, aber Andrew J. Brown hat jüngst überzeugend nachgewiesen, daß es keine Gründe für eine solche Behauptung gibt. Erst 1512 berichtete Erasmus wieder über Bibelstudien. Er verglich die an bestimmten Stellen divergierenden Lesarten der alten griechischen und lateinischen Handschriften des Neuen Testaments, die er in England vorfand. Aus diesen Materialien fertigte er zwischen 1512 und 1514 kurze Notizen an.

Als Erasmus im Juli und August 1514 von England nach Basel reiste, beabsichtigte er, mit den vielen Anmerkungen zum Text des Neuen Testaments, die er im Lauf der vorangegangenen Jahre gesammelt hatte, etwas anzufangen. Wahrscheinlich wollte er den Text der *Vulgata* mit seinen Anmerkungen versehen herausgeben, vielleicht aber wollte er auch nur die Anmerkungen veröffentlichen. Auf Anraten „gelehrter Freunde, denen gegenüber ich bisweilen nachgiebiger bin, als förderlich ist" (A I, S. 14, 9–10), änderte er bald nach der Ankunft in Basel seinen Plan: Er erweiterte die Anmerkungen, fertigte in aller Eile eine eigene Übersetzung an und fügte den griechischen Text bei. Es ist nicht auszuschließen, daß auch der Buchdrucker Froben ihn zu diesem Vorhaben ermunterte. Seit 1514 beschäftigte man sich in Spanien mit der Herausgabe einer Polyglotte, einer Bibelausgabe also, in der der Bibeltext in verschiedenen Sprachen in Kolumnen abgedruckt werden sollte; das Neue Testament sollte in Griechisch und in Lateinisch gedruckt werden. In Deutschland war dieses Unternehmen bekannt geworden; also hatte Froben es eilig, mit einem besonderen Werkstück herauszukommen. Es sollte übrigens bis 1521 dauern, ehe diese Complutensische Polyglotte – so genannt nach dem Erscheinungsort Alcalá, lateinisch Complutum – zur Verbreitung freigegeben wurde.

Im Lauf des Jahres 1515 gingen die Manuskripte in die Druckerei, und es waren sechs Monate härtester Plackerei für Erasmus; als fachkundige Korrektoren unterstützten ihn Nikolaus Gerbel und Johannes Oekolampad, letzterer als Spezialist für das Hebräische. Erasmus war in seinem Element. Grundlage für die Drucker waren vier Jahrhunderte alte griechische Manuskripte, der lateinische Text und die Anmerkungen von Erasmus. Dies alles mußte druckfertig gemacht und ineinandergefügt werden. Erasmus folgte mit diesem Werk seinem großen Vorbild Hieronymus. So wie dieser teils vorhandene Übersetzungen korrigiert, teils neue Übersetzungen für seine Zeitgenossen angefertigt hatte, machte Erasmus es für die Menschen seiner Zeit, die andere Ansprüche stellten. Wesentlich war der neue lateinische

Text und dessen Rechtfertigung in den Anmerkungen. Der griechische Text wurde beigefügt, um den wenigen Sachkundigen eine Kontrollmöglichkeit für die Übersetzung von Erasmus zu bieten. Den Plan Gerbels, den griechischen und lateinischen Text nacheinander abzudrucken, damit Kenner auf Verlangen ein Exemplar ohne lateinischen Text kaufen könnten, lehnte Erasmus ab. Zu Recht hat Henk Jan de Jonge den eigentlichen Charakter der Ausgabe von Erasmus herausgestrichen. Erasmus beabsichtigte nicht in erster Linie die Erstausgabe des griechischen Neuen Testaments zu bieten, sondern er wollte „das Neue Testament von mir übersetzt" (A 305, 222–223), wie Erasmus sich ausdrückte, veröffentlichen. Seit dem 17. Jahrhundert betrachtete man die Ausgabe des griechischen Textes als wichtigstes Element, aber für Erasmus war sie von sekundärer Bedeutung.

Die Ausgabe wurde von einer intensiven Pressekampagne begleitet. Schon 1514 hatte Maarten van Dorp in demselben Brief, in dem er seine Einwände gegen *Das Lob der Torheit* artikulierte (vgl. S. 65), auch gegen die beabsichtigte Publikation der Anmerkungen von Erasmus protestiert (A 304, 86–146). Der vorhandene lateinische Text konnte in seinen Augen keine Unrichtigkeiten enthalten, weil die Kirche, die diese Bibel benützte, unfehlbar war. Außerdem hatte die Westkirche viel mehr Sorgfalt als die Ostkirche daran gewandt, den Glauben und auch den Bibeltext unverstümmelt durch die Jahrhunderte hin zu bewahren. Erasmus gab eine ausführliche Antwort (A 337) noch im Jahr 1515 heraus, und sie fand Eingang in alle offiziellen Ausgaben vom *Lob der Torheit*, eine geschickt eingesetzte Propaganda.

Das Buch wurde begeistert aufgenommen. Nichts beweist das besser als der Brief des angesehenen französischen Gelehrten Guillaume Budé an Erasmus. Er hatte am Samstag das „berühmte Buch" in Paris erhalten und am Sonntagfrüh die Einleitungsschriften gelesen. Gleich nach dem Essen besuchte er seinen Freund François Deloynes; Budé traf ihn im Zustand höchster Erregung an. Deloynes hatte in dem Werk, das er noch ungebunden, frisch vom Drucker ins Haus bekommen hatte, in einer der Anmerkungen eine Lobrede auf Budé entdeckt (A 403, 21–82). Einige Tage darauf bedankt sich Budé in höflichster Form.

Auch schwere Angriffe blieben nicht aus. Prediger warnten von der Kanzel vor einem Mann, der das „Vaterunser" und das „Magnifikat" zu verändern wagte (A 541, 82–86; 948, 104–135), der der personifizierte Antichrist war (A 984, 136–140) und anderes mehr. Gegenwehr war hier kaum möglich. Andere protestierten in schriftlicher Form: Der Löwener Universitätsprofessor Jacques Masson (Jacobus Latomus), der Engländer Edward Lee und, als gefürchtetster Gegner, der äußerst kompetente spanische Bibelgelehrte und Mitarbeiter an der Complutensischen Polyglotte Jacobus Lopis Stunica. In all diesen Angriffen spielten zwei sich oft auch überschneidende Probleme eine Hauptrolle; einerseits waren es philologische Fragen, die eine bestimmte Lesart, die Übersetzung oder ihre Auslegung betrafen, andererseits zeigten sich die Kritiker beunruhigt über die angewandte Methode, die Behandlung der Bibel als eines literarischen Werkes, was ihrer Meinung nach nur einen Verfall der kirchlichen Autorität und der traditionellen Theologie zur Folge haben konnte. Es ist sinnlos, Kritik und Verteidigung – denn Erasmus hat nie geschwiegen! – in allen Einzelheiten zu behandeln. Die diesem Komplex zugrunde liegenden Fragen werden uns später noch beschäftigen.

Erasmus' Ausgabe wurde ein Erfolg, wie sich aus den schnell aufeinanderfolgenden Auflagen ersehen läßt. Schon 1519 erschien eine zweite, nun unter dem veränderten Titel *Novum Testamentum*, der auch in den folgenden Ausgaben von 1522, 1527 und 1535 beibehalten wurde. Die Einleitungsschriften erlebten in den verschiedenen Ausgaben zahlreiche Änderungen. So wurde in der zweiten Auflage die *Methodus* stark erweitert und erschien als *Ratio verae theologiae* (LB V 75–138), verschiedene Male auch separat. Das hatte zur Folge, daß die Schrift in die dritte Auflage nicht mehr hereingenommen wurde. Mit der vierten Ausgabe fiel auch die *Paraclesis* fort, so daß die Drucke von 1527 und 1535 nur die kurze *Apologia* sowie die *Capita argumentorum* enthielten (LB VI $^{xx}$3 v° – $^{xxx}$4 r°), die Erasmus in der zweiten Ausgabe hinzugefügt hatte und danach beibehielt. Die Komposition des Werkes selbst blieb in allen Ausgaben in großen Zügen unverändert. Nur wurde in der vierten Ausgabe der Text der *Vulgata* in einer dritten Kolumne aufgenommen, in der fünften aber fehlte er wieder. Erasmus erlebte die zweite Auflage fast wie ein neues Opus, ein Opus, das ihn sehr befriedigte (A 860). Neben diesen großen Ausgaben erschienen auch Einzeleditionen des lateinischen Textes, wogegen Erasmus nichts einzuwenden hatte (A Einl. 1010). Dadurch erreicht seine Übersetzung eine weite Verbreitung, die durch Übersetzungen in die Volkssprachen noch verstärkt wurde. Gerbel brachte auch den griechischen Text separat heraus.

Bei näherer Betrachtung der verschiedenen Textteile ist festzustellen, daß Erasmus dem griechischen Text keine große Aufmerksamkeit geschenkt hat. Er hatte in England griechische Handschriften benutzt, die ihm in Basel nicht zur Verfügung standen. Er mußte sich mit dem Material begnügen, das Basel zu bieten hatte, und das waren alles in allem sieben Handschriften (De Jonge 404). Zwei davon wurden in die Druckerei geschickt, eine für die Evangelien und eine für die Apostelgeschichte und die Briefe, versehen mit einzelnen Korrekturen, die aus anderen Manuskripten stammten. Für die Offenbarung benützte er die Handschrift eines Kommentars, aus der der Text destilliert wurde. Darin fehlten aber die letzten sechs Verse des letzten Kapitels. Erasmus hat, wie er selbst berichtet, sie aus dem Lateinischen zurückübersetzt, übrigens mit einigen Fehlern. Die Handschriften, die die Grundlage bildeten, waren verhältnismäßig jung und gehörten alle demselben Texttyp an, einem Typ, den er irrtümlicherweise für den ältesten und besten hielt. Die Korrektur muß schlampig durchgeführt worden sein, der Text enthält viele Fehler, vor allem bei Verbformen. Die zweite Ausgabe weist Verbesserungen, aber auch neue Fehler auf. Bei der dritten Ausgabe wandte sich Erasmus sehr eingehend dem Griechischen zu, später wurde nicht mehr viel geändert. Er arbeitete in die zweite und dritte Ausgabe auch verschiedene neue Handschriften ein. Erst in der vierten Ausgabe wurden die letzten Verse aus der Apokalypse korrigiert. Berühmt wurde das sogenannte „comma Johanneum", die Stelle aus 1. Joh. 5,7 b–8 a, in der die Dreieinigkeit ausdrücklich erwähnt wird. Erasmus fand die Worte nicht in seinen griechischen Handschriften und ließ sie deshalb fort. Dafür mußte er heftige Kritik einstecken: Er sei Arianer, Gegner der kirchlichen Trinitätslehre. In der dritten Ausgabe nahm Erasmus diese Stelle dann auf. Inzwischen war nämlich eine Handschrift in England aufgetaucht, in der sie nicht fehlte. Getreu seiner eigenen Devise nahm Erasmus sie nun in sein Werk herein, obgleich er argwöhnte, die griechische Handschrift habe diese Lesart aus der *Vulgata* übernommen. Die Wirklichkeit war schlimmer, als er vermutete: Die Handschrift mit den tatsächlich aus der *Vulgata* übersetzten Worten war um 1520 ausschließlich mit dem Ziel verfaßt worden, Erasmus eine Falle zu stellen (ASD IX, 2, 258, 534–544). Der von Erasmus dargebotene griechische Text des Neuen Testaments wurde für die folgenden Jahrhunderte tonangebend. Im Prinzip gehen alle späteren Ausgaben bis ins 19. Jahrhundert auf Erasmus zurück. Etwas völlig anderes ist die Bedeutung für die eigene Zeit. Wir wissen, daß Zwingli aus dem ersten Druck von Erasmus' Neuem Testament die Briefe von Paulus in der griechischen Fassung abschrieb und erst dadurch richtig griechisch lernte. Und Zwingli war gewiß kein Einzelfall.

Der lateinische Text diente in erster Linie dazu, dem Leser klar zu machen, wie der griechische Text des Neuen Testaments lautete. Er war als Hilfsmittel zum Bibelstudium gedacht. Ziel war nicht, eine ausgesprochen elegante Übersetzung zu bieten (LB VI ˣˣ3 rᵒ). Erasmus wollte vielmehr die Schlichtheit der Sprache der Apostel bewahren, innerhalb dieser Grenzen jedoch ein gutes Latein schreiben (A 860, 34–36). Noch weniger lag ihm daran, die *Vulgata* zu verdrängen, diese sollte in der Liturgie und an den Schulen weiterverwendet werden (LB VI ˣˣ2 vᵒ). Erasmus war sich wahrscheinlich nicht darüber im klaren, wie tief das Verändern eines geheiligten Textes viele seiner Zeitgenossen traf. Und um eine Veränderung handelte es sich, trotz aller gegenteiligen Behauptungen. Allein schon die Behauptung, daß man durch Benutzung seiner Übersetzung dem Urtext, Gottes Wort, näherkomme, disqualifizierte ja die *Vulgata*. Die Versicherung von Erasmus, daß der Vulgatatext bisweilen besser sei als der griechische, konnte unmöglich diese Vorstellung von unberührter Echtheit aufwiegen. Unverkennbar sprach aus diesem Werk ein anderer Geist als aus dem etwas revidierten Vulgatatext, den Faber Stapulensis 1512 bei seiner Erklärung der Paulusbriefe dargeboten hatte.

In der Erstausgabe war Erasmus' Übersetzung ziemlich vorsichtig. In der zweiten Ausgabe wagte er nach eigenem Bekunden etwas mehr (A 809, 62–65). Danach erfolgten – abgesehen von kleineren Korrekturen – nur noch wenige Veränderungen. Allerdings benützte er bis zur vierten Ausgabe neue Handschriften, wenn er auf sie stieß.

Einige Beispiele sollen seine Arbeitsweise illustrieren. Ich beginne mit einem harmlosen Beispiel. In Matthäus 7,1 steht: „Richtet nicht, damit ihr nicht gerichtet werdet". Das griechische Verb „krinein" macht auch die folgende Übersetzung möglich: „Verurteilt nicht, damit ihr nicht verurteilt werdet". In dem damals üblichen Vulgatatext lautete die Stelle: „Richtet nicht, und ihr werdet nicht gerichtet werden, verurteilt nicht, und ihr werdet nicht verurteilt werden". In der Ausgabe von 1516 übersetzt Erasmus: „Richtet nicht, damit ihr nicht gerichtet werdet". In der Anmerkung legt er dar, daß die Worte: „Verurteilt nicht, damit ihr nicht verurteilt werdet", in keiner griechischen und ebensowenig in den ältesten lateinischen Handschriften vorkommen; wahrscheinlich hatte sie jemand zunächst als Marginale gesetzt, so daß sie von dort in den Text geraten waren. In der Ausgabe von 1519 übersetzt er: „Verurteilt nicht, damit ihr nicht verurteilt werdet", läßt aber seine Anmerkung im Wortlaut stehen und fügt nur hinzu, jemand habe die Erklärung gegeben, daß „richten" hier nichts anderes zu besagen habe als „verurteilen"; im Hebräischen ist das möglich, und auch Paulus verwendet das Wort in diesem Sinne. Es wäre konsequent gewesen, wenn er bei der Übersetzung von 1516 geblieben wäre. Das Ganze deutet an, daß er sich genau Rechenschaft von Möglichkeiten und Problemen ablegte.

Andere Beispiele sind weniger harmlos. So fügte Erasmus seit der ersten Ausgabe dem Text des „Vaterunser" in Matthäus 6 den Lobpreis zu: „Denn dein ist das Reich und die Kraft und die Herrlichkeit in Ewigkeit. Amen." In einer Anmerkung legt er dar, daß er diese Worte in allen griechischen Manuskripten gefunden habe und daß sie von „Vulgarius" – über diesen später – erklärt worden waren, so daß sie in dem Text standen, der ihm bekannt war. Sie fehlten aber in allen lateinischen Manuskripten und ebenso bei allen anderen Kommentatoren. Sie stammten denn wohl auch aus der Liturgie. In der zweiten Ausgabe bereits hatte Erasmus herausgefunden, daß auch Chrysostomus den Lobpreis kannte, aber sein Urteil wurde noch schärfer: Schändlich! Daß Menschen den Worten Christi etwas hinzuzufügen wagten! Wenn jemand weiter darauf bestehen wolle, daß der Lobpreis von Christus herrühre, müsse er auch behaupten, daß die ganze Westkirche bis heute auf einen Gutteil des „Vaterunser" verzichtet habe. Seltsamerweise stehen die Worte in seiner Ausgabe nun kleingedruckt, wahrscheinlich um kenntlich zu machen, daß es mit ihnen etwas auf sich habe. Eine reine Übersetzungsfrage, die ihm große Schwierigkeiten bereitete, war die

Übersetzung des Mariengrußes durch den Engel. „Sei gegrüßt, du Begna-
dete", übersetzte Erasmus in Lukas 1,28 seit der zweiten Ausgabe, während
die erste Ausgabe der *Vulgata* folgt: „voll der Gnade". Der Unterschied war
beträchtlich: Steht Maria mit ihrer Gnade im Vordergrund oder Gott, der
ihr gnädig ist? Daß Erasmus in den Anmerkungen darauf verwies, daß der
Gruß Gabriels „etwas von einer Liebesbezeugung hatte, gleichsam etwas
von einem Liebhaber verriet", machte das Ganze nicht besser. Heftige
Proteste von Edward Lee waren die Folge, und schließlich entfernte Erasmus
auf Anraten von Maarten van Dorp diese Worte aus seinen Anmerkungen.
   Eine berühmte Übersetzung ist die von „logos", Wort, am Anfang des
Johannesevangeliums. Die übliche Übersetzung ist „verbum", Erasmus
benützt seit seiner zweiten Ausgabe das Wort „sermo". In der ersten
Ausgabe hatte ihn „abergläubische Furcht" (LB VI 335 A) davor zurückge-
halten. Es ist eine Trouvaille. Christus ist nicht nur ein Wort des Vaters, das
eine Wort oder der kurze Ausdruck, sondern er ist es, durch den Gott immer
spricht. Obendrein haben verschiedene Kirchenväter so übersetzt. Ein
Sturm brach los. In London, Brüssel und Paris erscholl der Vorwurf, daß
Erasmus nicht davor zurückschrecke, das Johannesevangelium zu korrigie-
ren und Doktoren der Theologie auf die Schulbank zurückzuversetzen (LB
IX 111–112; A 1072).
   Wenn wir das Vorhergehende berücksichtigen, wird klar, warum Eras-
mus 1523 in einer Übersicht über seine Schriften bis zu diesem Zeitpunkt die
Edition des Neuen Testaments als den Höhepunkt seiner Tätigkeiten als
Herausgeber bezeichnete (A I, S. 14, 5) und sie nicht zu den Übersetzungen
aus dem Griechischen zählte. Das steht nicht im Widerspruch zu dem oben
Gesagten, denn das Neue Testament ist sowohl eine Übersetzung eines
griechischen Textes als auch eine mit Anmerkungen versehene Edition eines
lateinischen Textes.
   Damit komme ich zu den *Annotationes*, den Anmerkungen. Erasmus
wollte keinen Kommentar liefern, keine durchgehende Erklärung von
Anfang bis Ende, sondern Informationen zu all den Passagen bieten, wo ihm
das notwendig erschien. 1516 waren es ausschließlich kurze Anmerkungen
philologischer Art, um die Übersetzung zu rechtfertigen. Im Laufe der Jahre
kam viel Material dazu, das seinen Niederschlag vor allem in der zweiten
und dritten Ausgabe fand. In erster Linie korrigierte Erasmus seine Anmerkungen, nicht zuletzt deshalb, weil sie kritisiert worden waren. Außerdem
trat er häufig in Diskussionen mit seinen Gegnern ein, wobei er sich
unaufhörlich selbst verteidigte. Schließlich übernahm er immer mehr Material von Vorgängern, deren Werk er benützte: Mittelalterliche Exegeten,
aber vor allem Kirchenväter. Einige Anmerkungsbeispiele habe ich bereits
erwähnt, und es hätte wenig Sinn, ihre Anzahl zu vermehren. Es scheint mir
wichtiger, einige allgemeinere Beobachtungen anzuführen. Auffallend ist,
daß sich der Charakter der Anmerkungen auch bei dem ausufernden

Materialzuwachs nicht wesentlich verändert. Sie erfüllen weiterhin eine
dienende Funktion, unterstützen den Text. Das schließt nicht aus, daß
Erasmus von Zeit zu Zeit weit ausholt. Er verwendet das Material, das die
mittelalterliche Exegese bot, die *Glossa Ordinaria* aus dem 12. Jahrhundert
und die *Postillen* von Nikolaus von Lyra aus dem 14. Jahrhundert, oft ohne
seine Quelle anzugeben. Wichtiger erscheinen ihm die Kirchenväter. Schon
in der ersten Ausgabe zitiert er sie häufig. In den nachfolgenden Editionen
schwillt gerade dieses Material gewaltig an. Diese Erweiterung läuft parallel
zu anderen Tätigkeiten. So spiegeln sich in den verschiedenen Ausgaben des
Neuen Testaments die Vorbereitungsarbeiten für Editionen der Kirchenväter. Die beträchtliche Vermehrung der Anmerkungen zum Römerbrief in
den Drucken von 1527 und 1535 ist eindeutig auf seine vorbereitenden
Arbeiten für den *Hyperaspistes* zurückzuführen, in dem er gegenüber
Luther seine Auffassungen über das Verhältnis von göttlicher Gnade und
menschlicher Freiheit verteidigte.

· Erasmus setzte sein Material nicht kritiklos ein. Natürlich machte er
Fehler, manchmal sogar grobe, und teilweise wurden die Fehler durch die
unkritische Übernahme von Daten anderer Leute verursacht. Eines der
eklatantesten Beispiele ist der sogenannte Kirchenvater Vulgarius, der in der
ersten Ausgabe, noch dazu auf dem Titelblatt, als Autor eines Evangelien-
kommentars erscheint. Erasmus hatte den Namen vom Buchdeckel eines
Manuskriptes übernommen; die ersten Zeilen dieser Handschrift waren so
stark beschädigt, daß der Name des Autors dort unleserlich geworden war.
Erst später entdeckte er, daß es sich um den Erzbischof Theophylactus aus
dem 12. Jahrhundert handelte und daß „Vulgarius" bedeutete: aus Bulga-
rien.

Andererseits stößt man aber auch auf vortreffliche Diskussionen, besonders wenn Erasmus Beispiele einer durch dogmatische Vorurteile bestimmten Exegese anprangert oder aufzeigt, wie weit sich die Kommentatoren des
Mittelalters von der Wahrheit entfernt hatten, indem sie sich bei der
Auslegung des Griechischen mangels gediegener Kenntnisse der Phantasie
überließen. Eine gewisse boshafte Spottsucht ist dabei unverkennbar. So
artikuliert er zuerst sein Erstaunen darüber, daß die lateinische Christenheit
eine Vorliebe für das griechische Wort „Hypokrit" habe, während es ein
gutes lateinisches Wort dafür gebe. „Ich kann es nicht lassen", heißt es
weiter, „aus Spaß zu berichten, was Nikolaus von Lyra hinzufügt, denn man
käme gar nicht auf die Idee, daß er so töricht sein könnte. Er sagt, ‚Hypokrit'
komme von ‚Hypos', das ist ‚unter', und von ‚crisis', ‚Gold', weil unter dem
Gold, das ist unter der Ehrbarkeit des äußeren Lebenswandels das Blei der
Falschheit verborgen liege. Jetzt soll noch einer leugnen, daß es etwas
ausmacht, ob man griechisch kann oder nicht!" Das Wissen eines Schülers
hätte genügt, um den Unterschied zwischen ‚krisis', Trennung, und ‚chru-
sos' Gold, herauszufinden. Das ist eine Anmerkung zu Matthäus 6,16. Bei

Vers 2 hatte Erasmus bereits eine gelehrte Abhandlung über „Hypokrit", in
erster Linie Schauspieler gegeben. Seht an, sagt er, wie gut das paßt: Die
Heuchler wollen von den Menschen gesehen werden.

Die Bedeutung der *Annotationes* liegt denn auch darin, daß Erasmus, im
Gegensatz zum Mittelalter, auf den griechischen Text zurückgreift, um die
Übersetzung zu rechtfertigen, und daß er die Kirchenväter selbst zu Wort
kommen läßt, ohne sofort von der Textanalyse zu einer tieferen geistlichen
Exegese abzuweichen. Dennoch stellt Erasmus auch dieses Werk in den
Dienst der Verbreitung seiner Lieblingsideen. Seit der zweiten Ausgabe
nämlich erscheinen seine eigenen Ideen über Theologie, Kirche und Gesellschaft in den *Annotationes*. Manchmal ist es nur eine kurze, bissige
Bemerkung mitten in einem rein philologischen Kontext, manchmal wachsen sich solche Anmerkungen zu kleinen Essays aus, ähnlich wie vier Jahre
zuvor in den *Adagia*. Ein typisches Beispiel ist die Anmerkung zu Matthäus
11,30: „. . . mein Joch ist sanft, und meine Last ist leicht". In der ersten
Ausgabe beschränkt sich die Erklärung auf zwei Zeilen, in der zweiten
hingegen beansprucht sie beinahe hundert, und sie ist zu einer Abhandlung
über die Güte und Liebe Christi im Gegensatz zur Strenge und Härte aller
menschlichen Einrichtungen, die heute in der Kirche vorherrschen, geworden. Bei Römer 5,12 ist aus einer auf den ersten Blick rein technischen
Übersetzungsfrage eine ganze Erörterung über die Erbsünde entstanden. Bei
1. Kor. 7 finden wir eine ausführliche Abhandlung über Ehe und Ehescheidung, eine brennende Frage zu einer Zeit, in der die Kirche so gut wie keine
Ehescheidungsgründe anerkannte. Zugleich berührt er in diesem Zusammenhang ganz allgemein die Frage kirchlicher Gebote, die von dem ab-
wichen, was in frühchristlicher Zeit Geltung gehabt hatte. In einer Anmerkung zu 1. Kor. 15 behandelt er Fragen über die Auferstehung der Gläubigen, und bei 1. Tim. 1 die törichten Probleme, mit denen sich Theologen in
der Lehre über Gott, Christus und die Macht des Papstes auseinandersetzen.
Einige dieser Abhandlungen erschienen in Übersetzung als Einzeldrucke; sie
wurden häufig nachgedruckt und fanden dadurch einen breiten Leserkreis.

Ich habe nicht die Absicht, auch die Einleitungsschriften separat zu
behandeln. Im vorigen Kapitel wurde viel aus ihnen zitiert, und in diesem
Kapitel wird das an anderer Stelle gleichfalls geschehen. Hier nenne ich
einen Aspekt, der für alle Bemühungen von Erasmus auf dem Gebiet des
Bibelstudiums bedeutsam ist, die sogenannte allegorische Exegese. Erasmus
behandelt sie in der *Ratio verae theologiae*, der Einleitung, die eine Herme-
neutik bietet, also versucht, Regeln aufzustellen für eine richtige Bibelauslegung in der Nachfolge von Augustinus' Schrift *De doctrina christiana*. Sie
wurde gerne gelesen. Heinrich Stromer sah einen Mann mit Spannung
darin versunken, und das während der Disputation zwischen Luther und Eck
in Leipzig 1519 (Stupperich, Erasmus 135). Das Büchlein fesselte ihn
offensichtlich mehr als der Disput, der die Grundlagen des Glaubens betraf.

In der *Ratio* verteidigt Erasmus ausführlich die geistliche, beziehungsweise allegorische Exegese (LB V 124E–127D = H 274, 24–284, 27), wie er es auch schon im *Enchiridion* getan hatte (LB V 29A–30B). Im Mittelalter sprach man, systematischer als im Altertum, von einem zweifachen Schriftsinn: Dem wörtlichen, der untersucht, was geschrieben steht und was der Autor gemeint hat, und dem geistlichen, der nach der Bedeutung des Bibelabschnitts für den Christen und für die Kirche fragt. Der geistliche, auch allegorische Schriftsinn genannt, wird dreifach unterteilt: der allegorische Sinn in der strikten Bedeutung des Wortes gibt den Wert der Bibelstelle für den Glauben an, der tropologische erklärt die Bedeutung für das Handeln des Christen, und der anagogische macht deutlich, was der Christ erhofft. Sollte man nicht erwarten, daß Erasmus mit seinem Interesse an einer Exegese, die nüchtern danach fragt, was geschrieben steht, diese Unterscheidung ablehnen würde? Das ist jedoch nicht der Fall. Erasmus verwarf zwar die willkürliche und exzentrische geistliche Auslegung, wie er sie bei seinen Zeitgenossen kennenlernte. Die Methode als solche aber lehnte er nicht ab. Sie stellte in seinen Augen sogar die einzige Möglichkeit dar, auch dem Alten Testament einen gewissen religiösen Sinn abzugewinnen. Christus und Paulus seien unsere Vorbilder, sie hätten die Methode bereits angewandt. Man denke nur daran, wie Paulus in Galater 4 die Erzählung von Hagar und Sara einsetzt. Es geht um den tiefen geistlichen Gehalt der Schrift, nicht um den Buchstaben. Hier wird Erasmus' Vorliebe für die geistliche Exegese im weiteren Sinne deutlich. Die Unterscheidung zwischen einem geistlichen und einem wörtlichen Schriftsinn entspricht dem großen Gegensatz zwischen Geist und Fleisch, der den Menschen und die Welt durchzieht (vgl. S. 44-51).

Erasmus ist sich zwar durchaus klar darüber, daß die Methode Gefahren birgt, und er mahnt daher zur Mäßigung in ihrer Anwendung und sagt ausdrücklich, daß man sie nie benützen dürfe, um damit Glaubenssätze zu begründen, sondern nur um aufzumuntern, zu trösten und zurechtzuweisen (H 280, 30–33). Unbekümmert fällt in diesem Zusammenhang das Wort „spielen", das er von Hieronymus übernimmt: Das Spiel in dem Feld der Schriften. Es ist bedeutsam, daß er die allegorische Auslegung im strikten Wortsinne und die tropologische bevorzugt; diese handeln schließlich vom Glauben und vom christlichen Leben und bilden gemeinsam den Inhalt der Theologie schlechthin.

Neben der Herausgabe des Neuen Testaments verdient die Herausgabe der bedeutendsten Kirchenväter durch Erasmus unser Interesse, zunächst das Studium des Hieronymus. Bereits um 1500 hatte Erasmus ernsthaft eine Edition der Werke von Hieronymus erwogen. 1516 erscheint sie, in neun großen, schön gedruckten Folianten. Das Vorwort macht klar, welche Bedeutung Erasmus seiner Arbeit beimaß. Welch große Mühen hatte er auf sich nehmen müssen, aber einen völlig reinen Text vermochte er nicht vorzulegen. Dennoch hatte sich die Arbeit gelohnt: Keiner führt tiefer in die Heilige Schrift ein als Hieronymus, denn niemand besaß einen besseren Überblick über die ganze Wissenschaft seiner Zeit, niemand hat die Lehre Christi besser verkündet als er (A 396). Erasmus setzt seine Studien fort. Origenes, der Meister der allegorischen Exegese, ist noch höher einzuschätzen als Hieronymus, wie Erasmus im allgemeinen die griechischen Autoren den lateinischen vorzieht (LB V 133 A–C). Gerade Hieronymus und Origenes schätzt Erasmus besonders hoch ein, da beide Autoren wie er die Synthese von Christentum und antiker Kultur angestrebt hatten.

Erasmus bewältigt ein beeindruckendes Programm: neben Ausgaben von Cyprianus, Arnobius, Hilarius, Ambrosius, Augustinus in zehn Bänden, erscheinen Ausgaben und Übersetzungen von Chrysostomus und Irenaeus, Übersetzungen von Origenes. Rudolf Pfeiffer hat darauf hingewiesen, daß Erasmus hier Berge von Arbeit in einer Zeit bewältigt habe, in der es schwer war, an Manuskripte heranzukommen und sie zu kollationieren. Die Kritik späterer Herausgeber ist nicht immer gerecht. Erasmus erstrebte keine Perfektion, sondern er wollte einen Grundstein für jene Leser legen, die an Sprache und Inhalt der Kirchenväter interessiert waren. Er wünschte sich eine Theologie, die alles Gute, von wo immer es auch stammen mochte, in sich aufnahm. Das galt gleichfalls für den Dienst der Philologen. „Theologie ist zu Recht die Königin aller Wissenschaften, aber mehr Ruhm und Gelehrsamkeit besäße sie, wenn sie solch nützliche Dienstmägde mit gebotener Freundlichkeit unter ihr Personal aufnähme" (LB II 1053 F).

Erasmus wollte auch auf dem Gebiet der christlichen Lebenspraxis Hilfe leisten. Er hatte das im *Enchiridion* schon getan, aber er suchte auch nach einer Methode, um in direktem Anschluß an die Bibel Menschen bei ihrer Gottessuche zu helfen. Mit dieser Zielvorstellung gab er die *Paraphrasen* der verschiedenen Bücher des Neuen Testaments und die Auslegung von elf Psalmen heraus.

Die *Paraphrasen* (LB VII) sind eine populäre Exegese der Bücher des Neuen Testaments mit Ausnahme der Offenbarung, die dafür ungeeignet war. Es handelt sich dabei um eine fortlaufende Erklärung, wobei der Bibeltext umschrieben und ausgelegt wird, um, wie Erasmus es formuliert, „die Dinge auf eine andere Weise zu sagen, aber so, daß man nichts anderes sagt" (A 710, 30–31). Sie erschienen (zunächst der Römerbrief) zwischen 1517 und 1524 als handliche kleine Bände, die später etwas bearbeitet und dann gesammelt herausgegeben wurden. An den *Paraphrasen* hing Erasmus' Herz ganz besonders. Inmitten aller Spannung und allen Streits dämpfte die Arbeit an diesem Werk seine Unruhe und beruhigte sein Gewissen (ASD IX, 1, 210, 136–139).

Die *Paraphrasen* wurden wiederholt neu herausgebracht und von 1521 bis weit ins 17. Jahrhundert hinein in die verschiedensten Landessprachen übersetzt. Vor allem in den Niederlanden war das Werk sehr populär. In England wurde 1547 bestimmt, daß jede Pfarrkirche und jeder Geistliche, der keinen Doktorgrad der Theologie besaß, ein Exemplar der Übersetzung besitzen mußte. Erasmus hat sich auch in dieser Schrift nicht selbst verleugnet. Vom Bibeltext ausgehend, bemängelt er, gleichsam im Vorübergehen, auch allerlei Mißstände in der Kirche. Ein sprechendes Zeugnis liefert seine Auslegung von Matthäus 16,19, wo Christus Petrus den Himmelsschlüssel übergibt: „Denn es geziemt sich, daß jener der Vornehmste ist in der Herrschaft, der der Vornehmste ist im Bekenntnis von Glauben und Liebe". So möchte Erasmus die Schrift auslegen: Unbekümmert, nicht krampfhaft in ein Korsett von Lehrentscheidungen und Tradition gepreßt.

Zwischen 1515 und 1533 hat Erasmus elf Psalmen kommentiert (LB V 171–556; ASD V, 2). Einerseits bieten diese Kommentare wenig Überraschungen: Man stößt auf dieselbe Kritik, dieselben Ideale, denen wir in den bekannteren Werken begegnen. Zwei von ihnen gehen unmittelbar auf Zeitprobleme ein: Die Auslegung von Psalm 28 (29) aus dem Jahr 1530 berührt die brennende Frage des Kriegs gegen die Türken; die von Psalm 83 (84) aus dem Jahr 1533 nimmt die Frage auf, ob das Auseinanderbrechen der Christenheit in mehrere Kirchen noch zu verhindern sei. Diese beiden Kommentare wurden häufig nachgedruckt. Dabei fällt aber auf, daß Erasmus ausdrücklich von dem vierfachen Schriftsinn ausgeht und nach dem Vorbild von Origenes besonders den allegorischen und tropologischen Sinn ausführlich herausarbeitet. Auch in den *Paraphrasen* bedient er sich dieser Methode, doch geht er hier viel zurückhaltender und vorsichtiger vor.

Was bezweckt Erasmus mit den *Paraphrasen* und den Psalmenkommentaren? Das wird deutlich, wenn man sich erinnert, was er gegen viele Predigten ins Feld führt, die er anhörte: die bloße Zurschaustellung von Pseudogelehrsamkeit, kein Brot für das Herz. Erasmus will mit dieser Bibelauslegung seinen Beitrag zu Erneuerung von Predigt und Erbauungsliteratur leisten. Betrachten wir beispielsweise Psalm 2. In kurzen Worten erklärt Erasmus, was der Hauptinhalt dieses Psalms ist. Es sei nicht nur ein Teil der Geschichte des Evangeliums, sondern der vollständige Bericht der Erlösung des Menschengeschlechts dadurch, daß Christus Mensch geworden sei, Heiden und Philosophen überwunden habe und so weiter (ASD V, 2, 104, 247–267). Dies alles führt er danach in extenso in dem Psalm auf. Es wäre billig zu behaupten, daß eine solche Auslegung keine Einführung in den Psalm sei, sondern der Phantasie entspringe. Erasmus will den Prediger seiner Zeit lehren, auf welche Weise man auf dem Gebiet der Popularexegese ein Stück des Alten Testaments fruchtbar machen kann. Dasselbe gilt übrigens für das Neue Testament, aber dort ist die historische Erklärung viel wichtiger, weil sie größeren praktischen Nutzen hat.

Erasmus hat auf verschiedenen Ebenen gearbeitet. In seinem Neuen

Testament und in den Ausgaben der Kirchenväter liefert er dem Gelehrten das Material, seine Kenntnisse von Bibel und Theologie zu erweitern. In den Kommentaren zu den Psalmen weist er dem Prediger den Weg, wie diese sinnvoll anzuwenden seien. In den *Paraphrasen* schließlich zeigt er gebildeten und einfachen Menschen den Weg zu Christus.

Zusammenfassend können wir sagen: Die positive Leistung von Erasmus auf dem Gebiet des Studiums der Bibel und der Kirchenväter können wir nur vor dem Hintergrund seiner Einwände gegen die herkömmliche Theologie richtig einschätzen. Erasmus ist davon überzeugt, daß die Theologie eine Einheit bildet. In seiner Zeit ist diese Einheit zerbrochen. Bibelstudium, systematische Theologie und Frömmigkeitsliteratur stehen nebeneinander. Das ist, für sich genommen, schon falsch. Überdies hatte er große Bedenken gegen die Art und Weise, wie man das Studium in allen drei Genres betrieb. Gegen das Bibelstudium wendet er ein, daß seine Methoden total veraltet seien. Es suche seine Stärke im Studium des Literalsinnes der Schrift. Wie sei das möglich, wenn seine Vertreter kein Griechisch könnten? Wie sei diese Arbeit sinnvoll für moderne Menschen, wenn die Fachleute nicht einmal des Lateins mächtig seien, auf die *Vulgata* schwörten und eine neue Übersetzung ablehnten? Die Menschen haben sich geändert, legt Erasmus in den *Capita argumentorum* dar: Sie lachen, wenn der Diakon im Gottesdienst lateinische Wörter falsch ausspricht. Es könnte zur Verbreitung des Evangeliums beitragen, wenn dieses in ein reines Idiom übertragen werde, soweit das möglich ist (LB VI ˣˣ3 vᵒ – ˣˣ4 rᵒ). Warum verwendeten die Exegeten nicht die großen Schriftausleger des Altertums, und warum gingen sie nicht zu den Quellen zurück?

Noch größere Bedenken äußerte Erasmus gegen die systematischen Theologen, gegen die Scholastiker also. Er tadelt auch an ihnen einen Sprachgebrauch, der unstatthaft war und für die Menschen dieser Zeit unnötige Schranken errichtete. Womöglich noch stärker ist seine Ablehnung ihrer gesamten Arbeitsweise. Die alte, echte Theologie ging von der Schrift aus und blieb bei der Schrift. Die scholastischen Theologen stellen Fragen, die nichts mit der Bibel zu tun haben und völlig absurd sind. Man hat dagegengehalten, daß Erasmus doch an verschiedenen Stellen den großen Meistern Achtung zolle. Vor allem Christian Dolfen hat in einem fundierten Buch diesen Weg beschritten. Zu Recht hat er bemerkt, daß Erasmus sich lobend über Petrus Lombardus und Thomas von Aquin ausläßt; auch die Scholastik habe er nicht gänzlich untergehen sehen wollen. Er übersieht jedoch, daß Erasmus die Begriffe der Scholastik ausschließlich zur Abwehr von Angriffen seitens der scholastischen Theologen oder Luthers verwendet. Hier gilt dasselbe wie beim Sprachgebrauch. Die Jüngeren mochten nicht einsehen, daß sich die Zeiten geändert hatten, sie waren Epigonen, die den Menschen von damals nichts zu sagen hatten. „Wenn sie in diesem

Unfug eine Probe ihrer selbst von sich gegeben haben, werden sie Baccalau-
rei obwohl sie noch nicht einmal das Evangelium oder die Paulinischen
Briefe gelesen haben", lesen wir in der *Ratio* (LB V 134 F = H 299, 4–5).

Erasmus' Kritik erstreckt sich auch auf die Erbauungsliteratur und die
Predigt. Er hatte im *Enchiridion* versucht, etwas für die Gebildeteren seiner
Zeit zu tun. Aber, so Erasmus in der *Ratio*, er habe sich oft geschämt, wenn
er eine Predigt hörte: „Ich sehe, wie das einfache Volk das Maul aufsperrt
und begierig am Munde des Predigers hängt und Nahrung für die Seele
erwartet, darauf bedacht zu lernen, damit es gebessert nach Hause gehe, und
dort facht mir irgendein Theologaster... irgendeine Frage von Duns Scotus
oder Occam an ... und läßt dabei durchblicken, wieviel er an der Sorbonne
gewonnen hat, und so hascht er durch diese Schaustellung nach der Gunst
des Volkes" (LB V 136 AB = H 301, 14–20). So versäume die Theologie auch
die Erfüllung ihrer Aufgaben auf dem Feld der pastoralen Praxis.

Was ließ sich dagegen unternehmen? Die Frage führt uns zum Kernpunkt
der Zielvorstellung von Erasmus. Kurz und programmatisch ausgedrückt:
Erasmus strebte eine Vereinigung von bonae litterae und sacrae litterae an.
Zu den bonae litterae gehörte für ihn das Studium der antiken Kultur und
der mit ihr verbundenen Lebenshaltung. Erst der Mensch, der sich in die
Welt der Klassiker vertiefe, werde ein wahrer Mensch. Die Theologie aber
sei verdorben, ihre Vertreter sprechen in einer Geheimsprache über unbe-
deutende Fragen, mit der Folge, daß der moderne Mensch dem christlichen
Glauben entfremdet wird. Im Kreis der Humanisten sah man geringschätzig
auf die scholastische Theologie herab: Wer die wahre Kultur liebe, müsse
sich praktisch von der Theologie abwenden. Diese Kluft wollte Erasmus
überbrücken. Er wollte Christentum und Kultur wieder zusammenführen,
damit auch ein Kulturmensch ehrlichen Gewissens Christ sein könnte und
nicht in zwei getrennten Welten leben müßte.

Die angestrebte Einheit lag zunächst auf der technischen Ebene. Die
Philologie mußte sich in den Dienst der Theologie stellen. So wenig sich aber
die bonae litterae für Erasmus in technichen Tätigkeiten erschöpfen, so
wenig ist die Vereinigung von bonae litterae und sacrae litterae nur Sache
der Anwendung dieser oder jener Methode. Das Problem lag tiefer. Erasmus
geht aus von der Einheit der Menschheit. Auch früheren Geschlechtern
gegenüber habe Gott sich nicht unbezeugt gelassen. Gottes Geist habe lange
vor der Geburt Christi gewirkt. Auf die Fragen, die sich hier erheben, sind
wir bereits eingegangen (vgl. S. 77–78). Hier genügt die Feststellung, daß diese Wiederaufnahme eines Gedankens, der bereits in der frühen christlichen
Theologie auftritt, die Basis von Erasmus' Ideal der Einheit aller Kultur
bildet. Weil Gott in den Klassikern eine intellektuelle und moralische
Vorbereitung auf die volle Offenbarung in Christus geschaffen habe, sei
diese Kultur vollauf brauchbar. Aber sie solle dann auch in der Theologie
benutzt werden. Erasmus verlagerte den Schwerpunkt auf die sacrae litte-

rae. Die Beschäftigung mit der klassischen Literatur sei wie eine Rekruten-
schule, man müsse sich als Reisender damit beschäftigen, nicht als Bewoh-
ner. Mit einem von Augustinus übernommenen Bild betrachtet er sie wie
die Schätze von Ägypten, mit denen die Stiftshütte geschmückt wurde (LB V
25 F).

Konkret bedeutet das, daß Erasmus die im Humanismus entwickelten
philologischen Methoden in den Dienst der Bibelwissenschaft und der
Theologie im allgemeinen stellen will. Gegner haben ihn spottend als einen
bloßen Lehrer der Grammatik dargestellt, und Erasmus hat diese Bezeichnung übernommen (A 456, 129–143). Er war sich seines wesentlichen
Dienstes bewußt, den er der Christenheit damit erwies. In den *Capita
argumentorum* stoßen wir auf eine seltsame Passage, in der er das Argument seiner Gegner aufgreift, daß das Griechische des Neuen Testaments
nicht perfekt sei, weshalb auch die lateinische Übersetzung kein schönes
Latein zu sein brauche. Erasmus gibt das erste zu, aber das ist für ihn kein
Grund, sich mit schlechtem Latein zu begnügen. Es ist gerade wie mit dem
Bischofsgewand von heute und damals: „In jeder Beziehung hat das Ansehen der Kirche zugenommen". Damals redeten die Apostel in einer Sprache,
die von Gebildeten und Ungebildeten verstanden wurde, so wie Christus
auch die Volkssprache Aramäisch gesprochen hatte. Müssen wir deshalb
jetzt eine Kindersprache lallen? Nein, wir müssen uns der Sprache bedienen,
die allen gemein ist, welche Latein verstehen. Wenn es darum geht,
möglichst viele Leser zu gewinnen, muß man ins Deutsche oder Französische übersetzen, nicht aber in ein Latein, das so schlecht ist, daß es weder von
Gebildeten noch Ungebildeten verstanden wird (LB VI ˣˣ4 r°). Für die
Gebildeten der Gegenwart ist eine Übersetzung und Auslegung nötig, wie
sie in der Gegenwart auch bei einer Schrift des Altertums vorgenommen
wird. Bibelwissenschaft ist Sprachwissenschaft, so kann man es in drei
Worten zusammenfassen.

Wenn wir uns des Zitats zu Beginn dieses Kapitels erinnern, wird
deutlich, daß die philologische Methode in ihrer Anwendung weit über eine
technische Hilfswissenschaft hinausgeht. Lebendes Quellwasser gegenüber
dem trüben Wasser aus stehenden Tümpeln: Die Rückkehr zur Quelle, eine
gut humanistische Parole, wird auch eine Rückkehr zu dem „einst aus dem
Herzen des Vaters zu uns gekommenen Himmelswort". Es ist auch eine
Rückkehr zur alten Theologie. Idealvorstellung für Erasmus ist, daß „die
bonae litterae die Ehre von Christus dem Herrn und von unserem Gott . . .
predigen" (A 1948, 36–37). Diese Verbindung von Theologie und klassischer Kultur findet er bei den Kirchenvätern wieder. Die alte Theologie ist
das Ideal, das Goldene Zeitalter im Vergleich zur Theologie der Neuzeit.
„Alt ist, was sie (die Gegner in Paris) als neu verhöhnen, daß die Ausübung
der Theologie verbunden wird mit Kenntnis der Sprachen und der gebildeten
Literatur" (A 1664, 63–65). Hier liegt der Ursprung der patristischen

Studien, die einen Großteil des Lebens von Erasmus ausfüllten. Es ist kein ausschließlich historisches Interesse, das ihn dazu treibt, sondern die Überzeugung, daß bei diesen alten Meistern die Synthese gefunden werden könne, deren die Welt heute bedarf. In der *Ratio* sagt Erasmus: Stelle sie einmal gegenüber, Theologen wie Origenes, Basilius, Chrysostomus und Hieronymus einerseits und die neuen Theologen andererseits. Dort ein goldener Strom, hier magere Bächlein, die weit von der Quelle entfernt sind; dort ein glanzvoller Garten, hier Dornen und Disteln (LB V 82 AB).

Erasmus dachte dabei auch an jene Menschen, die selbst nicht an die Schriften der alten Theologen herankamen, deswegen aber nicht weniger als die Gebildeten nach der Bibel verlangten. In einer der Einleitungsschriften zum Neuen Testament lesen wir denn auch ein feuriges Plädoyer für Übersetzungen in die Volkssprachen: „Ich würde wünschen, daß alle Weiblein das Evangelium lesen, die paulinischen Briefe lesen. Wären doch diese in die Sprachen aller Völker übertragen, damit sie nicht nur von den Schotten und Iren, sondern auch von den Türken und Sarazenen gelesen und verstanden werden könnten... Wenn doch der Bauer mit der Hand am Pflug etwas davon vor sich hin sänge, der Weber etwas davon mit seinem Schiffchen im Takt vor sich hin summte und der Wanderer mit Erzählungen dieser Art seinen Weg verkürzte!" (LB V 140 C).

Ein gleichartiges Bekenntnis legt Erasmus nochmals ab, als sich herausstellte, daß beim Druck der *Paraphrase* von Matthäus aus dem Jahr 1522 einige Seiten des ersten Bogens unbedruckt geblieben waren. Das war unmöglich, der Käufer legte sein Geld nicht für weißes Papier auf den Ladentisch, und so schrieb Erasmus schnell ein Stück. Dort fällt plötzlich die Bemerkung: „Oft sind jene, die für die Welt vollkommen unbedeutend sind, bei Christus am höchsten angesehen. Und diejenigen, die die Welt für allergelehrtest hält, sind in den Augen Christi Unwissende" (LB VII <sup>xx</sup>2 v °).

# IX. Im Kreis der Bibelhumanisten

Kommen wir auf das Leben des Erasmus zurück. Wovon war das Leben des Erasmus in jenen guten Jahren zwischen 1514 und Anfang 1519 erfüllt? Wir sind darüber ausgezeichnet informiert, denn viele Briefe sind erhalten geblieben. Um sie gerecht beurteilen zu können, muß man berücksichtigen, daß einige ausdrücklich zur Veröffentlichung bestimmt waren, andere nicht. In erster Linie zählt die direkte Umgebung. Zwischen August 1514 und Mai 1516 lebte Erasmus in Basel, abgesehen von einer viermonatigen Reise in die Niederlande und nach England, im Frühsommer 1515. Ab Mai 1516 lebte er in den südlichen Niederlanden, seit 1517 in der Universitätsstadt Löwen; in diesen Jahren unternahm er eine Reise nach England, im Sommer 1516, und eine nach Basel, im Sommer 1518. Noch 1516 klagt er über die „verfluchte Armut" (A 421, 128), gleichzeitig aber schreibt er von teuren Geschenken, einem Becher und Pferden (A 412, 14–17; 457, 42–48), und 1518 kann er sich Einladungen nach Spanien, Frankreich, in verschiedene deutsche Städte und nach England rühmen, Einladungen, die von drei Königen, zwei Herzögen und neun geistlichen Fürsten an ihn ergehen (A 809, 127–133). Er hatte etwas erreicht. Das untermauern nicht nur die zahlreichen Ehrenbezeigungen, sondern mehr noch „das Denkmal, durch das ich der Nachwelt bezeugen kann, daß ich gelebt habe" (A 867, 273), das Neue Testament, wie Erasmus stolz am Ende eines Briefes erwähnt, in dem er berichtet, wie krank er 1518 auf der Reise von Basel nach Löwen geworden sei. Er hatte damals wahrscheinlich einen Pestanfall überstanden und fühlt sich als Fünfzigjähriger alt. Es ist ein Lebensalter, das wenige erreichen (A 867, 270–271), „das Alter klopft an die Tür, ja, es drängt sich auf" (A 596, 2–3).

Die Basler Jahre waren die glücklichsten in seinem Leben. Im Rückblick meint er: „Ich kann kaum sagen, wie sehr mir diese Basler Atmosphäre gefällt, wie sehr der Menschenschlag – es gibt nichts Freundschaftlicheres, nichts Aufrichtigeres" (A 412, 17–19). In erster Linie denkt er dabei an den Bischof Christoph von Utenheim, einen gebildeten und frommen Mann, der das *Enchiridion* sorgfältig gelesen hatte (A 412, 10–26). Kurz nach seiner Ankunft in Basel berichtet Erasmus von den Menschen, die er bereits jetzt getroffen hat (A 305, 181–210). Als ersten nennt er Beatus Rhenanus aus Schlettstadt, der schon einige Jahre in Basel lebte und sein intimster Freund werden sollte, sein „alter ego" (A 1206, 69–70), sein zweites Ich, ein sehr fähiger Philologe, aber auch ein Mann, der Erasmus zahlreiche lästige Dinge abnahm und der schließlich unmittelbar nach Erasmus' Tod dessen Lebenslauf in der Ausgabe von Origenes' Werken und 1540 ausführlicher in

Erasmus' Gesammelten Werken beschrieb. Dann folgen Gerard Listrius, ein Landsmann des Erasmus, der später die Anmerkungen zum *Lob der Torheit* verfaßte; Bruno Amerbach, der Sohn des berühmten Basler Druckers Johannes Amerbach und selbst ein ausgezeichneter Philologe; Johannes Froben, der nach Amerbachs Tod dessen Tradition fortführte; Frobens Schwiegervater, Wolfgang Lachner, als Verleger und Buchverkäufer mit seinem Schwiegersohn assoziiert. Wenige Tage nach der Ankunft heißt die Universität Erasmus offiziell mit einem Festmahl willkommen. Erasmus erwähnt namentlich den Rektor, Ludwig Bär, den er in hohen Tönen lobt. Dieser las und kritisierte in den zwanziger Jahren Erasmus' theologische Veröffentlichungen, etwa *De esu carnium* über das Fleischessen während der Fastenzeit, und *Der freie Wille*, ehe Erasmus sie publizierte. Im Kreis der Basler Humanisten wird Erasmus zwischen 1514 und 1516 und von 1521 bis 1529 leben, und er wird bald der Mittelpunkt. Zu diesem Kreis gehörten – außer den bereits genannten – auch Heinrich Loriti Glareanus, poeta laureatus, Musikologe und Historiker, Wolfgang Fabritius Capito und Kaspar Hedio, beide Theologen, die in späteren Jahren zu Führern der Reformation in Straßburg wurden, Johannes Oekolampad, der spätere Reformator Basels, und verschiedene andere. Sie bildeten eine lose Gruppe, die „sodalitas basiliensis", in der studiert wurde, aber auch Spaß getrieben und geklatscht.

Es bestanden Unterschiede in der Gruppe, aber für viele gilt, daß sie mit den neuen philologischen Methoden bewußt der Theologie dienen wollten. Recht deutlich ist das beispielsweise bei den Amerbachs. Der Vater hatte seit den siebziger Jahren neben vielen anderen Werken auch die Kirchenväter in guten Editionen und schön gestalteten Folianten herausgebracht. Die Ausgabe von Ambrosius, die 1492 aus der Presse kam, hatte ein Vorwort, das dieses Interesse klar in den Vordergrund rückte. Amerbach gab seinen drei Söhnen eine solide Ausbildung in den drei Sprachen (A 335, 316–320). Zwei von ihnen, Bruno und Basilius, zeichneten für einen großen Teil der von Erasmus erarbeiteten Hieronymusausgabe verantwortlich, und in dem von ihnen verfaßten Vorwort zum fünften Band geben sie das Ideal schlicht, aber beredt wieder: „Unser Vater hoffte, daß bei einer Wiederbelebung dieser alten Theologie jener spitzfindige Schlag von Sophisten und diese banale Sorte von Theologen weniger zu sagen haben sollten und wir vielmehr echte und wahre Christen bekommen würden. Denn das Studium verändert den Menschen, und wir entwickeln uns nach dem Bilde der Schriftsteller, welche wir täglich lesen." Kein Wunder, daß sich Erasmus in diesem Kreis sofort zu Hause fühlte und daß, umgekehrt, er in kürzester Zeit als dessen Mittelpunkt galt, ja verehrt wurde. „Erasmus ist nicht mit normalen Maßstäben zu messen. Er hat das menschliche Niveau in gewissem Maß überstiegen", versichert Beatus Rhenanus allen Ernstes (Z VII 254, 19–21). Nicht alle übertrieben so. Was aber soll man von Huldrych Zwingli, dem Pfarrer von

Glarus, denken? Glareanus führte ihn bei Erasmus ein, und nach dem Empfang war Zwingli so außer sich, daß er sich Erasmus in einem Dankesbrief zu Füßen wirft und ihm versichert, daß sogar eine Abweisung noch eine Gunstbezeigung wäre (A 401). In dieser Atmosphäre lebte Erasmus zwei Jahre.

Natürlich besaß er auch außerhalb Basels seine Beziehungen. Teils handelt es sich dabei, wie wir sahen, um wichtige Persönlichkeiten: Fürsten, Bischöfe, Prälaten. Diese Verbindungen lassen erkennen, daß Erasmus berühmt geworden ist. Dazu kommen Beziehungen zu wirklichen Geistesverwandten. In diesen Jahren entsteht, was man eine erasmianische Bewegung genannt hat, ein Netzwerk von Beziehungen zwischen Gelehrten, die gemeinsame Ideale haben, eine Gruppe, deren Brennpunkt Erasmus ist. Man hat verschiedene Bezeichnungen benützt: Erasmianismus, deutscher Humanismus, christlicher Humanismus. Ich selbst gebe dem Begriff „Bibelhumanismus" den Vorzug, der von dem niederländischen Kirchenhistoriker Johannes Lindeboom eingeführt wurde, ein Begriff, der von Zeit zu Zeit in Amerika auftaucht und nun auch von Helmar Junghans (189–193) verwendet wird. Er bezeichnet exakt, was die Betroffenen verband. Sie setzten eine an der Bibel orientierte, auf die Bibel gegründete Erneuerung in Gang. Sie wollten die Errungenschaften der neueren philologischen Methoden, wie sie seit über einem Jahrhundert von den Humanisten beim Studium der klassischen Texte eingesetzt wurden, für das Verständnis der Bibel und der Kirchenväter fruchtbar machen, um auf diese Weise die Theologie zu erneuern. Die scholastische Theologie wird als veraltet und unfruchtbar abgelehnt, man will zurück zu den Quellen und setzt sich mit der Erneuerung der Theologie auch eine der Kirche zum Ziel. In den vorangegangenen Kapiteln wurde beschrieben, welchen Anteil Erasmus an der Verwirklichung dieser Ideale gehabt hat. Jetzt wird uns sein Standort innerhalb dieser Bewegung beschäftigen. Man muß beachten, daß die Auffassungen in diesem Kreis sehr unterschiedlich waren, daß jeder Ansatz von Organisation fehlte, daß es sich einfach um Menschen handelte, die etwas von ihrem eigenen Idealismus in anderen entdeckt hatten. Wie hat sich Erasmus Menschen gegenüber verhalten, die ähnliche Ideale entwickelt hatten wie er selbst?

In jenen Jahren erhitzte vor allem die Bekämpfung Johannes Reuchlins durch die Dominikaner von Köln und deren Werkzeug, den getauften Juden Johannes Pfefferkorn, die Gemüter. Reuchlin war einer der ersten Kenner des Hebräischen. Als Pfefferkorn dazu aufgerufen hatte, die Bücher der Juden zu verbrennen, um sie auf diese Weise zu bekehren, hatte der zur Sache befragte Reuchlin von diesem Schritt abgeraten. Darauf wurde Reuchlin wegen Ketzerei angeklagt, eine Beschuldigung, die in Rom in höchster Instanz ausgefochten wurde. In bestimmten Phasen entwickelte sich der Streit zwischen Reuchlin und den Kölner Theologen zu einem Streit für oder gegen die neuen Studien. Vor allem Ulrich von Hutten sah die Bekämpfung Reuchlins unter diesem Aspekt. Er forderte die Humanisten auf, Reuchlin in Schutz zu nehmen. Der Speer des Erasmus – seine Feder – war mehr wert als 600 Bannflüche des Florentiners – Papst Leo X. entstammte dem florentinischen Geschlecht der Medici (Hutten I, 134, 11–15). Erasmus hat sich hinter Reuchlin gestellt. Er hat ihn 1515 ausdrücklich bei den einflußreichsten Kurienkardinälen in Schutz genommen, und die Briefe, in denen er das tat, sofort veröffentlicht (A 333, 105–137; 334, 178–206). Andererseits hat er auch die echten Reuchlinisten zur Mäßigung aufgefordert. Er gab nicht viel auf das Studium der hebräischen Schriften außerhalb des Alten Testaments, meinte, für Christen sei es eine Zeitvergeudung, die überdies nicht ganz ungefährlich sei: Denn das Christentum sei dem Judentum weit überlegen (A 798, 22–23). Ihn band ein sozusagen negatives Interesse an Reuchlin. Würde Reuchlin verurteilt, so könnten die Sophisten – als Sieger – um so nachhaltiger versuchen, auch andere Gegner, darunter ihn selbst, zu treffen.

Im Jahr 1515 erschien der erste Teil der *Dunkelmännerbriefe*, 1517 ein zweiter Teil. Es handelt sich um fingierte, in einem schauerlichen Küchenlatein abgefaßte Briefe, fast alle an einen der Theologen von Köln gerichtet, in denen dessen Freunde und Schüler sich über allen Spott beklagen, der ihnen zuteil werde, in denen sie Rachepläne schmieden, kurzum Briefe, in denen all ihre Lächerlichkeit zutage tritt. Erasmus hatte einen der Briefe bereits vor dem Druck gesehen und sich mit Freunden daran ergötzt. Er kannte ihn auswendig und rezitierte ihn später in Basel. Als der erste Teil erschien, amüsierte Erasmus sich köstlich, lehnte aber die Kampfmethode ab (ASD IX, 1, 140, 463–478). Beim Erscheinen des zweiten Teils schrieb er einen äußerst vorwurfsvollen Brief nach Köln (A 622, 1–11), nicht zuletzt deshalb, weil er nun selbst auch erwähnt wurde. „Wie schlecht überlegen doch diese Schriftsteller. Sie denken weder an sich selbst noch an alle, denen die bonae litterae teuer sind". Weniger angenehm war, daß dieser Brief schon im März 1518 von den Kölner Ketzerjägern publiziert wurde: Als ob Erasmus ihre Sache verteidigen wollte! Noch schlimmer war es, daß er zugleich als Verfasser der *Dunkelmännerbriefe* galt (A 808, 23–25; 961, 28–30).

In diesem Augenblick steckte Erasmus schon bis über beide Ohren in der Affäre. 1517 hatte Pfefferkorn in seinem gegen Reuchlin gerichteten *Streydtpuechleyn* auch Erasmus als entlaufenen Mönch und Judenfreund erwähnt, der vom Teufel geleitet sei. Erasmus reagierte unverzüglich. Er ließ Pfefferkorns Schrift ins Lateinische übersetzen und schickte sie mit einem Begleitbrief an seine englischen Gönner. Außerdem sandte er sechs weitere Briefe an den kaiserlichen Hof und nach Köln, in denen er Maßnahmen gegen Pfefferkorn und die Kölner Dominikaner forderte. Die Bischöfe, der Kaiser und der Rat von Köln sollten sie zum Schweigen bringen.

Diese Briefe sind für Erasmus kein Ruhmesblatt. Pfefferkorn wird geschildert als „ein vollkommener Idiot, unverschämt, ... den man nicht einen Halbjuden nennen müßte, würde er sich nicht durch seine Taten als Superjude ausweisen... Nun, wo er die Maske eines Christen aufgesetzt hat, benimmt er sich erst eigentlich als Jude" (A 694, 35–38. 48–50). Es sind die einzigen ausgesprochen antisemitischen Äußerungen, die wir im Werk des Erasmus finden, aber sie reden eine deutliche Sprache. So reagierte Erasmus, wenn er sich bedroht fühlte: Er übernimmt die bösartigen Ausdrücke, die Pfefferkorn gegenüber Reuchlin benützt hatte, und verwendet sie gegen Pfefferkorn. Es ist bezeichnend, daß er diese Briefe niemals selbst publizierte.

Wir wissen nicht, ob sie Erfolg gehabt haben. Im Frühjahr 1519 wurde Erasmus wieder öffentlich in die Affäre hineingezogen, diesmal durch die Anhänger Reuchlins. Sie veröffentlichten eine kleine Sammlung von Briefen Gelehrter an Reuchlin, unter denen sich auch fünf Briefe des Erasmus befanden (A 300 Einl., 713). Erasmus wird darüber kaum glücklich gewesen sein: Er selbst hatte diese Briefe nicht publiziert und tat das auch später nicht. Im Herbst folgte seine Reaktion. Da fügte er nämlich in eine von ihm selbst zusammengestellte Ausgabe eigener Briefe im letzten Augenblick ein ausführliches Schreiben an Jacob van Hoogstraten, päpstlichen Inquisitor in drei deutschen Kirchenprovinzen, ein, der im Fall Reuchlin sehr aktiv geworden war (A 1006). Es handelt sich um eine lange, aus zwei sehr verschiedenen Teilen bestehende Verteidigung. Zunächst wendet sich Erasmus, sozusagen als unparteiisch Urteilender, gegen Hoogstratens Angriffe auf Reuchlin. Er selbst habe, so Erasmus, Reuchlin und dessen Mitstreitern immer zur Mäßigung geraten. Freunde Reuchlins hätten diesen stets verteidigt: Er sei friedliebend, die Schuld liege bei seinen Gegnern. Dieselben Freunde dächten sehr unterschiedlich über Hoogstraten, einige meinten, er sei von anderen aufgehetzt, andere, er jage Geld und Ansehen nach. Nun habe Erasmus seine *Apologia* gelesen. „Soll ich Dir meinen Eindruck sagen? Ich tue es nicht gern, aber ich will die Wahrheit sagen. Ich hatte eine bessere Meinung von Euer Hochwürden gehabt, ehe ich Dich als Deinen eigenen Schutzpatron im Buche kennenlernte". In diesem herablassend freundlichen Ton fährt er fort. Er werde sich nicht festlegen, ob nun Reuchlin oder Hoogstraten im Recht sei. „Diese Aufgabe ist mir nicht aufgetragen, und wenn sie mir aufgetragen wird, werde ich mich, glaube ich, wohl weigern". Dann ändert er plötzlich den Ton und schilt Hoogstraten hitzig, weil dieser es in seinem letzten Werk gewagt hatte, die von Erasmus gemachte Anmerkung zu einer Passage des Neuen Testaments als ketzerisch zu beurteilen. Erst zum Schluß wird dem unglücklichen Inquisitor in etwas sanfterem Tonfall der väterliche Rat erteilt, auf die Würde seines Ordens, ja auf die Würde des Theologenstandes im allgemeinen bedacht zu sein.

Erasmus' Haltung in der Affäre ist charakteristisch. Beide Seiten wollen ihn für sich reklamieren. Er macht klar, daß er Reuchlin zuneigt, ohne sich jedoch mit diesem zu identifizieren. In Briefen und Schriften suchen die Kontrahenten Publizität. Diese Mischung aus Distanz und Betroffenheit paßt absolut zu Erasmus' Charakter. Sie paßt auch zu der Affäre, die ihn schließlich nur in ihren Folgen berührt, in der Verteidigung der sacrae litterae.

Anders verhielt es sich beim zweiten Konflikt jener Jahre, der Auseinandersetzung mit Faber Stapulensis, der 1516 und 1517 in aller Heftigkeit entbrannte. Unter den französischen Humanisten war Stapulensis ein sehr maßgebender Mann. Er hatte verschiedene Schriften des Aristoteles herausgegeben, hatte sich aber nun schon seit einem Jahrzehnt dem Bibelstudium zugewandt. 1509 hatte er das *Quincuplex Psalterium* herausgegeben, eine Edition der Psalmen in vier alten lateinischen Übersetzungen und einem revidierten lateinischen Text, den er selbst auf Grund der Übersetzungen erarbeitet hatte. Beigefügt waren eine Paraphrase der Psalmen und eine Auslegung schwieriger Passagen. 1512 hatte er einen Kommentar zu den Paulusbriefen veröffentlicht, wobei er neben der *Vulgata* auch eine eigene lateinische Übersetzung abgedruckt hatte. Erasmus kannte ihn, wenngleich er mit dem über zehn Jahre Älteren nicht befreundet war. Er wußte nicht einmal, daß dieser an den Paulusbriefen arbeitete, ehe das Buch erschien (LB IX 19 BC). In beiden Werken war Faber ausführlich auf die richtige Lesart von Psalm 8,6 eingegangen. Die gebräuchliche Version, „minuisti eum paulominus ab angelis", Du (Gott) hast ihn (den Menschen) wenig niedriger gemacht als die Engel, war in seinen Augen falsch. Diese Worte des Psalmisten handelten ja nicht vom Menschen im allgemeinen, sondern vom Gottmenschen Christus, von dem man nicht sagen darf, er sei niedriger als die Engel. Der hebräische Text hatte gelautet: „Niedriger als Gott". Genauso verhielt es sich bei Hebräer 2,7, wo diese Worte aus Psalm 8 zitiert und auf Christus bezogen werden. Faber, der davon ausging, daß der Brief von Paulus und ursprünglich auf Hebräisch geschrieben war, behauptete, daß Paulus auch „niedriger als Gott" geschrieben habe und daß diese Worte erst in der griechischen Übersetzung in „niedriger als die Engel" geändert worden seien, wie es schon zuvor in der griechischen Übersetzung des Alten Testaments mit der entsprechenden Stelle aus Psalm 8 geschehen war. Es scheint sich um eine rein technisch exegetische Frage zu handeln, aber für Faber war es viel mehr. Christus ist nicht niedriger als die Engel, auch nicht in seiner menschlichen Natur, und er beschwor die Leser, „bei Jesus und seinem lieblichen gebenedeiten Namen", fortan in der Liturgie ohne Angst der von ihm vorgeschlagenen Lesart zu folgen.

Er hatte Erasmus nicht überzeugt. Dieser war in der ersten Ausgabe des Neuen Testaments in einer Anmerkung zu Hebräer 2 auf Fabers Argumentation eingegangen. Er hielt dessen Ausgangspunkt für falsch. Der irdische

Jesus stand weit unter dem Vater und unter den Engeln: Erniedrigt, hungrig, durstig, schließlich am Kreuz. Die ganze Schwierigkeit ließ sich auflösen, wenn man „paulominus" nicht mit „wenig", sondern mit „kurze Zeit" übersetzte, eine Übersetzung, die der griechische Urtext des Hebräerbriefes ohne weiteres zuließ. Die Worte „eine kurze Zeit" bedeuten dann: Die kurze Zeit, die Christus auf Erden lebte. In dieser Zeit stand er unter den Engeln.

Bald darauf erschien ein neuer Druck von Fabers Kommentar zu den Paulusbriefen. Ausführlich ging er auf die Meinung von Erasmus ein und wies diese vehement als gottlos und schmählich gegen Christus und Gott zurück. Damit machte er aus einer Meinungsverschiedenheit einen Angriff auf die Rechtgläubigkeit des Erasmus. Die Reaktion blieb nicht aus. Im August 1517 brachte Erasmus eine ausführliche, in glänzendem Stil geschriebene Apologie (LB IX 17–50), in der er sowohl seine Orthodoxie verteidigte, als auch die Exegese von Hebräer 2 behandelte. Obgleich er eine freundliche Schrift ankündigte (A 597, 35–36), spricht aus ihr an manchen Stellen tödliche Ironie. Die Reaktionen zeigen, daß die Bibelhumanisten den Streit tief bedauert haben: Die Angelegenheit spielte den Gegnern in die Hände. Faber hat nicht mehr geantwortet.

Bei dem Konflikt ging es um mehr als um einen hochgespielten akademischen Konflikt. Einschneidende Gegensätze treten zutage. Diese lagen auf zwei Gebieten. In erster Linie haben beide Kontrahenten ein unterschiedliches Jesusbild. Faber findet es gottlos, über Jesu Erniedrigung zu sprechen. Daß Erasmus die Worte des Psalms 21 (22), 7: „Ich aber bin ein Wurm und kein Mensch", als Ausspruch Jesu über sich selbt auffaßt, findet er lächerlich: Ebenso haben die gottlosen Juden über Jesus geredet. Sein Jesus ist der Erhabene. Erasmus hingegen sieht ihn als den Schmerzensmann. „Wir schmähen ihn nicht, wenn wir von seiner Erniedrigung sprechen: Sein Kreuz, seine Schläge verehren wir ehrfürchtig, seine Beschimpfung ist unsere Herrlichkeit" (LB VI 990 F). Er will Fabers Jesusbild zwar als legitim anerkennen, findet darin aber einen Vorgriff auf die kommende Herrlichkeit: „Und obwohl Christus in beider Hinsicht wunderbar ist, so gehört doch vielleicht die Seite der Erniedrigung mehr zu uns, weil die Bewunderung der Größe mehr zum zukünftigen Leben zu gehören scheint" (LB IX 32 E). Bei der exegetischen Entscheidung des Erasmus spielt seine eigene Spiritualität also eine bedeutende Rolle. Jesus ist der Gekreuzigte, über den er im Enchiridion meditiert hat und dem er nirgends so lebendig begegnet wie in den Worten des Neuen Testaments.

Auch auf dem Gebiet des Bibelstudiums hat Erasmus eine andere Auffassung. Zwar geht auch er davon aus, daß im 8. Psalm von Jesus die Rede ist, und seine Gedanken über diesen Psalm bleiben auf der Linie der christologischen Sicht. Dennoch ist er in dieser Debatte – im Gegensatz zu Faber – der Philologe. So stellt er die Frage, ob Psalm 8 ausschließlich von Christus spricht. Für ihn ist das Argument, so denke eben Paulus darüber, nicht stichhaltig, denn Erasmus geht davon aus, daß Paulus nicht selten sehr frei mit den Texten des Alten Testaments umgeht. Ist der Hebräerbrief übrigens überhaupt ein paulinischer Brief (LB IX 50 F–51 C, 53 F–53 E)? Erasmus tadelt Faber, weil er genauso argumentiere wie jene Leute, die Reuchlin bekämpfen und seinen eigenen Kommentar angreifen (LB IX 60 B–D). Auf exegetischem Gebiet solle man voneinander lernen, auch den Mut aufbringen, Fehler zu erkennen, nicht gleich mit der Beschuldigung der Gottlosigkeit daherkommen (LB IX 62 B–D). Dann zählt Erasmus eine eindrucksvolle Reihe von Fehlern auf, die Faber sich geleistet habe. Er habe, so hält er Faber vor, in seiner eigenen Ausgabe des Neuen Testaments auch auf verschiedene dieser Fehler hingewiesen. Warum also habe er nicht das eine oder andere gestrichen, „was die Gelehrten nicht ohne Lachen oder Ärgernis lesen werden" (LB IX 63 D)? Nach der Aufzählung einer weiteren Zahl von Schnitzern versetzt Erasmus ihm den Gnadenstoß: „Hättest du nur ganz die Hände vom Übersetzen und dem Verfassen von Anmerkungen gelassen. Das war, wie ich schon sagte, deine Sache nicht. Du warst zu größeren Dingen befähigt. Diese Aufgabe, so niedrig sie auch sein mag, erforderte Kenntnis beider Sprachen. Ich brauche nicht öffentlich zu sagen, welche Fähigkeiten du in dieser Hinsicht besitzest: Deine Schriften bezeugen es öffentlich" (LB IX 49 C). Nicht sehr freundlich, aber der Hieb saß. Hier drückt sich eine neue Methode des Umgangs mit der Bibel und ihrer Exegese aus. Im Vordergrund steht das nüchterne Handwerk, im Gegensatz zur alten Methode der meditativen Betrachtung, die für Faber charakteristisch ist.

Als Erasmus diese Broschüre schreibt, befindet er sich schon wieder ein knappes Jahr in den Niederlanden. Im Lauf des Jahres 1517 zieht er nach Löwen, zunächst zu einem Freund, später ins Kolleg „Die Lilie", wo er bis Ende 1521 bleibt. Im ersten Jahr fühlt er sich zunehmend im akademischen Leben heimisch. Er wird eingeschrieben und nimmt zuweilen aktiv am Universitätsbetrieb teil. Vor allem zwei Dinge beschäftigen ihn unablässig. Das erste ist natürlich das Neue Testament, dessen zweite Ausgabe er vorbereitet. Daneben verwendet Erasmus einen erheblichen Teil seiner Zeit auf die Organisation des Unterrichts in den drei Sprachen in Löwen. Hieronymus van Busleyden, Mitglied des Großen Rates von Mecheln und mit Erasmus befreundet, hatte testamentarisch eine große Stiftung hinterlassen, damit drei Hochschullehrer angestellt und Stipendien an acht Studenten vergeben werden konnten. Es wurde ein mühseliges Unterfangen, das Geld gut anzulegen. Zunächst wollten die Testamentsvollstrecker mit dieser Summe eines der bestehenden Kollegs der Universität unter der Voraussetzung ausbauen, daß dort die drei Sprachen unterrichtet würden. Der Widerstand der philologischen Fakultät vereitelte diesen Plan. Darauf beschlossen die Betroffenen, ein von der Universität ziemlich unabhängiges

Kolleg zu gründen und Studenten und Dozenten anzuwerben. Erasmus war aktiv an den Vorbereitungen beteiligt, vor allem was die Auswahl der Dozenten betraf. Seine Erwartungen waren hochgespannt, aber die Theologen hatten Angst, daß diese Studien die Autorität der Theologie untergraben würden. Beatus Rhenanus verglich in seiner Erasmus-Biographie das „collegium trilingue" nicht zu Unrecht mit dem trojanischen Pferd, aus dem bereits Unzählige zum Vorschein gekommen waren, die in den drei Sprachen bewandert waren (A I, S. 67, 401–402). Erasmus hatte sich in jenen Jahren mit viel Energie dieser Aufgabe zugewandt, und auch später gab er hin und wieder Ratschläge.

Nicht zuletzt auf Grund dieser Aktivitäten verschlechterte sich das Klima im Lauf des Jahres 1518. In den ersten Monaten des Jahres 1519 führte die wachsende Spannung zu kleineren Scharmützeln zwischen Erasmus und verschiedenen Theologen, die zwar noch nicht gefährlich, aber doch unerfreulich waren. Viel Aufsehen erregte ein Angriff des Professors und Vizekanzlers der Universität Jean Briard (Atensis), anläßlich der Verleihung des theologischen Lizentiats an einen Karmeliter im Februar 1519. In seiner Ansprache erklärte Briard, es sei ketzerisch, die Ehe auf Kosten des Zölibats zu preisen. Allen Anwesenden war klar, daß er damit auf Erasmus zielte, der im März 1518 ein *Encomium matrimonii*, ein Lob der Ehe, publiziert hatte, das er vor mehr als zwanzig Jahren verfaßt hatte. Im März gab ein anderer Professor der theologischen Fakultät, Jacques Masson (Jacobus Latomus), einen *Dialogus* heraus, in dem er die These verteidigte, daß die Kenntnis der drei Sprachen für den Theologen nicht unabdingbar notwendig sei. Ebensowenig wie Briard erwähnte er den Namen des Erasmus, er wandte sich vielmehr gegen den jungen deutschen Humanisten Petrus Mosellanus, der im August 1518 eine leidenschaftliche Verteidigung des Sprachenstudiums – eine in der Universität Leipzig gehaltene Rede – im Druck hatte erscheinen lassen. Massons Pamphlet zielte aber vor allem auf Erasmus, speziell auf dessen im Herbst 1518 erstmals erschienene *Ratio*. Inzwischen wurden die Angriffe des englischen Gelehrten Edward Lee auf das Neue Testament, die schon früher begonnen hatten, immer heftiger. Erasmus' Position in Löwen wurde durch all die Auseinandersetzungen schwieriger. Natürlich schwieg er nicht. Er publizierte Verteidigungsschriften gegen Briard und Masson, der Streit mit Lee erreichte erst im folgenden Jahr seinen Höhepunkt. Der Inhalt dieser Konflikte lief letzten Endes auf Prinzipienreiterei hinaus – weltbewegend war er nicht.

Mit gutem Recht konnte Erasmus zu seiner Verteidigung gegen Briard anführen, daß er den Zölibat nicht total ablehne. Der Zusammenstoß mit Masson war zwar heftig, nicht aber frontal; er bot Erasmus die Möglichkeit, seine Äußerung zu erklären, der Theologe sporne zur Frömmigkeit an und sei selbst auch fromm (vgl. S. 73). Beim Lesen dieser Schriften scheint es zunächst, als meinten beide dasselbe: Auch Masson hält Frömmigkeit für notwendig. Doch es bleibt ein Unterschied: Für Masson ist die Frömmigkeit eher etwas Objektives, ein Zustand, den der Mensch erreicht, ein bestimmter Glaubensinhalt. Bei Erasmus meint Frömmigkeit Wärme, Innigkeit des Gefühls, und das scheint ihm für die Ausübung der Theologie eine unverzichtbare Voraussetzung. „Es erscheint mir, ehrlich gesagt, wenig theologisch, ohne Gefühl über Religion zu sprechen" (LB IX 90 B); ein Theologe darf sich der Bibel nicht nur verstandesmäßig nähern, er muß „fühlen, tief berührt sein von dem, was er in der Heiligen Schrift liest" (LB IX 94 B). Diese Aussagen bilden eine notwendige Ergänzung der Äußerungen, die er Faber Stapulensis gegenüber gemacht hat. Ebenso notwendig wie die nüchterne Analyse ist das Herz, die Verführung zum Glauben.

Dennoch: Was hier geschah, war mehr als eine Aufeinanderfolge unangenehmer, unzusammenhängender und bedeutungslos erscheinender Zwischenfälle. In der wenig erhebenden Polemik kommt zum Ausdruck, daß sich Widerstand gegen Erasmus und seine theologische Methode zu regen begann. Der Enthusiasmus der Jahre 1514 bis 1516 beginnt sich in einer Opposition zu verzehren, die der Angriff des Erasmus auf die erstarrte Theologie und die ausgedörrte Kirche hervorgerufen hatte. Das Goldene Zeitalter verliert seinen Glanz. So sehr Erasmus auch sein Werk von jenem Reuchlins abhebt: Es regen sich gegen ihn die gleichen Kräfte, wie gegen Reuchlin.

In diesem Zusammenhang taucht auch die Gestalt Luthers auf. Als Erasmus ihn zum erstenmal erwähnt, bleibt er anonym. Im März 1518 schreibt Erasmus an Thomas More: „Ich schicke dir die Schrift von Pace, Thesen über die päpstlichen Ablässe und einen Ratschlag über den Krieg gegen die Türken" (A 785, 37–38). Die erste Schrift hatte Erasmus mißfallen, weil sein Name darin allzu oft genannt wurde (A 776). Die dritte war ein offizielles, in Rom von einer großen Kommission unter Vorsitz des Papstes im November 1517 erarbeitetes Gutachten, das einen Angriffskrieg gegen die Türken mit einem Heer von 80000 Mann vorschlug. Nach Erasmus handelte es sich in Wahrheit nicht um einen Kreuzzug, sondern um die Vertreibung der Spanier aus Neapel (A 786, 15–26). Luthers 95 Thesen las er mit Zustimmung: „Die Kurie in Rom ist von jeglichem Schamgefühl verlassen. Denn was ist unverschämter als diese ewigen Ablässe" (A 786, 24). Noch war Luthers Schrift eine der vielen Eintagsfliegen jener Jahre.

# X. Die Luthersache

Recht unauffällig war Luther in die kleine Welt der Gelehrten eingetreten, einer der vielen, die Kritik an Kirche und Theologie übten. Bald fand er Beifall, vor allem in Humanistenkreisen. So war es auch in Basel. Als Erasmus im Mai 1518 dorthin gereist war, um die zweite Ausgabe des *Neuen Testaments* und einen Neudruck des *Enchiridion* vorzubereiten, bemerkte er, daß der Name Luther einigermaßen bekannt war. Das Interesse für ihn war noch arglos; in Basel – und nicht nur dort – galt er als Geistesverwandter. „Luther gefällt übrigens allen Gebildeten in Zürich, ebenso wie auch die *Ratio* des Erasmus", lautet Zwinglis erste Äußerung über Luther (Z VII 139, 15–17). Und sie ist typisch für die Humanisten: Luther wird in einem Atemzug mit Erasmus genannt. In den ersten Jahren sind sie es vor allem, die sich für Luther interessieren, ihn oft als einen der ihren ansehen.

Flüchtig betrachtet scheint es, als habe Erasmus diese Auffassung geteilt. Seine erste Standortbestimmung gegenüber Luther, die sich an ein großes Publikum wendet, ist sehr auffallend. 1518 erschien die neue Ausgabe des *Enchiridion* mit einem wichtigen Vorwort, in dem praktisch ein Reformprogramm für die Kirche ausformuliert war (vgl. S. 68, 73–74). Darin findet sich eine Passage über die Streitigkeiten zwischen Isaak und den Philistern wegen der von Isaak gegrabenen Wasserbrunnen – eine Passage, die Erasmus auf die Gegenwart bezieht. „Wenn ein Isaak oder jemand aus seiner Familie gräbt und eine reine Ader findet, wehren sie sich sofort und protestieren, da sie begreifen, daß diese Ader ihre Gewinne schmälert, ihre Ehrsucht schmälert, auch wenn sie zur Ehre Christi beiträgt. Darum werfen sie Erde hinein und verstopfen die Ader durch ihre verfälschte Auslegung, vertreiben den Grabenden oder verschmutzen das Wasser . . . Sie wollen nicht, daß die, die nach Gerechtigkeit dürsten, von dem reinen Wasser trinken". Zum Schluß wird Erasmus noch deutlicher: „Wer Betrüger, Wüstlinge und Herrschsüchtige erträgt, deren Unterricht nicht zur Frömmigkeit, sondern zur eigenen Tyrannei beiträgt, der übt christliche Geduld, wenn ihre Vorschriften Unheil bringen. Wenn sie auch zur Gottlosigkeit führen, wird man das bekannte Wort des Apostels in den Mund nehmen müssen: Man muß Gott eher gehorchen als den Menschen" (A 858, 189–196. 539–598). Das war eine klare Sprache, auch ohne daß der Name Luthers fiel.

Das ist aber nur die Hälfte der Geschichte. Über Capito wandte Erasmus sich auch an Luther. In einem Gespräch sagte er zu Capito, daß er die 95 *Thesen* positiv beurteile, aber fürchte, die Sache könne in einen Aufruhr münden (ASD IX, 1, 392, 402–404). Luther müsse sich die Vorsicht der

Apostel zum Beispiel nehmen und sich vor allem hüten, den Papst zu verletzen. Er ging davon aus, daß Capito dies Luther hinterbringen würde, und das geschah auch. Erasmus handelte auch direkt. Als er hörte, Froben erwäge, einige Schriften Luthers herauszubringen, versuchte er, ihn davon abzuhalten. Es gelang ihm nicht (A 1167, 273–274). Im November brachte Froben einen Sammelband von 490 Seiten Umfang heraus, in dem die wichtigsten bis dahin erschienenen Schriften Luthers enthalten waren. Der Band wurde ein großer Erfolg. Froben selbst hatte nach eigenem Bekunden noch nie einen solchen Absatz erzielt; das Buch wurde in die Niederlande, nach England, Spanien und Frankreich exportiert. Erasmus war aber bestürzt, daß Froben seinen Rat in den Wind geschlagen hatte. Aus den Niederlanden, wohin er im September zurückgekehrt war, ließ er neue Warnungen hören. Diesmal mit Erfolg. Der Band wurde zwar verschiedene Male neu gedruckt, aber nicht bei Froben.

Inkonsequent war die Haltung des Erasmus keineswegs. Er beurteilte die Sache so, wie er auch an den Fall Reuchlin herangegangen war: Als direkt interessierter Außenstehender. Er hielt die ersten Schriften Luthers für legitim, fand aber von Anfang an auch etwas in ihnen, das ihm mißfiel. Inhaltlich gab er Luther recht, aber sein Auftreten erschien ihm zu provokant. „Wie wünschte ich mir, daß Sie immer ein Schlupfloch offen hielten, besonders wenn Sie in Disputationen angegriffen werden", schrieb sein Sprachrohr Capito an Luther (WA Br 1, 91, 34–35).

War diese Einstellung aber aufrechtzuerhalten? Wieder zurück in Löwen, bekam Erasmus immer größere Schwierigkeiten. Im Frühjahr 1519 waren die Beschuldigungen noch recht vage, aber allmählich präzisierten sie sich in dem Vorwurf, er arbeite mit Luther zusammen. Man behauptete, daß Luthers Lehre sich auf Erasmus stütze, der die eigentlich treibende Kraft hinter Luther sei; Luthers Bücher seien von Erasmus geschrieben. Erasmus sprach von einer „völlig grundlosen Verdächtigung", die nicht einmal von den Anklägern selbst ernst genommen werde (A 993, 44–51; 1033, 96–102). Es wurde ein unruhiges Jahr in der Universitätsstadt. Vor allem nachdem der Ketzerjäger Jacob van Hoogstraten, mit der Verurteilung Luthers durch die Universität Köln in der Tasche, in Löwen eingetroffen war, lud sich die Stimmung auf. Im November 1519 verurteilte auch die Universität Löwen verschiedene Aussagen Luthers. Danach lenkten die Gegner Luthers ihre Angriffe auf Erasmus. Im Winter 1519–1520 wurde seine Stellung immer prekärer, in Predigten wurde er mit großer Vehemenz angegriffen (A 1060, 19–36). Es kam sogar zu einem informellen Auftrag der Leiter der theologischen Fakultät, die Bücher von Erasmus einer Untersuchung zu unterziehen (A 1035, 33–35).

Waren die Verdächtigungen begründet? Die Antwort muß negativ ausfallen, wenngleich man zugeben muß, daß die Vorwürfe nicht gänzlich aus der Luft gegriffen waren. Erasmus selbst mochte die Unterschiede zwischen seinen Bestrebungen und denen Luthers sehen, aber es ist begreiflich, daß seine Gegner deren Übereinstimmung herausspürten. Erasmus und Luther machten beide Front gegen die herkömmliche Theologie, beide forderten eine Erneuerung der Kirche und protestierten gegen Mißstände. Lag es da nicht auf der Hand, daß zwischen beiden Kontakte bestanden? Es war in der Tat ein gewisser Kontakt entstanden, der allerdings recht formell blieb. Im April 1519 hatte Erasmus dem Landesherrn Luthers, dem Kurfürsten Friedrich dem Weisen von Sachsen, geschrieben, hatte einiges über die Verwicklungen in Löwen berichtet und zwischen den Zeilen durchblicken lassen, daß er Luther nicht als Ketzer betrachte (A 939). Der Brief lief auf die Bitte hinaus, Luther zu schützen. Luther selbst verlangte in jenen Tagen aber mehr. In einem hübschen Brief, in schön aufgeputztem Humanistenlatein geschrieben, fragte er: „Erkenne, mein verehrter Erasmus, liebenswerter, denn auch, wenn du willst, dieses Brüderchen in Christo an" (A 933, 30–31). Das war zuviel verlangt. Die Antwort von Erasmus lautete: „Ich halte mich so weit wie möglich neutral, um desto mehr dem Wiederaufblühen der bonae litterae von Nutzen zu sein" (A 980, 37–38). Außerdem berichtete er Luther von den Schwierigkeiten in Brabant und von seiner eigenen Einstellung dazu: Er hatte stets gegen eine Verurteilung Luthers ohne eine eingehende Untersuchung seiner Werke protestiert. Unaufgefordert gab er Luther den Rat: Höfliche Bescheidenheit erreiche mehr als Ungestüm; Vorsicht gegenüber Papst und Fürsten sei ratsam. Es war ein eleganter Brief, aber eine Verweigerung. Erasmus nahm Luthers ausgestreckte Hand nicht an; er sah den Sinn seiner Arbeit anderswo. Auffällig ist der unterschiedliche Tenor der beiden Briefe an den Kurfürsten und an Luther. Erasmus war überzeugt, daß Luther beschützt werden müsse, und er wollte seinen Teil dazu beitragen. Wurde Luther zu Fall gebracht, so wäre das für seine Feinde das Signal, auch die Bibelhumanisten anzugreifen. Andererseits aber mußte Luther sich so verhalten, daß man ihn beschützen konnte.

Erasmus hätte es wesentlich leichter gehabt, wenn er sich in dieser Zeit gegen Luther erklärt, gegen ihn geschrieben hätte. Trotz des Drucks, den man auf ihn ausübte, hat er sich dem hartnäckig entzogen. Als Erasmus zum ersten Mal öffentlich sein Verhältnis zu Luther in einem der Ausgabe der sehr populären *Colloquia* beigefügten Brief darlegt (vgl. S. 143–146), balanciert er auf des Messers Schneide. „Im Guten ergreife ich Partei für ihn, nicht im Schlechten ... Ich bin weder sein Ankläger, noch sein Verteidiger noch sein Richter ... Übrigens, warum sollte es eigentlich Mißfallen erregen, wenn jemand, den Streitpunkt außer acht lassend, einem Menschen Zuneigung entgegenbringt, der erstens ein guter Mann ist – das erkennen auch seine Feinde an – und der sich außerdem – wenn auch mit vollem Recht verbittert – mehr als angängig in Feuer geredet hat, doch aber – in eine andere Richtung gewiesen – ein ausgezeichnetes Werkzeug Christi sein kann" (A 1041, 28–30). Der Satz ist ebenso verwickelt wie subtil formuliert, er enthält eine Absage nach beiden Seiten, sowohl Luther wie auch seinen Feinden gegenüber, eine Verweigerungshaltung, die Erasmus durchstehen konnte, solange die Auseinandersetzung um Luther nicht zum beherrschenden Thema wurde. Und gerade das wollte Erasmus vermeiden.

Im Herbst 1520 wurde diese Politik unmöglich. Bereits im Sommer hatte sich das Gefühl des Unbehagens bei Erasmus verstärkt. Er bekam Besuch von dem ungestümen Ulrich von Hutten, einem Adepten Luthers und ehedem Reuchlins. Hutten wollte sich mit Feuer und Schwert gegen Rom wenden und erbat dazu Erasmus' Hilfe (ASD IX, 1, 202, 908–918). Andererseits erhielt dieser eine Warnung vom kaiserlichen Hof, sich keinesfalls in die Lutherfrage einzumischen (A 1195, 9–11). Am schlimmsten aber war die Bulle „Exsurge Domine", in der 41 Irrtümer Luthers offiziell verurteilt wurden. Erasmus hielt die Bulle für den Gipfel der Torheit. Nun war klar geworden, worauf die Feinde Luthers zielten. „Es wäre zu wenig, daß ein Mensch verlorengeht: Wenn ihnen diese Sache gelingt, dann wird sich niemand ihrer Unverschämtheit erwehren können. Sie werden nicht ruhen, ehe sie alle Sprachen und alle Kultur vernichtet haben . . . Ich mische mich nicht in diese Tragödie ein . . . Ich traure darüber, daß die Lehre des Evangeliums so begraben wird" (A 1141, 11–14. 29–31).

Noch versuchte Erasmus, das Übel zu wenden. Im September wandte er sich an den Papst selbst. Einerseits trennte er in diesem Brief sorgfältig die Sache Luthers von der seinen, beides habe „nichts miteinander gemein" (A 1143, 11). Er erklärte, daß er Rom die Treue halten wolle. Am Ende tritt seine eigentliche Absicht hervor. Man hätte Luther zuerst widerlegen, dann verurteilen sollen. „Freie und edle Geister erfreuen sich daran, unterrichtet zu werden, sie wollen nicht gezwungen werden" (A 1143, 76–77). Eine kühne Tat: Nachdem Luther mit der Bannbulle bedroht ist, spricht Erasmus lobend über ihn und fällt ein vernichtendes Urteil über die Bulle!

Es war zu spät. Ende September brachte Hieronymus Aleander, ein ehemaliger Studiengenosse, nun päpstlicher Nuntius, die Bulle in die Niederlande; am 7. Oktober schloß sich die Universität Löwen der Bulle an; am 8. Oktober wurden Luthers Bücher öffentlich verbrannt; am 9. Oktober hielt der Karmeliter Nikolaas Baechem (Egmondanus), der der Universität angehörte, in der St. Peterskirche eine Predigt, worin er zuerst Erasmus angriff und dann darlegte, daß Erasmus Luther nachhaltig begünstigt habe und daß Luther aus Sucht nach Neuigkeiten in seine Irrtümer verfallen sei. Er beschwor seine Zuhörer: „Bleibt beim Alten, flieht das Neue, bleibt beim alten Evangelium". Das war deutlich: Luther hatte seine Verfehlungen dem „Neuen" Testament des Erasmus entnommen! Einige Tage darauf wiederholte sich Baechems Auftritt: „Auch die kommen an den Pfahl, wenn sie nicht aufhören!" rief er aus (A 1153, 15–92). Erasmus war außer sich und beklagte sich – vergeblich – beim Rektor (A 1153). Vielleicht ereignete sich in jener Zeit ein Vorfall, über den Erasmus nach Jahren berichtet. In ein Gespräch mit Freunden vertieft, vergaß er, vor dem Kruzifix auf dem Friedhof das Haupt zu entblößen. Die Reaktion eines Theologen lautete: „Ich möchte schwören, daß er ein Lutheraner ist" (LB V 501 F; ASD IX, 1, 89, 673–681).

Zum ersten und einzigen Mal versucht Erasmus, den Lauf der Dinge um Luther durch sein persönliches Auftreten zu beeinflussen. Wenn Luther auch durch die deutschen Fürsten verurteilt würde, so wäre er rettungslos verloren und ihre gemeinsamen Feinde würden triumphieren. Im Lauf des Oktober reiste Erasmus nach Deutschland, wo Karl V. nach seiner Krönung in Aachen mit den deutschen Fürsten in Köln zu Beratungen zusammentreffen wollte. Seit 1516 war er Rat Karls V., hatte aber keinen speziellen Auftrag. Durch einige Mittelsleute ließ Erasmus unter den Fürsten einen Plan verbreiten, den er zusammen mit einem Dominikaner aus Augsburg, Johann Fabri, ausgearbeitet hatte und in dem für ein Schiedsgericht plädiert wurde. Karl V., Heinrich VIII. und Ludwig II. von Ungarn sollten jeweils aus ihrem Volk einige unabhängige Gelehrte benennen, die in gemeinsamer Beratung nach einem Gespräch mit Luther einen bindenden Schiedsspruch fällen sollten. Dadurch könnte sich seiner Meinung nach der Papst gnädig erweisen, könnte Luther gehorsam sein (A 1199, 32–33). Faktisch hätte die Ausführung dieses Planes bedeutet, daß der Papst sich nicht nur gnädig erwiesen, sondern daß er auch seine Befugnisse anderen übertragen hätte. In Köln führte Erasmus – auf Wunsch des Fürsten selbst – eine persönliche Unterredung mit Friedrich dem Weisen. Der Kurfürst hatte soeben die päpstliche Forderung erhalten, Luthers Bücher zu verbrennen und ihn selbst auszuliefern. Ehe er antwortete, wollte er mit Erasmus reden. In aller Eile wurde ein Treffen arrangiert. Der Kurfürst begann das Gespräch mit der Frage, aus welchem Grunde Luther verurteilt worden war. Erasmus gab nach einigem Zögern die berühmt gewordene Antwort: „Luther hat schwer gesündigt, er hat die Bäuche der Mönche und die Krone des Papstes angetastet (WA Tr 1, 55, 34–35). Es blieb aber nicht bei diesem Bonmot. Erasmus lehnte auch jetzt die Heftigkeit und Anmaßung Luthers ab (ASD IX, 1, 182, 420–428). Auch in dieser Unterredung und in seinem sofort danach schriftlich formulierten Rat an Friedrich den Weisen setzte sich Erasmus für ein Schiedsgericht ein. In einem ausführlichen Gespräch mit Aleander wurde Erasmus deutlich, daß ein solcher Plan utopisch war (ASD IX, 1, 150, 702–710). Der Nuntius forderte ihn auf, jetzt endlich seinen Widerstand gegen die Bulle aufzugeben. Es wäre besser für ihn, nach Rom zu kommen, dann könne er mit einem guten Bischofsstuhl rechnen!

Drei Wochen später war Erasmus wieder in Löwen. Es wurden schwierige Wintermonate. In Gottesdiensten hörte er den Prediger für seine Bekehrung

beten (A 1164, 56–58), für die Unruhe unter dem Volk wurde er verantwortlich gemacht (A 1164, 73–75), und die Theologen machten ihm klar, daß er
nur dann die Verdächtigungen von sich abwenden konnte, wenn er gegen
Luther schrieb (A 1165, 39–41). Trotzdem bewirkte das alles bei ihm keinen
Sinneswandel. Die eigentliche Krise kam bei der Lektüre von Luthers Schrift
*De captivitate babylonica,* jener Schrift über die babylonische Gefangen-
schaft der Kirche, in der Luther mit der damaligen Sakramentslehre und mit
einer Kirche abrechnet, die durch die Sakramente Menschen und ihre
Gewissen tyrannisiert. Dieses Buch war ein Frontalangriff auf Rom, ein
Schiedsgericht war unmöglich geworden, jeden Versuch, Luther zu retten,
hatte dieser selbst vereitelt. Darauf kommt Erasmus immer wieder zurück
(A 1186, 7; 1203, 23–25). Während er ursprünglich zum Reichstag nach
Worms hatte gehen wollen, wo über Luthers Schicksal entschieden werden
sollte, entzog er sich dem nun. Alles war sinnlos geworden. Gewiß, Luthers
Einfluß blieb bestehen. „Niemand kann glauben, wie weit und breit Luther
in die Herzen vieler Völker eingedrungen ist und wie tief er sich dort
eingenistet hat durch seine in allen Sprachen überallhin verbreiteten
Bücher" (A 1192, 63–65). Er war aber verloren für die Christenheit, er
wollte nicht gerettet werden und hatte durch sein Auftreten jeden Reformversuch suspekt gemacht.

Wo stand Erasmus in diesem Augenblick? Eine klare Standortbestimmung
finden wir in einem von ihm selbst nie veröffentlichten Brief an Richard
Pace, einen englischen Humanisten und Diplomaten, den er bereits länger
als zehn Jahre kannte. „Ich kann mich nicht genug verwundern über den
Geist, in welchem Luther geschrieben hat. Sicher ist, daß er die Vertreter der
bonae litterae einem gewaltigen Haß ausgesetzt hat. Zwar hat er in vieler
Hinsicht vortrefflichen Unterricht gegeben, vortreffliche Mahnungen
erteilt. Hätte er das Gute, das er hat, nur nicht mit unerträglich Schlechtem
verdorben. Auch wenn er alles nach Ehre und Gewissen geschrieben hätte,
hätte ich doch nicht den Mut, mein Leben um der Wahrheit willen in die
Waagschale zu legen. Nicht alle haben genügend Stärke zum Märtyrertum.
Denn ich fürchte, daß ich, wenn es zum Aufruhr kommen sollte, Petrus
nachfolgen werde. Ich richte mich nach Päpsten und Kaisern, wenn sie gute
Beschlüsse fassen: Das ist rechtmäßig. Ich ertrage sie, wenn sie falsche
Beschlüsse fassen: Das ist sicher. Ich glaube, daß das auch rechtschaffenen
Männern erlaubt ist, wenn keinerlei Hoffnung auf ein Resultat besteht" (A
1218, 28–37). Es sind jene Worte, die man ihm am meisten verübelt hat. Sie
sind in der Tat bezeichnend, nicht als Beweis der Feigheit, eher als Beispiel
für eine ungemein ehrliche Selbstanalyse. Diese Worte decken sich auch mit
Erasmus' Handeln. Im Sommer 1521 weigerte er sich, gegen Luther zu
schreiben, als er erneut eine dringende Aufforderung dazu aus Rom erhalten
hatte. Sein Motiv sprach er später unumwunden aus: Luther war ein

notwendiges Übel, das Beste, was zu diesem Zeitpunkt möglich war (A 1522, 11–24).

Im Herbst wurde die Position des Erasmus in den Niederlanden immer schwieriger. Die Stimmung war bedrohlich. Im Dezember wurde der Prior des Antwerpener Augustinerklosters, Jacobus Praepositus, verhaftet, jener Mann, von dem Erasmus geschrieben hatte, daß er beinahe als einziger Christus predige und nicht menschliche Fabeln erzähle oder eigenen Gewinn anstrebe (A 980, 56–57). Im Februar traf den Stadtsekretär von Antwerpen, Cornelis Grapheus, das gleiche Geschick. Erasmus sollte unter der Voraussetzung unangetastet bleiben, daß er sich an der Bekämpfung der Ketzerei beteiligte. Dies konnte eine literarische Bekämpfung Luthers bedeuten, und das bezeichnet Erasmus auch zunächst als die ihm zugedachte Aufgabe (ASD IX, 1, 190, 646–660). Später schreibt er unumwunden, daß er entweder fortgehen oder Henkersarbeit verrichten müsse (A 2613, 20–21), und das klingt nicht unwahrscheinlich. Er mußte sich aus dieser Umgebung zurückziehen, um seine Unabhängigkeit zurückzugewinnen. Ende Oktober 1521 zog er nach Basel. Dort lebte er bis 1529.

Erasmus' Abreise aus den Niederlanden ist fast symbolisch für das Mißlingen seiner Versuche, die Lutherfrage auf eine gute Art und Weise zu behandeln. In den ersten Jahren hatte er versucht, die gegen Luther wetternden Theologen und Mönche zu beruhigen. Als das mißlang, war er im Herbst 1520 bestrebt, über die Fürsten eine Versöhnung zwischen Luther und Rom zu bewerkstelligen. Auch hier war er gescheitert (A 1690, 57–60). Es blieb die Chance, abzuwarten, bis sich eine bessere Gelegenheit bot. Das noch ruhige Basel gab ihm die Möglichkeit, eine Gamalielrolle zu spielen. Der Ausdruck stammt von ihm selbst: Erasmus verhielt sich Luther gegenüber so wie jener Schriftgelehrte, der vorgeschlagen hatte, die ersten Christen nicht zu verfolgen, sondern abzuwarten, bis die Zeit lehren würde, ob Gott auf ihrer Seite stand (LB X 1251 B).

Ein Jahr später schon war es mit der Ruhe vorbei. Inzwischen war Leo X. gestorben, und überraschenderweise war ihm Hadrian VI. gefolgt, der einzige niederländische Papst, den es je gegeben hat, ein guter scholastischer Theologe, der Erasmus nicht ungeneigt war. Bereits kurz nach der Inthronisation hatte Erasmus Kontakt gesucht, aber gegen Ende 1522 schrieb er aufs neue, nun sehr konkret: „Die Welt hat auf Euch allein das Auge gerichtet, um der Menschheit die Ruhe wiederzugeben. Wenn Eure Heiligkeit es befehlen, werde ich gern in einem geheimen Brief meinen – wenn auch nicht klugen, so doch gewiß aufrichtigen – Rat geben, wie dieses Übel so vernichtet werden kann, daß es nicht leicht wieder das Haupt erhebt. Denn es nützt wenig, wenn es durch Gewalt so unterdrückt wird, daß es bald noch gefährlicher ausbricht, so wie schlecht geheilte Geschwüre das zu tun pflegen" (A 1329, 10–16). Dieser Brief und die Antwort des Papstes auf einen früheren, noch wenig sagenden Brief des Erasmus kreuzten sich. Der

Brief des Papstes war zweifellos für Erasmus ehrenvoll. Deutlich war er außerdem. Der Papst sah zweierlei Aufgaben für Erasmus. Die wichtigste war: Gegen Luther zu schreiben. Damit konnte er sich selbst von jedem Verdacht reinigen, zum Frieden in der Christenheit beitragen und die Ketzer bekehren. „Werdet Ihr Euch weigern, Eure Feder gegen die Raserei dieser Leute zu wetzen, von denen überdeutlich ist, daß Gott sie bereits verworfen hat von seinem Angesicht? ... Wacht also auf, helft der Sache Gottes und benützt die herrlichen Gaben Eures Talents zu seiner Ehre, wie Ihr es bis auf diesen Tag getan habt" (A 1324, 87–94). Die zweite Aufgabe bestand darin, nach Rom zu kommen. Etwas später erhielt Erasmus auch Antwort auf seinen zweiten Brief (A 1338): Rat durfte er geben, und nach Rom mußte er kommen. Das aber wollte Erasmus keinesfalls. Es hätte ihn jeglicher Handlungsfreiheit beraubt. Seinen Rat gab er in einem Brief, den er erst 1529, und auch dann nur teilweise, publizierte (A 1352). Seine Empfehlung lautete: Eine allgemeine Amnestie, Einschränkung der Druckfreiheit und echte Reformen. Das klingt gut, aber was 1519 oder noch 1520 vielleicht eine gewisse Erfolgschance gehabt hätte, war 1523 nicht mehr als ein Hirngespinst. Amnestie hätte bedeutet, die päpstlichen Bullen und die kaiserlichen Edikte beiseite zu schieben, der Buchdruck war praktisch nicht einzuschränken, und was den dritten Punkt betraf, so brach der von Erasmus publizierte Brief gerade an jener Stelle ab, wo er konkret wurde – oder auch nicht. Erasmus bekam keine Antwort, und daraus zog er den Schluß, daß Hadrian VI. andere Pläne verfolgte.

Erasmus beschränkte sich nicht allein auf diese Kontakte mit dem Papst. In verschiedenen Schriften der Jahre 1522 und 1523 plädierte er für Mäßigung, Zügelung der Sucht, alles in bindenden Glaubenssätzen festzulegen, und für gegenseitige Toleranz. Seine Stimme war aber zu leise. Vielleicht sollte man eher sagen: Sein Ideal war zu wenig scharf umrissen, eignete sich zu wenig für eine Zeit, in der klare Linien gezogen wurden. Was kurz zuvor noch revolutionär erschien, war von den Ereignissen überholt worden. Seine Diagnose war in vieler Hinsicht richtig, die verordnete Medizin wirkte jedoch nicht mehr. Die Diagnose finden wir in drei Sätzen in einem Brief vom März 1523 an Georg Spalatin und über diesen an den Kurfürsten Friedrich den Weisen: „Ich forcht des Luthers nicht, sondern zwey ding bewegen mich. Wenn der Luther solt zu poden geen, so wurd wider keyn Gott noch keyn mensch mit den munchen kunnen auszkummenn. Folgend, so kan der Luther nicht umbkümmenn on das es vergee dann mit im ein grosser teyl der Evangelischenn lautterckeit" (A 1348, 30–34). Daß Erasmus durch diesen Brief mit der lutherischen Bewegung Fühlung sucht, ist bereits bemerkenswert. Seit zwei Jahren hatte es keinerlei Kontakte mehr gegeben. Wichtiger noch ist der Inhalt. Erasmus formuliert exakt den Grund für seine hartnäckig betriebene Versöhnungspolitik. Wenn Luther untergeht, ist es um jeglichen Reformversuch geschehen.

Der gewünschte Kontakt kam nicht zustande. Luthers Antwort vom Juni 1524 – wenn man sie denn als solche bezeichnen will – bestand aus einem Brief an Oekolampad, einst einer der Basler Bibelhumanisten, nun das Haupt der Reformationspartei in jener Stadt. Luther ließ sich sehr negativ über Erasmus aus: er hoffe, daß Erasmus seine Arbeit am Neuen Testament einstellen würde; er werde wie Mose im Lande Moab sterben und das Volk nicht ins Gelobte Land bringen (WA Br 3, 626, 14–25). Dieser Brief kam natürlich Erasmus schon bald unter die Augen (A 1384, 54–58).

Der endgültige Bruch erfolgte im Sommer 1523 mit dem Auftreten Ulrich von Huttens. Dieser war im Dezember und Januar in Basel gewesen, bettelarm nach dem totalen Scheitern seines Krieges gegen die Kurie und schwer krank. Obwohl Hutten unbedingt mit Erasmus sprechen wollte, verweigerte dieser sich hartnäckig einem Treffen. Er fürchtete, der Empfang eines so kompromittierenden Gastes werde ihn in größte Schwierigkeiten bei jenen stürzen, die in ihm ohnehin schon den Lutheraner sahen. Für Hutten hatte die Ablehnung geradezu symbolischen Charakter. So wie er ihm nun die Tür wies, hatte Erasmus sich immer von den Verlierern abgewandt und war zu den Siegern übergelaufen. In dieser Stimmung schrieb er seine *Expostulatio*, Beschwerdebrief, Klage, die im Juni oder Juli in Straßburg erschien. Die Stärke von Huttens Überzeugung verleiht dem Pamphlet große Aussagekraft. Er deutet das Verhältnis von Erasmus zu Reuchlin, Hoogstraten, den Löwener Theologen, Aleander, zum Papst und zu Luther, und immer wieder kommt er zu dem gleichen Schluß: Erasmus hat intrigiert und geheuchelt, er ist unzuverlässig und bereit, mit der Siegerpartei zu paktieren. Sein Bild von Erasmus sieht so aus: Ein großer Verstand, aber kein Charakter. Erasmus kennt die Wahrheit, wider besseres Wissen macht er Front gegen sie aus Feigheit und Schwäche. Erasmus war außer sich und sprach von „Unmenschlichkeit, Unverschämtheit, Prahlerei und Gift" (A 1376, 18). Seine *Spongia* (ASD IX, 1, 91–210) erschien Anfang September, wenige Tage nach Huttens Tod. Es war ein unglückliches Zusammentreffen von Umständen: Als habe er mit einem Toten streiten wollen (A 1389, 68–69). Er folgte Huttens Pamphlet Punkt für Punkt, verwendete aber über die Hälfte des Textes für die Widerlegung der Anklage, daß er im Anfang für Luther gewesen sei und nun gegen ihn Partei ergriffen habe. Er stellte klar, daß er er selbst sei und sich nicht gegen seinen Willen unter Parteigänger oder Gegner einreihen lasse. „In so vielen Briefen, in so vielen Schriften, in so vielen Erklärungen bezeuge ich dauernd lauthals, daß ich in keine der beiden Parteien verstrickt werden will" (ASD IX, 1, 162, 952–953). Er will seine eigene Lebensaufgabe erfüllen, die bonae litterae fördern und die reine Theologie erneuern, ob Luther damit übereinstimmte oder nicht (ASD IX, 1, 170, 109–111). Er hatte denn auch stets auf ein Ziel hingewirkt: „Standfestigkeit ist nicht: Immer dasselbe sagen, sondern: Immer auf dasselbe aus sein" (ASD IX, 1, 192, 674–675). Am Ende rief er zu einem Zusammenleben auch bei unterschiedlichen Überzeugungen auf. Zwist und Beschimpfungen einerseits, Bullen und Scheiterhaufen andererseits richteten nichts aus.

Erasmus wußte, daß es nichts mehr nützte. Seine Position zwischen den Parteien war unhaltbar geworden, Hutten hatte sie unmöglich gemacht. Trotzdem zögerte er immer noch: Sollte er sich schriftlich gegen Luther wenden? Anfang September gab er jedoch dem englischen König eine Zusage (A 1385, 11–12), und zwei Monate später nennt er erstmals das Thema, den freien Willen (A 1397, 14–15). Im Februar 1524 lag ein erster Entwurf vor (A 1418, 53–55). Dennoch ließ die Ausgabe bis September auf sich warten. Erasmus zögerte offenbar. Im Mai erhielt er von Luther einen hochmütigen und herausfordernden Brief. Offensichtlich übersteige es die Kräfte des Erasmus, schrieb er, sich entschlossen auf seine Seite zu stellen. Wenn er denn schwach und von begrenzten Talenten sei, solle er wenigstens keine Schriften gegen ihn herausgeben und lieber Zuschauer der Tragödie bleiben. Wenn das geschähe, so werde er – Luther – ebenfalls davon absehen, Erasmus zu bekämpfen (A 1443). Jetzt war eine Publikation unausweichlich geworden. Im September 1524 erschien *Der freie Wille* gleichzeitig in Basel und Antwerpen.

In der bisherigen Darstellung des Verhältnisses zwischen Erasmus und Luther haben wir noch kein Wort über seine Stellungnahme zu Luthers Auffassungen verloren. Damit ist, möchte man meinen, das Wichtigste unberücksichtigt geblieben. In dieser Formulierung wäre das ganz im Sinne Luthers, keineswegs aber im Sinne des Erasmus gesprochen. Seit 1519 taucht Luther fast auf jeder Seite seiner Korrespondenz auf; Erasmus' Lebenslauf ist in diesen Jahren in hohem Maße durch Luther bestimmt – und dennoch hören wir nur sporadisch etwas über die Lehre Luthers. Erst im März 1521 erwähnt Erasmus zum ersten Mal eine dogmatische Aussage Luthers: „Wo gebe ich zu erkennen, daß alles, was wir tun, Sünde ist?" (A 1195, 64–65). Die Behauptung, daß auch die besten Werke des Menschen Sünde seien, ist für Luther fundamental. Erasmus nahm sie aber nicht ernst. Etwas ironisch schreibt er über die heftige Bekämpfung „einiger wenig bedeutender Dinge" (A 1225, 334), und dann folgt ausgerechnet diese Aussage als Beispiel.

Für die Lutheraner lagen die Verhältnisse anders. Anfang 1522 wußte Erasmus, daß sie einige Aussagen in seiner *Paraphrase* von Römer 9 als pelagianisch abstempelten (A 1275, 24–28). Mit dieser Beschuldigung drückten die Anhänger Luthers aus, daß Erasmus dem Menschen die Fähigkeit zuschrieb, aufgrund seines freien Willens sich für oder gegen Gottes Gnade zu entscheiden. Damit stehe er in einer Front mit nahezu allen Kirchenlehrern des Mittelalters, deren großer Fehler darin bestanden habe, dem Menschen eine gewisse Selbständigkeit in seinem Verhältnis zu Gott zuzuerkennen. Die Anschuldigung kam nicht aus heiterem Himmel. Schon 1516 war Luther über Georg Spalatin an Erasmus mit einigen Anmerkungen zu dessen Auslegung der Paulusbriefe in den *Annotationes* zum Neuen Testament herangetreten. Erasmus stritt nämlich ab, daß es sich bei Römer 5,12 um die Erbsünde handele, denn er legte den Ausdruck „Gerechtigkeit aus dem Gesetze", die Paulus im Römer- und Galaterbrief der „Gerechtigkeit aus dem Glauben" gegenübergestellt hatte, als die Gerechtigkeit aus, die der Mensch aufgrund der Erfüllung des alttestamentlichen Zeremonialgesetzes zu haben meint (A 501, 48–72). Diese Auffassung paßte lückenlos in das erasmische Gedankengut. So wie Paulus sich seinerzeit gegen die Juden und gegen die Christen gewandt hatte, die doch wieder aufgrund ihrer Erfüllung der göttlichen Gesetze selig werden wollten, so richtete sich Erasmus gegen jene Zeitgenossen, die das Zeremonielle, daß Äußerliche in den Vordergrund stellten (vgl. S. 46–47). Für Luther war eine solche Auffassung ein Greuel. Denn seiner Überzeugung nach wandte sich Paulus in diesen Passagen auch gegen solche Menschen, die in ihrer Gesetzestreue die zehn Gebote zu erfüllen trachteten, um dadurch ihre Seligkeit zu erreichen. Es ist klar, daß Luthers Auslegung dieser Kernteile der Paulusbriefe direkt mit seiner Aussage zusammenhängt, daß alles menschliche Tun Sünde sei. Auch die besten Werke des Menschen haben ja, wenn sie außerhalb des Glaubens vollbracht werden, nichts mit der wahren Gerechtigkeit vor Gott zu tun. Erst wenn Gott uns in seiner Gnade gerechtfertigt hat, können wir gute Werke im eigentlichen Sinn des Wortes verrichten.

Aus diesen Bemerkungen wird bereits deutlich, daß sich die Vorstellungswelten Erasmus' und Luthers kaum berührten. Was für Luther ein zentraler Glaubenssatz ist, findet Erasmus „wenig bedeutend", an anderer Stelle spricht er von einem „Paradox" (ASD IX, 1, 186, 521), eine absichtlich zugespitzte Formulierung, die man sicher nicht wörtlich nehmen darf. Die Anschuldigung des Pelagianismus nahm er auch nicht allzu ernst. Er beriet sich darüber mit einigen Theologen (A 1268, 82–85), fand es aber letztlich ausschlaggebend, daß er diese Worte in seiner *Paraphrase 1517* niedergelegt hatte, ehe er je von Luther gehört hatte (A 1342, 932–937). Als beschwerte Luther sich über eine Meinungsverschiedenheit und wendete sich nicht vielmehr vehement gegen ein geistiges Klima!

Erst 1523 äußerte Erasmus sich etwas ausführlicher über das Problem der Willensfreiheit (A 1342, 926–979). Selbst wenn es wahr wäre, daß es in Wirklichkeit überhaupt keinen freien Willen gab, würde er das nicht so einfach vor das Volk bringen. Schließlich handelte es sich um philosophische Fragen, die sich bereits vor Christus stellten, um einen „unerforschlichen Abgrund". Er müsse befürchten, die schon vorhandene Gleichgültigkeit jener Menschen zu verstärken, denen man einimpfte, es hänge sowieso alles von Gott ab. Einige Monate später schrieb er an Zwingli über die „augenscheinlich absurden Rätsel", die Luther aufwarf – und dann folgen die

Kernbegriffe von Luthers Sünden- und Rechtfertigungslehre. Ihm erschien es sinnlos, darüber zu streiten, was Luther genau damit meinte (A 1384, 9–14). Andere Aussagen als diese erwähnt Erasmus nie. Angesichts des seines Erachtens eher paradoxen als dogmatischen Charakters der erwähnten Äußerungen, betrachtet er Luther, ohne Rücksicht auf die Urteile kirchlicher Instanzen, nicht als Ketzer. Ausgerechnet im März 1524, nachdem er die erste Fassung seiner Schrift gegen Luther bereits fertiggestellt hatte, fügte Erasmus in die neue Ausgabe seiner *Colloquia* (vgl. S. 150) einen Dialog zwischen einem Lutheraner und einem Katholiken ein. Im Laufe des Dialogs zeigt sich, daß der Lutheraner völlig das Apostolische Glaubensbekenntnis anerkennt und sich darum auch als orthodox betrachtet (ASD I, 3, 363–374). Der katholische Gesprächspartner akzeptiert das. Erasmus' Absicht ist klar. Er will andeuten, daß im Wesen der christlichen Lehre kein Unterschied besteht und daß man Luther also nicht als Ketzer betrachten kann.

Sie lebten dennoch in verschiedenen Vorstellungswelten. Die Frage liegt  also nahe, weshalb Erasmus sich so um Luther bemüht hat und warum seine Gegner ihn so hartnäckig mit Luther in Verbindung gebracht haben. Die Antwort lautet, Luther und Erasmus standen einander näher, als sie selbst erkennen wollten oder konnten. Vielsagend ist das Zeugnis von Martin Bucer, 1518 Dominikanermönch in Heidelberg, später bedeutender Reformator in Straßburg und eine der führenden Figuren der Reformation im oberdeutschen Raum. Er war bei der Heidelberger Disputation zugegen, wo Luther 1518 seine Vorstellungen in klaren Formulierungen darlegte. Ein paar Tage später berichtet Bucer darüber Beatus Rhenanus, dem Freund von Erasmus. Er steht noch völlig im Banne Luthers, schwebt in höheren Sphären, so hinreißend ist ihm das alles erschienen. Mitten im hochgestimmten Lob über Luther stehen die Sätze: „Er stimmt in jeder Beziehung mit Erasmus überein. Er scheint diesen sogar in der Hinsicht zu übertreffen, daß er das, was dieser flüstert, öffentlich frei heraus lehrt" (Bucer Corr. I, 3, 54–56). Das sagt Bucer, ehe von Ketzerjagd die Rede ist, und er hat Luther gerade all jene Thesen vertreten hören, die Erasmus später, ohne deren Tragweite zu erfassen, als Paradoxe abtat. Er stand darin nicht allein. Viele aus den Reihen der Bibelhumanisten waren in jenen ersten Jahren von Luther begeistert, und umgekehrt bestand die erste Generation führender Theologen der Reformation zum größten Teil aus Bibelhumanisten. Sie fanden in Luthers Theologie eine Vertiefung der Ideenwelt des Erasmus, die ihnen – zu Unrecht – auch bei Erasmus latent vorhanden zu sein schien, oder sie haben Luthers Theologie oberflächlicher verstanden, als diese war.

Das impliziert das Vorhandensein einer gemeinsamen Basis. Teils lag diese in der Methode der Bibelauslegung, weniger bei Luther selbst als bei dessen Anhängern. Der Psalmenkommentar von Johannes Bugenhagen beispielsweise ist ein typisch humanistisches Werkstück, das Exegese im humanistischen Sinn bieten will. Dasselbe gilt für die Kommentare von Melanchthon und sogar für seine *Loci communes* (vgl. S. 172). So hat Bucer wahrscheinlich auch in Heidelberg bei Luthers Umgang mit der Bibel Elemente entdeckt, die ihn an Erasmus erinnerten, dessen Werk er gut kannte. Wichtiger noch ist die Kritik an allerlei kirchlichen Bräuchen und Mißständen. Bucer führt in seinem eben zitierten Brief Luther ein als „den bekannten Beschimpfer des Ablaßwesens, gegen das wir bisher wahrhaftig nicht zu wenig nachgiebig gewesen sind" (Bucer Corr. I, 3, 32–33). Diesem Punkt verdankt Luther seine anfängliche Bekanntheit. Auch in den folgenden Jahren spielt die Kritik in seinen Schriften eine wichtige Rolle und kulminiert im *Kommentar zum Galaterbrief des Paulus*, der 1519 erschien. In dieser Kritik wird die Nähe Luthers zu Erasmus deutlich; auf seine Weise formuliert er darin in schärferer Form als Erasmus das in breiten Kreisen vorhandene Unbehagen. In der Lutherforschung ist dieser Aspekt in letzter Zeit in den Hintergrund getreten. Das Interesse gilt in erster Linie Luthers Theologie. Natürlich ist diese für Luther charakteristisch, weit mehr als seine Kritik an kirchlichen Bräuchen und Mißbräuchen. Für viele Zeitgenossen verhielt es sich aber, ebenso wie für Erasmus, umgekehrt. Diese Kritik war deutlich und stellte Luther in eine breite Bewegung, seine Theologie brachte keine Trennung, weil anstößige Elemente als Paradoxe betrachtet wurden. Das heißt nicht, daß die Bibelhumanisten mit der von Luther artikulierten Kritik völlig übereingestimmt hätten. Schon 1522 spricht Erasmus von Menschen, die „unmäßig" oder „übermäßig" lutherisch sind und die größte Gefahr für die lutherische Bewegung darstellen (LB IX 355 E. 356 D). Damit übt er natürlich auch Kritik an Luther selbst, der Maß halten solle.

Wie sehr man Erasmus und Luther in diesen Jahren als zwei Exponenten einer Bewegung erfahren hat, macht die Buchproduktion deutlich. In denselben Jahren, in denen Luthers Schriften unglaublich populär werden, und ein Druck den anderen jagt, erreicht auch die Zahl von Erasmusdrucken einen Höhepunkt. Erst in der zweiten Hälfte der zwanziger Jahre beginnt die Anzahl der Drucke von Erasmus' Werken zu sinken: Erasmus wird nun von Luther überflügelt.

# XI. Der Streit über die Willensfreiheit

„Die Würfel sind gefallen, die Schrift über den freien Willen ist erschienen; glaube mir, eine mutige Tat, so wie die Dinge in Deutschland jetzt stehen" (A 1493, 4–5). Mit diesen Worten kündigt Erasmus dem englischen König das Erscheinen von *De libero arbitrio* (LB IX 1215–1248) im September 1524 an. Stolz auf seine Arbeit empfand er nicht, er fühlte sich durch den Gang der Ereignisse dazu gedrängt, gegen Luther zu schreiben. Luther selbst hatte ihn fast in eine Zwangslage gebracht, von Rom und von England aus wurde er dazu genötigt, in Basel erwartete man einen Angriff auf Luther. War seine Schrift ein Angriff? Melanchthon pries sogleich nach Erscheinen Erasmus' Besonnenheit, ohne zu verhehlen, daß ein sachlicher Meinungsunterschied bestand. Ihm erschien es ausgezeichnet, daß diese Frage eingehend erörtert wurde; er versicherte Erasmus des Wohlwollens Luthers und erwähnte dessen Vorsatz, Erasmus in demselben Geist der Mäßigung zu antworten (A 1500, 42–61).

Gemäßigt oder nicht, ein Angriff auf Luther war es allemal, auch wenn Erasmus das Ganze als Apologie klassifizierte, als Verteidigungsschrift (A I, S. 42, 2). Er wandte sich ohne Umschweife gegen Luthers *Assertio* von 1521, bekämpfte aber auch Andreas Karlstadt (LB X 1277 B, 1327 C–E) und Philipp Melanchthon (LB X 1277 B), wobei er Luther und Karlstadt bisweilen gegeneinander ausspielte. Er hütete sich davor, automatisch im Lager der erbitterten Gegner Luthers zu landen. Er wählte nicht, wie so viele andere, ein Thema, das Emotionen hervorrufen konnte, wie Luthers Angriffe auf die Struktur der Kirche, ihre Sakramente oder die Stellung von Papst oder Kurie. Er beschäftigte sich vielmehr mit einer akademischen Frage: Inwieweit hat der Mensch einen freien Willen bei der Erlangung des Heils? Muß und kann er selbst etwas tun, um zur Seligkeit zu gelangen, oder ist er ausschließlich von dem abhängig, was Gott tut? Erasmus bereitete sich gut vor. Er zog eine Menge Kirchenväter heran, vor allem Origenes, Chrysostomus, Ambrosius, Hieronymus und Augustinus, von den mittelalterlichen Theologen besonders Bernhard von Clairvaux, Thomas von Aquin und Duns Scotus, von den neueren Autoren Lorenzo Valla und vor allem John Fishers Buch gegen Luther.

Allerdings wollte er, um eine gemeinsame Gesprächsbasis mit Luther zu schaffen, sich ausschließlich auf die Heilige Schrift berufen, aber die erwähnten Theologen brauchte er zur Ausformung und Untermauerung seines eigenen Standpunktes und zur Exegese von Bibeltexten. Es ging zweifellos um eine zentrale Frage, um eine Problemstellung auch, bei der sie

weit auseinanderliegende Positionen einnahmen und bei der Melanchthon
Auffassungen verteidigt hatte, die Erasmus zuwider waren (A 1496, 32–41)
– aber dennoch um eine Frage, über die man in aller Ruhe miteinander
diskutieren konnte. Das Problem ging schließlich so tief, daß eine unzwei-
deutige Antwort unmöglich war, im Grund war Schweigen viel besser als
Reden (LB IX 1216 CD).

Jedenfalls glaubte das Erasmus. Eineinhalb Jahre wartete er auf eine
Antwort. Als er endlich im Februar 1526 Luthers *De servo arbitrio*, den
unfreien Willen, vom Dezember 1525 in die Hand bekam, war auf den ersten
Blick ersichtlich, daß Luther eine andere Auffassung hatte. Die Feststellung,
„das der freie wille nichts sey" – so lautete der Titel der guten Übersetzung,
die bereits im Januar 1526 erschien –, war für Luther eine Sache auf Leben
und Tod. Es wurde seine leidenschaftlichste Schrift, und die von Melanchthon in Aussicht gestellte Mäßigung hatte sich unter Luthers Feder in Zorn
verwandelt, einen Zorn, der sich um so heftiger entlud, weil es Luther Mühe
gekostet hatte, sich ans Schreiben zu machen. Daran gab er Erasmus die
Schuld: Dieser hatte kein einziges neues Argument beigesteuert, und seine
Art der Behandlung war so leidenschaftslos, daß es Luther zunächst nicht
gelang, in Schwung zu kommen (WA 18, 600, 17–601, 1).

Erasmus war sehr wohl der Meinung, Luther sei in Schwung gekommen.
Er war sogar entsetzt über die Behandlung, die ihm von seiten Luthers zuteil
wurde. Dieser stempelte ihn nicht nur zu einem Nichtsnutz und Dümmling,
sondern bezichtigte ihn der Verachtung der Heiligen Schrift, der Vernich-
tung der Religion, der Feindschaft gegen das Christentum (A 1670, 24–34).
Kurzum, Luther benahm sich wie ein giftiges Tier (A 1723, 8).

Innerhalb von zwei Wochen war eine erste Antwort konzipiert, geschrieben und gedruckt. Noch im Februar 1526 erschien der erste Teil des
*Hyperaspistes* (LB X 1249–1336), Schildträger, Verteidiger (A 1334, 584),
der den ersten Teil von *De servo arbitrio* beantwortete. Erst im September
folgte der zweite Teil (LB X 1335–1536), nach Mahnungen aus England, sein
Versprechen einzulösen (A 1804, 1–2). Erasmus' Widerwille war kaum
geringer als der Luthers, seine Selbstbeherrschung aber war stärker. Er
verfiel nicht wie dieser in ordinäre Schimpftiraden und wagte es, seine
Betroffenheit zu zeigen. Seine Schrift ist allerdings viel zu langatmig und
schlecht aufgebaut.

Es hat wenig Sinn, die Streitschriften einzeln abzuhandeln. Im folgenden
gehe ich zunächst auf die Eigenart der verschiedenen Schriften ein, danach
auf die Arbeitsweise der Kontrahenten und schließlich auf die wichtigsten
inhaltlichen Aspekte.

Die Erwähnung von „Diatribe oder collatio" im Titel macht bereits deutlich,
welchem literarischen Genre *Der freie Wille* angehört. Als Diatribe wird
eine aus der griechischen und römischen Welt bekannte Behandlung von

Themen moralischer oder philosophischer Art in Form eines Dialogs bezeichnet. Eine Collatio ist eine Zusammenstellung von Zitaten, hier von Bibelzitaten, die ein gleiches Thema behandeln und sich entweder ergänzen oder einander widersprechen. In der *Ratio* hatte Erasmus vorgeschlagen, zu verschiedenen wichtigen Fragen eine solche Collatio zusammenzustellen, um damit eine Versöhnung einander widersprechender Aussagen zu erreichen (LB V 130 F–132 A). In der Tat verwendet Erasmus sowohl die Form der Diatribe als der Collatio in seiner Schrift *Der freie Wille*. Das Werk besteht aus drei Teilen. Der erste enthält eine lange Einleitung, in der Erasmus zwei Fragen behandelt: Ist es sinnvoll, ein so tiefgehendes Problem aufzugreifen? Wie kann man zu einer Antwort kommen, wenn Luther nur die Heilige Schrift als Norm anerkennen, aber bei deren Auslegung anderen nicht zuhören will (LB IX 1215 A–1220 E)? Im zweiten Teil behandelt Erasmus zunächst jene Bibelstellen, die für (LB IX 1221 A–1230 A) und danach jene, die gegen (LB IX 1230 A–1241 D) den freien Willen sprechen. Dieser Teil ist eine Collatio im strengen Wortsinne. Im dritten Teil seiner Schrift folgt die Diatribe (LB IX 1241 D–1248 D). Dort gibt Erasmus auf Grund der behandelten Bibelstellen sein eigenes Urteil ab. In diesem Teil führen Pro- und Kontrastimmen eine Art Gespräch miteinander. Obgleich Erasmus mit seiner eigenen Meinung nicht hinterm Berg hält, bleibt dieses Gespräch offen. Zu Beginn versichert er: „Bisher haben wir Stellen zusammengetragen" (LB IX 1241 D) und, am Ende: „Ich habe zusammengetragen. Das Urteil sei anderen überlassen" (LB IX 1248 D).

Über den Charakter von Luthers Schrift kann kein Zweifel bestehen. Er schließt folgendermaßen: „Ich aber habe in diesem Buch keine Stellen zusammengetragen, sondern fest behauptet; dabei bleibe ich. Ich überlasse nicht anderen das Urteil. Vielmehr rate ich allen, Gehorsam zu leisten" (WA 18, 787, 11–13). Er stellt assertiones, feste Behauptungen auf, Gottes Wahrheit steht auf dem Spiel. „Man muß vielmehr Freude an festen Behauptungen haben, oder man ist kein Christ" (WA 18, 603, 11–12). Dieser Ton unumstößlicher Sicherheit macht das Buch manchmal sehr irritierend, andererseits aber in hohem Maße lesbar. Kompositorisch ist es freilich schwach: Luther folgt den Auseinandersetzungen von Erasmus auf Schritt und Tritt. Seine volle Identifikation mit dem Thema und seine Sicherheit in der Sache, die er verteidigt, machen sein Buch beeindruckend.

Der *Hyperaspistes* ist eine reine Selbstverteidigung. Im 1526 erschienenen ersten Teil behandelt Erasmus Luthers Erörterungen zu seiner Einleitung zur Schrift *Der freie Wille*, wobei er fortwährend über alle Schmähungen und Beleidigungen jammert, die Luther ihm angetan hat. Die Schrift hat einen etwas kläglichen Grundton. Der zweite, 1527 erschienene Teil beschäftigt sich mit Luthers Argumentation bei dessen Widerspruch gegen die von Erasmus vertretene Auffassung eines sehr eingeschränkten freien Willens. Das Ganze ist schwer lesbar, nicht zuletzt durch die Langatmigkeit dieser Schrift. Der erste Teil hat den zweieinhalbfachen Umfang des gesamten *Freien Willens*, der zweite Teil ist sechsmal so lang wie der *Freie Wille*. Aber auch die Komposition selbst ist schlecht. Erasmus folgt Luthers *De servo arbitrio* Punkt für Punkt, und dadurch werden seine Darlegungen ermüdend. Trotzdem gibt es lesenswerte Abschnitte, und das ist vor allem dem Gesprächscharakter des zweiten Teils zu verdanken. Erasmus ist in ständigem Gespräch mit seinem eigenen Buch und dem Luthers, er zitiert Luther, führt ihn sprechend ein, bringt seine eigenen Argumente gegen ihn vor und überdenkt Luthers Antworten. Natürlich gibt er Luther in keinem Punkt Recht. Das ist in der Polemik des 16. Jahrhunderts unmöglich. Erasmus nimmt Luther aber durchaus ernst, während das umgekehrt nicht geschehen war. Luther lobte am Werk des Erasmus nur die Wahl des Themas: Erasmus hatte als einziger von allen Gegnern begriffen, was der zentrale Punkt war (WA 18, 786, 26–32). Aus seinem ganzen Buch aber spricht nur Verachtung für Erasmus, Luther erkennt ihn nicht als Gesprächspartner an, nicht einmal als vollwertigen Gegner.

Wie war die Arbeitsweise der beiden Kontrahenten? Georges Chantraine (445–447) stellt der induktiven Methode von Erasmus die deduktive Luthers gegenüber. Beide arbeiten eine theologische Problematik heraus, beide gehen allein von der Schrift aus, der Unterschied liegt in der Arbeitsweise, die sie jeweils anwenden. Erasmus arbeitet als Exeget aus der Schule der Kirchenväter, er nimmt die Bibeltexte zum Ausgangspunkt, die er philologisch ausleuchtet und nötigenfalls mit Exkursen versieht, in welchen die theologischen Implikationen des Textes ausführlich dargelegt werden. Vor allem im *Hyperaspistes* II wird diese Methode, die Kabinettstückchen solider Exegese zeitigt, immer wieder angewandt. Luther folgt einer dogmatischen, systematischen Methode. Er geht von einer systematischen Fragestellung aus, und die von ihm zitierten Bibelstellen stehen von vornherein in einem bestimmten Rahmen.

Es lohnt sich, beide Methoden einander deutlicher gegenüberzustellen. Erasmus und Luther haben vieles gemeinsam, in erster Linie die Überzeugung, daß „der Heilige Geist ... sich nicht selbst widersprechen kann" (LB IX 1220 F, 1241 D), wie Erasmus sich ausdrückt. Dadurch sind beide Gesprächspartner gezwungen, auf irgendeine Weise mit widersprüchlichen Gedanken in der Bibel ins Reine zu kommen. Die Bibel kann schließlich in letzter Instanz nur mit einer Stimme sprechen. Die Art, in der sie das erreichen, ist allerdings vollkommen verschieden. Erasmus läßt die Widersprüche zunächst auf sich beruhen. Er versucht sie weder miteinander auszusöhnen noch sie gegeneinander auszuspielen, sondern kommt zu dem Schluß, daß Menschen aufgrund ein und derselben Heiligen Schrift zu verschiedenen Auffassungen gelangt sind, und zwar je nach dem Ziel, das sie im Auge hatten. Wer von der Nachlässigkeit betroffen ist, mit der viele

Menschen die Forderungen Gottes in ihrem Leben verwirklichen, der wird nachdrücklich auf den Willen des Menschen hinweisen; wer, wie Luther, das Vertrauen in die eigene Leistung als die große Gefahr betrachtet, wird dem Willen des Menschen wenig Vertrauen entgegenbringen. Man muß beide Extreme vermeiden, in einer ausgewogenen Auseinandersetzung einen Mittelweg einschlagen, während die einseitige Akzentuierung einer von beiden Seiten im gegebenen Augenblick aus pastoralen Motiven notwendig sein kann. Damit ist das Problem insofern verschoben, als Erasmus vom Widerspruch in der Schrift zu einer widersprüchlichen Auslegung der Schrift geht. Er sagt das auch ausdrücklich: Es herrscht kein Streit über die Bibel, die beide Parteien verehren, es herrscht Uneinigkeit über die Auslegung der Bibel (LB IX 1219 B). Später kommt er darauf zurück und fordert, man müsse bei den Bibelstellen, die auf den ersten Blick alle Willensfreiheit auszuschließen scheinen, eine Auslegung suchen, die sich nicht an den Buchstaben festklammere: Die biblischen Aussagen zugunsten des freien Willens seien zu vielfältig und deutlich, als daß man sie negieren könne. Stärker noch: Eine völlige Leugnung der Willensfreiheit würde zu Absurditäten führen; die Anerkennung einer gewissen Wirksamkeit des menschlichen Willens unter Einschluß der Erkenntnis, daß die Wirksamkeit der Gnade Gottes viel größer ist, kann den Motiven gerecht werden, von denen Luther bei seiner Leugnung aller Wirksamkeit des Menschen geleitet wird (LB IX 1248 B–D). Luther hat also insofern das Recht bei der Auslegung der Schrift auf seiner Seite, wenn er nur anerkennt, daß seine Auffassung nicht die unter allen Umständen gültige ist. In der heutigen Situation ist sie ein heilsames Korrektiv, aber wenn man sie als volle Wahrheit nimmt, wird man dem Zentrum der Schrift nicht gerecht.

Auch Luther geht, wie Erasmus, von der Einheit der Schrift aus. Diese Einheit liegt in ihrem Inhalt: Christus. Nachdem der Stein von Christi Grab herabgewälzt und das höchste Geheimnis offenbart wurde, kann nichts mehr verborgen sein. Bestimmte Bibelstellen mögen unverständlich sein, aber die Sache, der Inhalt der Schrift, ist deutlich. Wenn Menschen die Schrift dennoch für dunkel halten, liegt das an ihnen selbst, an ihrer eigenen Blindheit. „Wenn man sich die Augen verdeckt und vor dem Licht ins Dunkel zurückweicht, darf man die Sonne nicht als dunkel schelten" (WA 18, 607, 14–16). Zu diesem Christusgeheimnis, das geoffenbart ist, gehört die Erkenntnis, daß alles Heil so ausschließlich von Gott ausgeht, daß jeder Gedanke an eine Wirksamkeit des Menschen vollkommen töricht ist. Luther hat damit ein klares Zentrum seiner Theologie gefunden. Alle Bibelstellen, die Erasmus zur Verteidigung des menschlichen Willens angeführt hat, müssen notwendigerweise eine andere Bedeutung haben. Dann sieht sich Luther vor die Frage gestellt, wie es möglich ist, daß so viele hervorragende Männer in der Geschichte der Kirche eine gewisse Willensfreiheit des Menschen lehren konnten. Luther dient das als zusätzlicher Beweis für die

Richtigkeit seiner Überzeugung. Durch ihre Auffassung zeigen sie, was der Mensch mit seinem vielgerühmten freien Willen tun kann. Daß Menschen die Schrift nicht verstehen, liegt nicht daran, daß ihnen der Intellekt fehlt, sondern daß der Mensch durch den Satan beherrscht wird (WA 18, 658, 17–661, 24).

Diese unterschiedliche Auffassung hat direkte Folgen für die von beiden Kontrahenten angewendete Methode. Erasmus kann erkennen, daß bestimmte Bibelaussprüche jegliche menschliche Willensfreiheit auszuschließen scheinen. Natürlich neigt er dazu, das soweit wie möglich abzuschwächen, aber wenn das nicht gelingt, kann er eine deterministisch anmutende Aussage damit erklären, daß er auf den scopus der Aussage verweist: Sie richtet sich gegen ein zu großes Vertrauen in die Möglichkeiten des Menschen (LB IX 1239 A, E). Luther tut dies nicht, und er kann diese Methode auch nicht anwenden.

Schließlich eine Charakteristik der inhaltlichen Unterschiede. In diesem Zusammenhang geht es vor allem um die Frage, wo wir das Eigene des Erasmus finden und warum er sich letztlich gegen Luther wenden mußte. Am Ende von *De servo arbitrio* legt Luther sein persönliches Bekenntnis ab: „Von mir selber bekenne ich: Wenn ich zu wählen hätte, wünschte ich mir keine Willensfreiheit. Ich möchte nicht die Möglichkeit haben, mich um meine Seligkeit selber zu bemühen ... Ich hätte keinen Grund unter den Füßen. Selbst wenn ich eine Ewigkeit damit verbringen dürfte, gute Werke zu tun, könnte mein Gewissen mir niemals sagen, wieviel ich tun muß, um Gott zu genügen ... Doch Gott hat mir die Sorge um meine Seligkeit abgenommen. Ich weiß jetzt, daß meine Seligkeit von seinem und nicht von meinem Willen abhängt ... Jetzt habe ich Gewißheit. Denn Gott ist treu" (WA 18, 783, 17–31). Luther sieht sich selbst als Sünder und nichts sonst, der Mensch ist völlig qualifiziert durch sein Sünder-Sein. Die ganze Existenz des Menschen ist eine Flucht vor Gott. In Gottes Augen bleibt schließlich nichts übrig von unseren guten Absichten und Werken. In diesem Zusammenhang spricht Luther von den Anfechtungen und Gefahren, von den bösen Geistern, die den Menschen in die Enge treiben und bewirken, daß niemand selig werden könne. Aber selbst ohne Anfechtungen und böse Geister bleibe die Unsicherheit, die endlose Selbstquälerei.

Warum hat Erasmus Bedenken gegen dieses Menschenbild? Eine Antwort kann lauten, daß seine Erfahrung eine andere war als die Luthers. Huizinga hat festgestellt, daß es im Leben des Erasmus kein Damaskus gegeben habe, keinen Augenblick, in dem er so getroffen wurde, daß von da an alles in einem neuen Licht erschien. Seine Entwicklung ist ohne große Eruptionen verlaufen. Mehr als eine erste Antwort ist das allerdings nicht, wir müssen nach dem religiösen Motiv des Erasmus fragen. Er sagt in *Der freie Wille*: „Es gibt über die Maßen viel Schwäche, Mängel und Bosheit im

Leben der Sterblichen, so daß ein jeder, wenn er sich selbst betrachten wollte, leicht den Stolz ablegte – auch wenn wir nicht allen Ernstes behaupten, daß der Mensch, und sei er gerechtfertigt, nichts anderes sei als Sünde, was wir schon deswegen nicht können, weil Christus ihn einen Wiedergeborenen und weil Paulus ihn eine neue Kreatur nennt" (LB IX 1247 D–1248 A). In den letzten Worten finden wir das Eigene des Erasmus. Wenn man wie Luther spricht, beschneidet man nicht die Würde des Menschen, sondern die Stellung, die Gott in seiner Güte dem Menschen gegeben hat. Der Mensch ist neue Kreatur, darin liegt der Grund seines Daseins, und als neue Kreatur hat er den Auftrag, aber auch die Möglichkeit, Gott zu dienen. Natürlich weiß auch Erasmus um bleibende Sünde. Im *Hyperaspistes* II legt er dar, daß der Mensch eher schwach als schlecht ist. Echte Bosheit findet man bei einigen, aber die Menschen sind nicht von Natur aus böse, sie werden nur so in einem Verlauf vom Schlechten zum Schlimmeren (LB X 1403 C). Manchmal erscheint der Mensch bei Erasmus wie ein Herkules am Scheideweg, fortwährend vor die Wahl gestellt. Dahinter liegt die Vorstellung, daß Gott für den Menschen gewählt hat und den schwachen Menschen führt. In *Der freie Wille* macht Erasmus anhand eines Bildes deutlich, wie er über Gottes Umgang mit dem Menschen denkt. Ein Vater zeigt seinem kleinen Kind einen Apfel, er hilft dem Kind herzu und gibt ihm den Apfel schließlich in die Hände. Nichts hat das Kind getan, worauf es sich etwas einbilden könnte. Das einzige nur: Das Kind hätte den Apfel ausschlagen können (LB IX 1244 E–1245 A).

Kein Wunder, daß Erasmus sich heftig über Luthers Auslegung von Römer 3, 20 empört: „Durch das Gesetz kommt es zur Erkenntnis der Sünde". Luther hatte ausgeführt, daß das Gesetz die Sünde zwar erkennen läßt, aber nicht von ihr befreit. Im Anschluß daran hatte er den prinzipiellen Unterschied zwischen Gesetz und Evangelium dargelegt: Das Evangelium heilt und weist auf Christus als Befreier hin (WA 18, 766, 8–767, 18). Erasmus bricht aus: Selbst ein Tyrann ist nicht so töricht, daß er Gesetze erläßt, die nur das eine Ziel verfolgen, Menschen zu Gesetzesbrechern zu machen. Mose und Christus haben ganz anders über Gottes heiliges Gesetz gesprochen, und Paulus meint nicht, daß das Gesetz mir die Sünde bekanntmacht, sondern daß es mich lehrt, meine Sünden als Schuld zu erkennen (LB X 1347 A–1352 E). In einem persönlichen Brief an Thomas More bezeichnet er diese Behauptung Luthers als einen der zwei kritischen Punkte seiner Lehre (A 1804, 51–54).

Bei alledem will Erasmus keineswegs den Anteil des Menschen an der Erlangung des Heils vergrößern. Am Beginn und Ende des Heilsweges, der im Gegensatz zum Heilsweg der mittelalterlichen Theologie nicht sakramental bestimmt ist, ist der Mensch ausschließlich auf Gottes Gnade angewiesen, im Verlauf des Heilsweges aber ist Gottes Gnade die erste Ursache, der menschliche Wille jedoch die zweite (LB IX 1244 AB). Warum das? Weil sonst die menschliche Verantwortung keine Rolle mehr spielen würde. Das ist die Achse: „Wenn man allerdings sagt, es gebe so wenig ein Verdienst des Menschen, daß alle Werke desselben, und sei er noch so fromm, Sünde seien, wenn man sagt, unser Wille könne nicht mehr leisten als der Ton in der Hand des Töpfers, und wenn man alles, was wir tun oder wollen, auf unbedingte Notwendigkeit zurückführt, dann stoße ich auf viele Bedenken" (LB IX 1242 B). Selbst wenn dies die Wahrheit wäre, dürfte man sie nicht jedermann verkünden. Die Masse wird sich sonst beim Vernehmen einer solchen Lehre gewiß einem unbekümmerten und gottlosen Leben hingeben (LB IX 1217 D–1218 C).

Mit der Verantwortlichkeit des Menschen korrespondiert bei Erasmus die Zuverlässigkeit Gottes; er ist kein kapriziöser Gott, der die Menschen willkürlich erhöht oder erniedrigt. Im *Hyperaspistes* II spricht Erasmus über ein Gesetz, „tief verwurzelt im Geist der Menschen, so sehr, daß selbst die Heiden diese Schlußfolgerung ziehen: Gott ist aufs höchste gerecht und gut. Wenn er gerecht ist, straft er nicht diejenigen ewiglich, die ohne irgendeine eigene Schuld, sondern aus zwingender Notwendigkeit gesündigt haben, und er legt keine Strafe für Böses auf, das er selbst in den Menschen bewirkt. In seiner Güte wird er niemanden fahren lassen, der sich selbst nicht fahren läßt" (LB X 1423 BC).

Unübersehbar spielt auch bei Luther Gottes Zuverlässigkeit eine wichtige Rolle. „Denn Gott ist treu", lasen wir bereits bei ihm. Er fährt fort: „Er belügt mich nicht. Er ist so mächtig und so groß, daß kein böser Geist, keine Anfechtung ihn stürzen und mich ihm entreißen kann" (WA 18, 783, 31–33). Luther hat durchaus einen Blick für die Schwierigkeiten des Erasmus. Aber muß nicht auf diese Weise ein Zweifel an der Güte und Gerechtigkeit Gottes entstehen, der Menschen verdammt, ohne daß sie es verdienen, Menschen, die in Gottlosigkeit geboren sind und nichts daran ändern können? Luther zieht die letzten Konsequenzen: „Hier müssen wir uns in Ehrfurcht vor Gott beugen. Er beweist seine große Güte und Barmherzigkeit an denen, die er unverdientermaßen rechtfertigt und selig macht. Alles andere müssen wir seiner Weisheit überlassen. Wir müssen glauben, daß er gerecht ist, auch wenn er uns ungerecht erscheint" (WA 18, 748, 1–9). In dem bereits erwähnten Brief an Thomas More bezeichnet Erasmus dies als Luthers zweiten kritischen Punkt: „Durch die Sünde Adams ist das ganze Menschengeschlecht so verdorben, daß sogar der Heilige Geist darin nichts als Schlechtes bewirkt" (A 1804, 52–54). Es war für Erasmus rätselhaft, daß ein Mensch so über Gott sprechen konnte. Erasmus hatte in *Der freie Wille* Luther all jene Bibelstellen vorgeführt, in denen Gott den Menschen zur Bekehrung aufruft, auch das Gotteswort aus Ezechiel 33, 11: „So wahr ich lebe, spricht Gott der Herr: Ich habe kein Gefallen am Tode des Gottlosen, sondern daß der Gottlose umkehre von seinem Wege und lebe". „Würde der fromme Gott um den Tod seines

Volkes trauern, wenn er selbst ihn bewirkte?", fügt Erasmus hinzu (LB IX 1225 F). In seiner Antwort auf diesen Teil des *Freien Willens* geht Luther sehr tief. Er unterscheidet den gepredigten Gott vom verborgenen Gott. Es ist wahr, daß Gott nicht den Tod des Sünders will, aber das gilt nur für Gott, sofern er gepredigt wird, sich uns bekannt macht. Er ist aber auch der verborgene Gott, den wir nicht kennen und nicht überprüfen können. Der verborgene Gott will Leben und Seligkeit, Tod und Verderben nach seinem unerforschlichen Willen (WA 18, 685,1 –686, 13). Gott ist gerecht, gewiß, aber er ist nicht gerecht auf unsere menschliche Art und nach unserem menschlichen Maßstab, sonst wäre er kein Gott (WA 18, 784, 9–34). Es ist kein Zufall, daß der Begriff eines Heilsweges, eines Fortschreitens des Menschen in dessen Umgang mit Gott, bei Luther fehlt.

Erasmus konnte unmöglich in dieser Weise über Gott denken, und er war nicht der einzige. Es ist ein Brief erhalten geblieben, worin jemand Erasmus von einem Gespräch berichtet, das er mit einem seiner Bewunderer geführt hatte. Der Mann, eine Person von hohem Stande, fragte, ob Erasmus sich über Luthers These geäußert habe, daß Gott der Urheber sowohl von Gut als auch von Böse sei. Als der Briefschreiber die darauf sich beziehende Passage aus dem *Hyperaspistes* vorgelesen hatte, zeigte sich der Mann vom Grunde seines Herzens Erasmus dafür erkenntlich, denn „er hatte nie glauben können, daß Gott so ungerecht, so grausam wäre, daß er den Menschen bestrafte für etwas, wozu er den Unglücklichen selbst getrieben und gezwungen hatte" (A 1881, 1–24). Das genau ist der Kern von Erasmus' Abwehr: So ist Gott nicht! Für Luther bedeutet es Blasphemie, so menschlich über Gott zu denken. Für Erasmus bedeutet es Blasphemie so teuflisch über Gott zu denken. „Wer könnte sich überwinden, von ganzem Herzen einen Gott zu lieben, der die Hölle heizte mit ewiger Pein, um dort für seine eigenen Missetaten armselige Menschen zu bestrafen, als freute er sich an ihren Qualen?" (LB IX 1217 F).

Zentral für Erasmus stehen „Gottes Gerechtigkeit und Barmherzigkeit", und zwar beide, weil beide nicht gegeneinander ausgespielt werden dürfen. Erasmus erkennt einen Gott, der in seiner Barmherzigkeit nicht ungerecht ist, und er tadelt Luther, daß dieser Gottes Barmherzigkeit gegenüber einigen so sehr preist, daß sein Gott anderen gegenüber nicht einmal mehr gerecht, sondern nur noch grausam ist. „Doch ist mir rätselhaft, wie die konsequent sein können, die Gottes Barmherzigkeit gegen die Frommen derart übertreiben, daß sie ihn gegen die anderen nahezu grausam sein lassen" (LB IX 1242 F). Der Gott von Erasmus läuft dadurch Gefahr, hausbacken zu werden. Dennoch liegt es nicht in seiner Absicht, Gottes Wesen so vorsichtig abzuwägen, daß die Ehrfurcht verlorengehen könnte. Vielmehr verübelt er Luther, „mit unehrerbietiger Verwegenheit über die für den Menschen unerforschlichen Entscheide Gottes zu richten" (LB IX 1246 B). Am Anfang und Ende des *Freien Willens* verweist Erasmus auf

Römer 11, 33: „O welch eine Tiefe des Reichtums, der Weisheit und der Erkenntnis Gottes! Wie unbegreiflich sind seine Entscheidungen und unerforschlich seine Wege!" (LB IX 1216 CD, 1246 B). Er wagt nicht weiter nachzudenken, wenn er die Unterschiede zwischen Menschen überdenkt: Der eine hochbegabt und wie geschaffen für das Gute, ein anderer körperlich verunstaltet oder nicht von einem Tier zu unterscheiden – und da will Luther in dieser noch viel schwierigeren Frage Gott nachprüfen (LB IX 1246 A)?

Beide wollen Gott Gott sein lassen, beide verübeln einander, aus Gott ein Rechenexempel zu machen, beide sprechen schließlich über das Unaussprechliche.

Die Abrechnung wurde zur Endabrechnung. Luther fühlte Erasmus gegenüber nur Abneigung, Erasmus stand Luther voller Verständnislosigkeit gegenüber. Der Bruch zwischen beiden Männern wurde oft als ein Bruch zwischen der Reformation und dem Humanismus dargestellt. Bernhard Lohse (Luther 77–78) verweist mit Recht darauf, daß dieses Bild in zweierlei Hinsicht nicht der Wirklichkeit entspricht. Sprachen und Bibelauslegung wurden auch im reformatorischen Kreis weiterentwickelt. In diesem Zusammenhang ist noch wichtiger, daß Luthers Stellungnahme zur menschlichen Willensfreiheit nicht in dieser scharfen Form in den Protestantismus Eingang gefunden hat. In den lutherischen Bekenntnisschriften wird die Frage viel vorsichtiger beantwortet, als Luther selbst das getan hatte. Melanchthon hat sich in der Ausgabe seiner *Loci communes* von 1535, wie er selbst sagte, in verschiedener Beziehung an Erasmus angeschlossen (A 3120, 18–20. 47–48). Später wurde Melanchthons Stellung im Lutheranismus unter anderem wegen seiner Auffassungen über das Verhältnis von menschlichem Willen und göttlicher Fügung stark angegriffen. Das schließt nicht aus, daß die äußerst scharfe Standortbestimmung Luthers eher von Calvin übernommen wurde als von Luthers direkten Schülern, ja daß diese in Calvins Prädestinationslehre indirekt Luther bekämpft haben.

## XII. Zwischen Scylla und Charybdis

„Im übrigen ist es, wie ich sehe, mein Schicksal, von beiden Parteien gesteinigt zu werden, während ich bemüht bin, für beide Rat zu schaffen" (A 1576, 9–10). Diese Worte aus dem Jahre 1525 spiegeln Erasmus' Stellung in den zwanziger Jahren wider. Eine Spaltung der Kirche hat noch nicht stattgefunden, aber die Parteien stehen sich gegenüber, und beide deuten anklagend auf Erasmus. „In Italien und in den Niederlanden bin ich Lutheraner, in ganz Deutschland . . . so sehr ein Antilutheraner, daß dessen glühende Anhänger keinen Sterblichen schärfer angreifen als mich", fährt der Brief fort. In diesem Kapitel werden die zwanziger Jahre aus der Perspektive der Gefahren behandelt, die Erasmus nach seiner eigenen Einschätzung der Lage von zwei Seiten bedrohen. Ein Mittelweg zwischen Christus und Belial wäre gottlos. „Aber einen Mittelweg halten zwischen Scylla und Charybdis ist meiner Meinung nach ein Zeichen der Bedachtsamkeit" (A 1578, 22–25). Auf der einen Seite stehen vor allem Paris und Spanien, wo Erasmus als Lutheraner gilt: Er hat das Ei gelegt, Luther hat es ausgebrütet (A 1528, 11). Auf der anderen Seite stehen weniger die eigentlichen Anhänger Luthers. Es ist, als hätte Erasmus diese seit 1525 abgeschrieben. Mehr Schwierigkeiten bereitete ihm die reformatorische Partei in der Schweiz. Auch diese Menschen bezeichnet er oft als Lutheraner, war sich aber seit 1524 klar über deren Unterschied zu Luther. Im *Hyperaspistes* I spricht er zu Luther höhnisch über „eure uneinige Vereinigung und überall gespaltene Spaltung" (LB X 1268 E). Die führenden Köpfe in der Schweiz und im oberdeutschen Raum bereiten ihm die größten Schwierigkeiten: Huldrych Zwingli in Zürich, Johannes Oekolampad in Basel, Martin Bucer in Straßburg. Kein Wunder! Erasmus schreibt 1525 seinem erbittertsten Feind in Paris, dem Universitätsprofessor Natalis Beda: „Und Sie sehen, wo ich dies geschrieben habe, wohnend zwischen Zürich und Straßburg und in der Stadt, wo Oekolampad öffentlich lehrt . . ." (A 1582, 96–98). Diese drei Namen wurden bereits früher erwähnt: Die führenden Reformatoren im oberdeutsch-schweizerischen Raum waren Geistesverwandte, wenn nicht Schüler von Erasmus. Das machte die Sache schlimmer: Sie beriefen sich nicht selten auf seine Schriften.

Es begann in der Fastenzeit von 1522, noch kein halbes Jahr nachdem Erasmus nach Basel zurückgekehrt war. Wiederholt wurden in diesem Jahr die Fastengebote ostentativ übertreten, was gleichzeitig auch in Zürich geschah. Es war als Demonstration gedacht, es ging den Beteiligten um die „evangelische Freiheit" (ASD IX, 1, 22, 115). Erasmus wurde sogleich in die

Affäre verwickelt, da einige Rädelsführer sich auf sein Beispiel beriefen. Erasmus besaß eine labile Gesundheit und haßte das Essen von Fisch, darum hatte er hin und wieder Hühnerfleisch gegessen. Das mag für ihn der Anlaß gewesen sein, zur Feder zu greifen. Im August erschien sein *De esu carnium*, Das Fleischessen (ASD IX, 1, 3–50), ein an den Bischof von Basel gerichteter ausführlicher Brief. Der Titel ist etwas irreführend, es geht Erasmus um die Frage des Wertes kirchlicher Vorschriften, zugespitzt auf die drei brennenden Tagesfragen: Fastengebote, obligatorisches Priesterzölibat und obligatorische kirchliche Feiertage.

Zu diesen drei Themen hatte Erasmus sich schon in den vorhergegangenen Jahren verschiedentlich geäußert. Die Fastenvorschriften hatten für ihn eher jüdischen als christlichen Charakter; ein obligatorisches Priesterzölibat hielt er für unerwünscht, wenn es massenweise Übertretungen gab, die man geflissentlich ignorierte; die Zahl der Feiertage – zu jener Zeit unter Einschluß der Sonntage etwa hundert im Jahr – war seiner Meinung nach viel zu hoch. Die Behandlung bekam in zweierlei Hinsicht eine besondere Dimension. Erstens infolge der Situation. Was bislang stillschweigend geduldet worden war, wurde nun von Zwingli und den Seinen aufgrund des Evangeliums prinzipiell gefordert. Erasmus verurteilte die Ereignisse in Basel vorbehaltlos: Durch solch ein Vorgehen zeigten die Menschen, daß sie noch nicht reif seien für die wahre evangelische Freiheit (ASD IX, 1, 23, 130–133). Aber auch die bestehenden Gebote bilden eine Bedrohung der echten Freiheit, die Christus und Paulus predigen. Außerdem zeigt sich Erasmus entrüstet über den sozialen Aspekt. Vor allem die Fastengebote belasten die Armen viel mehr als die Reichen, und die wachsende Zahl von Feiertagen gefährdet ihre Existenz. Dazu kommt noch die Geldgier der Kirche, die in der Handhabung der kirchlichen Gebote und der Gewährung von Dispensen eine so große Rolle spielt. Die von Erasmus erwähnten Gesichtspunkte spielten in der Schweiz und nicht nur dort eine große Rolle. Das alles macht die Schrift hochaktuell. Eine zweite Bedeutung erhielt sie durch den breiteren Kontext, in den Erasmus die genannten Themen einbettete. Er behandelt die Frage, inwieweit solche kirchlichen und damit menschlichen Gebote verpflichtend sein können. Sollte es tatsächlich Gottes Willen entsprechen, daß die Kirche solche Gebote unter Androhung des ewigen Verderbens bei deren Übertretung auferlegte? Erasmus sieht einen großen Unterschied zwischen Sünde im biblischen Sinn des Wortes und der Übertretung menschlicher Regeln.

Dahinter steht natürlich eine bestimmte Idee von der Kirche. Für Erasmus ist die Kirche keine statische Größe, sie muß sich stets nach den Bedürfnissen einer bestimmten Zeit richten. Im schönsten Teil seiner Schrift zeichnet Erasmus das Bild der Kirche als einer Gemeinschaft, die ihrem Wesen nach durch die Liebe bestimmt wird. Er greift dabei keineswegs die hierarchische Struktur der Kirche an. Aber die Autorität des

Bischofs, als solche sinnvoll, darf nicht zu Tyrannei gegen die Gläubigen ausarten. „Es sind Schafe, aber eher von Christus als von den Bischöfen ... Das Volk ist nicht für die Bischöfe da, sondern die Bischöfe sind berufen um des Volkes willen ... Der Bischof soll über das Volk herrschen, aber wie ein Vater über seine Kinder herrscht, wie ein Mann über seine geliebte Braut" (ASD IX, 1, 38,590 – 40,611). Zu diesem Verhältnis paßt die väterliche Ermahnung, nicht der tyrannische Zwang. Erasmus betrachtet das Problem der kirchlichen Gebote also nicht isoliert. Es geht ihm um den Charakter der kirchlichen Gemeinschaft, die konkrete Frage hinsichtlich bestimmter kirchlicher Vorschriften ist dem untergeordnet.

Die Schrift ist ein Appell an zwei Seiten. Erasmus ruft die Bischöfe auf, die Sache ernst zu nehmen und die Protestbewegung weise und behutsam in kirchliche Bahnen zu lenken. Wenn die Bischöfe sich tatsächlich als Hirten ihrer Herde erweisen, wird ihre Autorität keinen Schaden nehmen, sondern die Essenz des Glaubens um so besser in den Vordergrund treten können. Erasmus wendet sich auch an die reformatorische Bewegung in der Schweiz und ermahnt sie zur Selbstbeherrschung. Ihre Ideale einer gereinigten Kirche waren die seinen. Er tritt in diesem kritischen Augenblick für ein Verbleiben in der bestehenden hierarchischen Kirche ein. Er reagiert denn auch entsetzt, als Zwingli in seinem *Apologeticus Archeteles* anläßlich gleichartiger Ereignisse in Zürich mit dem Bischof abrechnete: „Ich beschwöre dich bei der Ehre des Evangeliums ...: Wenn du künftighin etwas herausgibst, so nimm eine ernste Sache ernst" (A 1315, 2–4). Später schrieb er, *De esu carnium* habe als erstes die Wut der Lutheraner gegen ihn entfacht (A 1620, 48; 1679, 46–49); dabei wird er wohl speziell an Zwingli und dessen Gesinnungsgenossen in Basel gedacht haben. Bei den unversöhnlichen Gegnern der Reformation war die Lage, wie wir sehen werden, nicht anders. Vor allem die Theologen in Löwen und in Paris stürzten sich auf diese Schrift. Noch 1531 gehörte sie mit dem *Lob der Torheit* und den *Colloquia* zu dem meistumstrittenen Publikationen des Erasmus (A 2566, 83–84).

Ernster wurde die Lage in den Jahren 1525 und 1526. Inzwischen hatte sich in Basel viel ereignet, und Erasmus fühlte sich längst nicht mehr so heimisch in der Rheinstadt wie früher. Oekolampad attackierte auf diese und jene Weise den *Freien Willen*, Ordensleute zogen davon, Klöster wurden geschlossen, Guillaume Farel war 1523/24 in der Stadt gewesen und hatte Erasmus dermaßen wüst beschimpft, daß dieser beim Rat darauf gedrängt hatte, ihm den weiteren Aufenthalt in der Stadt zu verbieten – mit Erfolg. Die großen Schwierigkeiten kamen 1525, als Oekolampad in seinen Predigten auf das Abendmahl zu sprechen kam. Im Jahr zuvor war Andreas Karlstadt in Basel gewesen. Er war einer der ältesten Mitstreiter Luthers in Wittenberg, aber nach dem Bruch mit diesem als Verbannter in diese Region gezogen. Er hatte in einer Anzahl von Abendmahlstraktaten die leibliche

Gegenwart Christi in Brot und Wein des Abendmahles geleugnet. Obwohl Oekolampad und Zwingli nicht in allen Punkten mit Karlstadt übereinstimmten, teilten sie diese Auffassung. Erasmus hatte ein Vorgefühl nahenden Unheils: „Diese Sache wird auf ein großes Drama hinauslaufen" (A 1522, 61–62). Er sollte recht behalten. Der Abendmahlsstreit, der 1525 in aller Heftigkeit entbrannte, trieb Schweizer und Sachsen völlig auseinander und führte schließlich zu einer Trennung. Damit bestanden lutherische und reformierte Kirchen nebeneinander. Aber auch für Erasmus persönlich waren die Konsequenzen groß. Sowohl Zwingli wie Oekolampad – nicht jedoch Karlstadt – waren auch in ihren Abendmahlslehren seine Schüler, die bestimmte Gedanken ihres Meisters weiterentwickelten. Für Erasmus war das Abendmahl in erster Linie ein gemeinschaftsstiftender Akt von Gläubigen. Er legte auch den Hauptakzent auf das geistige Essen und Trinken von Brot und Wein, im Glauben, wobei das Leibliche in den Hintergrund trat (vgl. S. 48). Schon 1525 gingen in Basel Gerüchte um: Erasmus werde gegen Oekolampad schreiben, und zugleich: Erasmus stimme innerlich völlig mit Oekolampad überein (A 1637, 9–13). Erasmus hatte tatsächlich eine Schrift ins Auge gefaßt, gab aber seinen Versuch schnell auf (A 1679, 92). 1525 und 1526 wurde die Situation äußerst kritisch. Sowohl in Basel wie in Zürich unternahmen die Vertreter der Schweizer Auffassung verschiedene Versuche, Erasmus zu einer klaren Aussage zu bewegen. Er konnte mit Recht behaupten, daß er die leibliche Anwesenheit Christi im Abendmahlssakrament niemals geleugnet habe (A 1637, 47–53). Er hatte diese Lehre aber unterhöhlt, indem er sie für ziemlich unwichtig hielt. Wer darüber redete, verharrte noch im Fleisch, und nur der Geist war wichtig, also auch das geistige Genießen des Abendmahls (LB V 30 E–31 A). Es blieb zwar immer noch ein beträchtlicher Unterschied zu Zwingli und Oekolampad bestehen, aber die zugrundeliegende Vorstellung war dieselbe, die Idee der Unvereinbarkeit von Leib und Geist.

Die Krise kam, als Oekolampad im September 1525 eine ausführliche und gelehrte Studie über das Abendmahl veröffentlichte. Vorsichtshalber wurde das Buch in Straßburg gedruckt. Der Stadtrat von Basel mußte die Frage klären, ob es in Basel verboten werden sollte. Er holte den Rat von vier Sachverständigen ein, unter denen sich auch Erasmus befand. Dieser antwortete: „Es ist meiner Meinung nach gelehrt, klar und sorgfältig ausgearbeitet; ich würde hinzusetzen: Es ist auch fromm, wenn etwas zu der Meinung und dem einhelligen Zeugnis der Kirche in Widerspruch Stehendes fromm sein könnte. Von der Kirche abzuweichen, halte ich für gefährlich" (A 1636, 2–5). Er hatte insofern Erfolg, als der Rat den Verkauf des Buches sowie den Druck anderer Werke von Oekolampad verbot.

Aber das in Basel umlaufende Gerücht, Erasmus sei wenig beglückt von der Aufforderung gewesen, ein Gutachten abzugeben, war sicher nicht aus der Luft gegriffen. Es war das erstemal, daß sich Erasmus ausdrücklich und direkt über die Reformation in Basel ausließ. Welch ein Unterschied zu seinem „Nein" gegenüber Luther vor einem Jahr! Damals war es, bei allem äußeren Druck, schließlich sein eigener Entschluß gewesen, sich zu äußern; nun lag hier ein Auftrag vor, dem er sich nicht entziehen konnte. Damals war es ein selbstgewähltes Thema; nun eines, das er gewiß nicht aus persönlichen Gründen aufgegriffen hätte. Damals ging es um ein unerforschliches Geheimnis, das Luther vermessen verletzt hatte; nun ging es um eine Frage, die ihm am Herzen lag und die Oekolampad auf die rechte Art und Weise behandelt hatte. Selbst mit dessen Konklusionen konnte sich Erasmus einverstanden erklären. Was ihn zurückhielt, war der „consensus ecclesiae", das einhellige Zeugnis der Kirche.

Darauf kommt er gerade im Zusammenhang mit der Eucharistie stets zurück. An seinen Vertrauten Willibald Pirckheimer schrieb er in einem sehr persönlichen Brief: „Mir würde die Ansicht Oekolampads nicht mißfallen, wenn nicht der consensus ecclesiae entgegenstände ... Und doch kann ich von dem consensus ecclesiae nicht abgehen und habe das auch nie getan" (A 1717, 52–56). Später schreibt er wieder an Pirckheimer, daß er zweifeln würde, wenn ihn die Autorität der Kirche nicht stärkte: „Aber ich nenne Kirche: Den Konsensus des Christenvolkes in der ganzen Welt" (A 1729, 25–27). Mit diesem Ausdruck spricht sich die tiefe Glaubensüberzeugung des Erasmus aus. Er hat viel und bittere Kritik an den Formen geäußert, in denen sich die Kirche darbot, er ertrug die Kirche eher, als daß er sie liebte. Das Konzept des Konsensus aber war tief in ihm verankert. Auf den ersten Blick scheint es, als ob er sich auf die Tradition der Kirche zurückziehe, also auf die Vergangenheit oder die Masse der Gläubigen im Heute, als ob die Mehrheit über die Zeiten hin oder in der Welt das entscheidende Wort sprechen könnte. James K. McConica hat aber deutlich gemacht, daß die Dinge bei Erasmus tiefer lagen. Es geht um die durch den Heiligen Geist geschaffene Gemeinschaft, in die der einzelne Gläubige aufgenommen ist. Er teilt diesen Platz mit anderen, und das entläßt ihn nicht aus der Pflicht, mit eigenen Ohren auf das zu hören, was die göttliche Schrift zu ihm sagt, aber es befreit ihn von der Einsamkeit. Die Bibel ist der Niederschlag des fortdauernden Gesprächs Gottes mit seinem Volk, das mit den Aposteln und den Evangelisten begann und sich fortgesetzt hat bis in unsere Zeit. Dadurch ist der Glaube verankert in der Geschichte, in der Tradition, ohne sich jedoch darin zu erschöpfen. Er entwickelt sich in der Zeit; an diesem Gespräch nimmt der einzelne Gläubige teil und vernimmt, was der Geist früher und jetzt enthüllt hat.

Erasmus' Äußerungen über die Schweizer Abendmahlsauffassung zeigen, wie sehr dieses Konzept seine Gedanken prägte. 1526 wurde er aufgefordert, der Disputation von Basel beizuwohnen, einem Religionsgespräch vor dem Forum der gesamten Eidgenossenschaft. Erasmus erschien nicht, aber in dem Brief, den er schrieb, taucht wieder das Konzept des

Konsensus auf. Nie habe er eine Auffassung vertreten, die im Widerspruch stehe zu dem, was die Kirche bis heute „in großer Einstimmigkeit" (magno consensu) verteidigt habe (A 1708, 38–42).

Würden die Vorkämpfer der alten Kirche Verständnis für die Position von Erasmus aufbringen? Die Angriffe, denen er von ihrer Seite in den zwanziger Jahren ausgesetzt war, zeigen, daß dies unmöglich geworden war, ein „Alles oder Nichts" war nun gefordert. Schon 1522 wollte der alte Kontrahent des Erasmus, Baechem, in Löwen, die neue Ausgabe der *Colloquia* verbrennen, und 1524 machte sich erneut Widerstand gegen dieses Werk breit. Einige Beichtväter hatten Studenten bei deren Osterbeichte sogar die Absolution verweigert, wenn sie dieses Buch gelesen hatten. Die theologische Fakultät von Löwen fand das zwar nutzlos, hatte aber durch ihre fortwährende Agitation eine solche Reaktion praktisch provoziert. 1525 erbrachte der Löwener Universitätsprofessor Jacques Masson in einem Buch über das Recht der Kirche, ihren Gläubigen bindende Vorschriften aufzuerlegen, ein Musterbeispiel sachlicher Kritik auf hohem Niveau, aber die gegen Erasmus gerichteten Schmähschriften machten selbstverständlich mehr Eindruck.

Gefährlicher waren die Angriffe, die Erasmus aus Paris zu erdulden hatte. Die Sorbonne galt als eines der wichtigsten kirchlichen Organe, ihre Urteile wogen schwer. Seit 1523 nahmen die Schwierigkeiten zu, schon 1524 begann der einflußreiche Syndikus der Sorbonne, Natalis Beda (Noël Bédier) die *Paraphrase* von Lukas zu prüfen. Danach wurden die Einwände immer schärfer. 1525 verurteilte die Fakultät mehrere Passagen aus Übersetzungen der Werke von Erasmus durch Louis Berquin. Dieser hatte in die Übersetzungen Teile aus Werken von Luther und Guillaume Farel eingeschoben. Erasmus wußte davon nichts, spürte aber wohl, daß irgend etwas nicht stimmte. Bislang hatte Erasmus viel Gegnerschaft erfahren, aber zu einer offiziellen Verurteilung war es nie gekommen. Welche Schwierigkeiten eine solche Zensur verursachen konnte, zeigte sich bei der Verurteilung Luthers durch die Fakultäten von Köln, Löwen und Paris. Ein sehr ausführlicher Briefwechsel mit Beda konnte eine Zuspitzung der Konflikte nicht verhindern. 1526 wurden die *Colloquia* verurteilt, 1527 folgte eine Verurteilung von Passagen aus einer ganzen Reihe anderer Schriften von Erasmus. 1531 wurden diese Verurteilungen offiziell publiziert, zu Erasmus' großem Zorn: „Es reicht ihnen nicht, Erasmus zu töten. Sie wollen auch seine Ehre rauben, ihn völlig in den Boden stampfen" (A 2575, 13–14).

Diese offiziellen Aktivitäten wurden von Anti-Erasmusschriften flankiert, verfaßt und herausgegeben von den bekannten Theologen der Sorbonne. 1526 brachte Beda *Annotationes* heraus, die gegen Faber Stapulensis und Erasmus gerichtet waren. Es handelt sich um eine Schrift von geringem Niveau, in der eine Reihe vereinzelter Äußerungen aufs Korn genommen wurde. Von ganz anderem Kaliber war das *Propugnaculum* von Jodocus Clichtoveus (Josse Clichtove) aus demselben Jahr. Er beschäftigte sich in dieser ausgezeichneten Abhandlung mit den kirchlichen Vorschriften auf dem Gebiet der Fasten- und Speisegesetze, wobei er davon ausging, daß die Kirche das Recht habe, derartige Gebote bindend aufzuerlegen. Die Ablehnung der Argumentation seiner Kontrahenten Luther und Erasmus nimmt einen großen Raum ein, aber sie beruht auf einer eigenen positiven Behandlung der anstehenden Fragen. Dieser Angriff wog um so schwerer, da er Erasmus und Luther zusammenband und glaubwürdig zu machen wußte, daß ihre Kritik eine gemeinsame Basis hatte. Diese beiden Schriften besaßen einen halboffiziellen Charakter. Dazu kamen noch andere Gegner, so daß man von einer von Paris aus gesteuerten Kampagne gegen Erasmus sprechen kann.

Kein Wunder, daß dieser sich im Juni 1526 an die Fakultät, an die höchste richterliche Instanz, das Parlament von Paris, und sogar an den König wandte: „Wenn sie so offen, durch Herausgabe von Büchern, Lügen über uns verbreiten dürfen, uns dagegen verwehrt sein soll, die Verleumdung zurückzuweisen, was wird dann aus der berühmten Universität anderes werden als eine Räuberhöhle?" (A 1722, 46–48). Auf diese Weise versuche man, ihn ins Lager der Feinde zu treiben (A 1722, 68–70). Er erkannte darin einen abgekarteten Plan: Das Spiel hatte immerhin gleichzeitig in Spanien, Italien, England, Brabant, Frankreich, Ungarn und Polen begonnen (A 1753, 35–37). In solchen Vorstellungen werden die Anzeichen eines Verfolgungswahns erkennbar, der sich in diesen Jahren bei Erasmus entwickelte und der in den dreißiger Jahren pathologische Formen annehmen sollte: Da belauern ihn dann überall die Feinde, und hinter jedem Angriff steckt in letzter Instanz Hieronymus Aleander (A 3127, 37–46).

Auf welchen Punkt aber zielten die Angriffe? Es fällt auf, daß *De esu carnium* eine große Rolle spielt. Das ist symptomatisch: Paris nahm an allem Anstoß, was als Kritik an den kirchlichen Strukturen im weitesten Sinne gelten konnte, weil eine solche Kritik das unterhöhlte, was der Institution Kirche Beständigkeit verlieh. Ich nenne einzelne Anklagepunkte: Erasmus bezweifelt die kirchliche Lehre bezüglich der Sakramente und der kirchlichen Zeremonien, er stellt die Frage, ob die Beichte überhaupt durch Christus eingesetzt wurde, er macht Fasten und Enthaltsamkeit lächerlich, hält nichts von Heiligenverehrung, entehrt die Heilige Jungfrau, widerrät dem mönchischen Leben, verurteilt die Mönchsgelübde. All das wird als ermüdende Aufzählung manchmal aus dem Zusammenhang gerissener Aussagen aus den Schriften des Erasmus vorgetragen. Erasmus hat geantwortet, immer wieder, in ständig neuen Apologien, genauso detailliert und manchmal genauso kleinlich wie die Angreifer selbst. Ab und zu macht er sich in wütenden Angriffen Luft, etwa in einer der Schriften gegen Beda: „Ich verteidige keine Menschen, die sich unter dem Vorwand des Evangeliums dem Fleisch widmen, ich habe nichts mit den Lehren Luthers zu schaffen. Es ist aber eine ausgemachte Sache, daß die Lehre Luthers dieser reinen, geistigen Philosophie Christi näher kommt als die Theologie Bedas ... Diese will nur das eine: Menschliche Institutionen müssen sich breit machen – Verehrung von Bildern, Wahl der Speisen, Unterschied in der Mönchskleidung, Vertrauen auf menschliche Werke, Bußwochen, scholastischer Hickhack über Worte. Ich verurteile solche Dinge nicht, wohl aber das Übermaß und den Aberglauben. Über die Kraft der evangelischen Gottesfurcht sagt er nichts, oder er redet so kühl darüber, daß man sofort spürt, daß hier sein Herz nicht schlägt" (LB IX 718 EF). Das schreibt Erasmus zur gleichen Zeit, in der er *De servo arbitrio* in die Hände bekommt und den *Hyperaspistes* gegen Luther richtet!

Die Angriffe aus Spanien wären wahrscheinlich, wären sie fortgeführt worden, noch gefährlicher geworden. In diesem Land hatte Erasmus viele Gesinnungsgenossen, mehr als er selbst wußte. Marcel Bataillon (279) spricht sogar von einer „erasmischen Invasion" in jenen Jahren. Der Übersetzer des *Enchiridion* ins Spanische berichtete Erasmus, daß das Werk am kaiserlichen Hof, in den Städten, den Kirchen und Klöstern, ja sogar in den Herbergen und unterwegs gelesen werde (A 1904, 17–19). Erklärte Gegner waren hier die Bettelmönche, die 1527 eine wahre Kampagne gegen Erasmus lancierten. Der Großinquisitor und Erzbischof von Sevilla, Alonso Manrique, und der Erzbischof von Toledo und Primas von Spanien, Alfonso de Fonseca, waren auf seiner Seite, ebenso der Kaiser. Die Folge war, daß die Vertreter der Franziskaner und Dominikaner, die einen ganzen Katalog von Ketzereien und Irrtümern in den Werken von Erasmus ausgemacht hatten, durch die Inquisition gebremst wurden. Im Sommer 1527 fand die Konferenz von Valladolid statt, auf der die ganze Affäre mit allen Betroffenen erörtert werden sollte. Erasmus sollte seine Verteidigung an die Konferenz schicken. Als er die Anklagen in Basel in die Hand bekam, war die Konferenz bereits wegen drohender Pestgefahr auf unbestimmte Zeit vertagt worden. Sie sollte sich nie mehr konstituieren, und dadurch verlief die ganze Angelegenheit im Sand.

Erasmus selbst aber hatte die Anschuldigungen völlig ernst genommen und wollte keinesfalls von einer Verteidigung absehen, obwohl er aus Spanien den wohlmeinenden Rat erhielt, die Mönche nicht zusätzlich zu provozieren (A 1907, 24–27). Im März 1528 erschien seine *Apologie gegen die spanischen Mönche* (LB IX 1015–1094). Zweifellos spielt auch in dieser Affäre seine Neigung zur Selbstrechtfertigung keine geringe Rolle. Es war nicht der einzige Grund, auch die Art der Beschuldigung erforderte Anwort. In den Anklagen der spanischen Mönche hatten, ähnlich wie in Paris, die vermeindlichen Angriffe von Erasmus auf die Struktur der Kirche einen wichtigen Stellenwert. Viel unheimlicher aber war der Umstand, daß die ersten drei Kapitel, in denen die Anklagen formuliert wurden, die Überschriften trugen: Gegen die allerheiligste Dreifaltigkeit Gottes; Gegen die Gottheit, die Würde und die Ehre Christi; Gegen die Gottheit des Heiligen Geistes. „Wer zittert nicht bei solch einer Überschrift?" (LB IX 1029 F), bemerkt Erasmus in seiner Verteidigung nach Erwähnung der ersten Überschrift. Mit vollem Recht. Eine Verurteilung in diesem Punkt war das Schlimmste, was einem Menschen widerfahren konnte, schon die bloße Anklage stellte eine reale Gefahr dar. Noch immer bildete das Bekenntnis der Trinität die Grundlage der Gesellschaft, deren Ablehnung war in jedem Fall ein hinreichender Grund für ein Todesurteil. Erasmus wußte nicht, daß man während der sechs Wochen, die die Konferenz von Valladolid gedauert hatte, nicht viel weiter als bis zur Erörterung gerade dieser drei Kapitel und des vierten gelangt war, in dem riskante Aussagen von Erasmus bezüglich der Inquisition behandelt wurden; die Konferenz hatte sich Zeit gelassen. Allerdings erkannte Erasmus klar die Notwendigkeit, daß er diese Anklage auf jeden Fall entkräften mußte.

Seine Behandlung der ersten drei Kapitel beansprucht die Hälfte des gesamten Pamphlets, und ehe er alle 99 Stellen aus seinen Werken, gegen die Beschwerden vorgebracht worden waren, Stück für Stück verteidigte, stellte er eine Liste von nicht weniger als 80 Stellen zusammen, wo er ausdrücklich die Trinität anerkannt hatte. Das war keine starke Argumentation. Ausführlich erörterte er die zwei kritischen Punkte, beide aus seiner Edition des Neuen Testaments. Der erste betraf seine Behandlung des comma Johanneum (vgl. S. 86). Er verwies darauf, daß er in die letzte Ausgabe doch wieder die längere Rezension aufgenommen habe. Subtil bemerkte er, daß die Handschrift, in der die Worte auftauchten, ziemlich jung sei, wie er unterstellte, nicht älter als etwa hundert Jahre, und daß diese Handschrift Korrekturen nach der *Vulgata* aufweise (LB IX 1031 F–1032 A). Damit war er der Wahrheit näher, als er selbst ahnte! Der zweite Punkt war die Bemerkung, daß in der Bibel der Vater oft „Gott" genannt werde, der Sohn nur hin und wieder. Erasmus stellte zu Recht fest, er habe deutlich gesagt, daß der Name „Gott" für den Sohn nur einige Male „rundheraus", „unumwunden" vorkomme. Nie habe er geleugnet, daß mehrere Bibelstellen deutlich machten, daß der Sohn Gott sei (LB IX 1040 B–D). Dennoch konnte ein solches Vorgehen die Einwände nicht vom Tisch wischen: Sie waren grundsätzlicher. Auf das Ziel wies am ehesten die Anfangsbemerkung: Er, Erasmus, sei immer davon ausgegangen, daß die Anerkennung der Dreieinigkeit so tief verwurzelt sei, daß es ihm unvorstellbar sei, jemand könne je einen Mitchristen bezichtigen, in diesem Punkt von der kirchlichen Lehre abgewichen zu sein (LB IX 1023 D).

Dennoch hatte Erasmus mehr aufgerührt, als er erkannte, vielleicht auch mehr, als er sich einzugestehen wagte. Bei der Verhandlung auf der Konferenz von Valladolid hatte der Augustinermönch Juan de Quintana, Beichtvater des Kaisers, erkennen lassen, daß er die Werke von Erasmus sehr genau gelesen hatte. Er hatte erklärt, dessen Äußerung, daß man in der Theologie „nichts sicher behaupten dürfe als das, was ausdrücklich in der Heiligen Schrift ausgesprochen war" (ASD V, 1, 146, 867–869), sei schlechthin ketzerisch, außer wenn Erasmus die Worte „ausdrücklich ausgesprochen" sowohl formell wie virtuell verstehe, also nicht nur nach dem Buchstaben, sondern auch nach dem Geist. Diese Bemerkung eines beschlagenen Theologen bringt uns auf die Spur des entscheidenden Gegensatzes. Quintana spricht als systematischer Theologe, er vermißt bei Erasmus – ebenso wie zwei Jahre zuvor Luther – einen zentralen Begriff, aus dessen Sicht die Bibel ausgelegt werden könnte, weil sie in ihm ihren Brennpunkt findet. Und Erasmus? Er verteidigt sich mit Vehemenz: „Wenn Petrus im Anfang vor einem gemischten Publikum Jesus gepredigt hat, ohne dessen göttliche Natur zu erwähnen; wenn auch Paulus ihn bei den Athenern nicht anders bezeichnet als einen Menschen; wenn nirgends steht, daß die Apostel in ihren Predigten vor dem Volk die göttliche Natur Christi erwähnen; wenn drei Evangelisten Christus nirgends Gott nennen; wenn nur Johannes das an einigen Stellen tut und ebenso Paulus ..., warum bin ich dann schuldig, wenn ich auch darauf hinweise?" (LB IX 1047 EF). Quintana hätte diese rhetorisch gemeinte Frage mühelos beantworten können. Aus der Retrospektive erkennt man den deutlichen Gegensatz zwischen der Auffassung des Exegeten und der des Dogmatikers. Im übrigen dürfen wir feststellen, daß die bis zum Überdruß wiederholten Bekundungen der Orthodoxie durchaus ehrlich klingen. Ein bewußtes Abweichen von der kirchlichen Lehre lag in der Tat jenseits aller Absichten des Erasmus. Seine Darlegungen klingen allerdings grell: Manchmal ist es, als ob er auch seinen eigenen Verstand überstimmen müßte.

Als Sekretär Quintanas nahm Miguel Servet an der Konferenz von Valladolid teil. Blutjung, wahrscheinlich 17 Jahre, folgte er den Erörterungen mit offenen Ohren. Während er bislang kein Interesse für Theologie gezeigt hatte, begann er nun ein eifriges Bibelstudium. Vier Jahre später erschien sein Werk *De trinitatis erroribus*, Die Irrtümer der Trinität. Carlos Gilly (277–291) hat unlängst nachgewiesen, daß Servet eingehend die *Annotationes* von Erasmus zum Neuen Testament und einige Apologien, die in Valladolid mit zum Dossier gehörten, studiert hatte. Die Schriften von Erasmus haben seine Ideen mit geprägt. Verschiedentlich tauchen Gedanken von Erasmus in radikalisierter Form bei Servet wieder auf. Erasmus erschien dieses Buch gefährlich (A 2615, 335–338); ähnliche Betrachtungen in der *Restitutio christianismi* von 1553 riefen bei Calvin eine solche Empörung hervor, daß Servet in Genf den Tod auf dem Scheiterhaufen fand.

Erasmus kann in diesen Jahren nur ein höchst labiles Gleichgewicht aufrechterhalten. Sein Verhältnis zu Oekolampad hatte sich abgekühlt, er sah mit Schrecken, wie die Strukturen der alten Kirche nach und nach brüchig wurden. Im Winter 1528/29 ergriffen die Zünfte die Initiative, um den Rat zu den letzten, entscheidenden Schritten zu zwingen: Die Entfernung der Bilder aus den Kirchen und die Ersetzung der Eucharistiefeier durch die Abendmahlsfeier. Im Februar brach ein unblutiger Aufruhr aus, in dessen Folge eine Reihe katholischer Ratsmitglieder durch evangelische ersetzt wurde: Basel war eine reformierte Stadt geworden. Obwohl die reformatorische Gruppierung Erasmus nicht gerne fortziehen sah, folgte dieser im April dem Beispiel bedeutender Anhänger der alten Kirche. Er ging nach Freiburg im Breisgau. Aus den Briefen jener zwei Monate wird ersichtlich, wie sehr er am Alten hing. Obgleich er nie an einem evangelischen Gottesdienst teilgenommen hatte, wußte er allerlei Negatives darüber zu berichten. Es wurde nur gepredigt, und Frauen und Kinder sangen auf Deutsch einen Psalm, man teilte Brot als Zeichen des Leibes des Herrn aus, Menschen gähnten, aber beweinten keineswegs ihre Sünden, die Predigten waren grob antikatholisch und riefen offensichtlich zu Gewalt auf, Menschen kamen wütend, wie vom bösen Geist besessen, aus der Kirche (A 2133, 65–68; ASD IX, 1, 292, 256–265). „Wir für uns", schreibt er an seinen schon eher fortgezogenen Freund Ludwig Bär, „verbringen hier unser Passah ohne Halleluja, ohne Siegermahl, wenn auch nicht ohne Salat vom Land. Indessen kommt es uns vor, als säßen wir an den Wassern zu Babel, so daß es uns nicht gelüstet, des Herren Lied in fremdem Lande zu singen" (A 2136, 3–6).

Er kam von einer Verbannung in die nächste. Freiburg gefiel ihm überhaupt nicht, Stadt und Bevölkerung besaßen keinerlei Lebensart. Aber das Leben in Basel war ihm unerträglich geworden. Er mußte seine Selbständigkeit wahren, um weiterarbeiten zu können, und das wäre bei einem längeren Verbleib in Basel unmöglich gewesen. Nachdem die Abendmahlsfeier nach protestantischem Ritus obligatorisch geworden war, ermutigte er seinen in der Stadt verbliebenen Vertrauten Bonifacius Amerbach zur Standfestigkeit in diesem Punkt (A 2631, 1–52). Ende 1529 erschien seine *Epistola in pseudevangelicos,* Brief gegen die sogenannten Evangelischen, in erster Linie eine der vielen Apologien, gegen Gerard Geldenhouwer gerichtet, faktisch eine Standortbestimmung in der kirchlichen Konfliktsituation. Ohne seine großen Vorbehalte gegen die alte Kirche zu verschweigen, rief er der Reformation ein kräftiges Nein entgegen. „Wenn Paulus heute lebte, würde er, wie ich glaube, nicht die heutige Situation der Kirche verwerfen, er würde gegen die Sünden der Menschen wettern" (ASD IX 1, 308, 696–698). Dahinter stand seine Überzeugung, daß viele der im Lauf der Jahrhunderte in der Kirche vollzogenen Veränderungen gerechtfertigt waren. Aber nicht alle!

Die unmögliche Position, in die Erasmus persönlich geraten war, in der sich aber, wie er meinte, auch die Christenheit als Ganzes befand, wird deutlich, wenn wir uns zwei Briefen zuwenden. In dem einen lesen wir: „Einen erheblichen Anlaß zu diesen Wirren haben gewisse Leute gegeben, die das Seil übermäßig strafften und es damit lieber zum Reißen bringen wollten, als es zu lockern und dadurch zu erhalten". Er zählt auf: Der Papst erhielt zu viel Macht; das Ablaßpredigen war zu einer schamlosen Beutelschneiderei geworden; die Verehrung der Heiligen wurde zum Aberglauben; die Kirchen waren vollgestopft mit Bildern; die Musik im Gottesdienst paßte eher zu einer Hochzeit oder einem Trinkgelage; die Messe wurde von gottlos lebenden Priestern zelebriert, die ihr Amt versahen, wie ein Schuhmacher sein Handwerk ausübt; die Beichte war zur Geldmacherei und Schürzenjägerei geworden; Priester und Mönche waren unverschämte Tyrannen (A 2205, 71–123). Der andere Brief, gleichfalls an einen Freund gerichtet, erklärt: „Nun stellst du mir vielleicht die Frage, ob ich nie eine gewisse Lust verspürt hätte, einer Partei beizutreten ... Manchmal, wenn ich für mich selbst die so perfide und halsstarrige Gemeinheit mancher Menschen überdenke, überkommt mich ein echt menschliches Gefühl des Verlangens nach Rache ... Aber schon bald weist der Geist dieses Begehren des Fleisches zurück: ‚Was bedeutet solch ein gottloser Gedanke? Erhebe doch nicht, um dich für die Falschheit der Menschen zu rächen, gewissenlos die Hand gegen deine Mutter, die Kirche, die dich durch das Heilige Bad als Kind Christi gebärt hat, die dich genährt hat durch das Wort Gottes, die dich durch so viele Sakramente hegt und pflegt'" (A 2136, 147–159).

Es erscheint keineswegs zufällig oder nebensächlich, daß Erasmus diesen zweiten Brief während seiner letzten Wochen in Basel verfaßte, den ersten fünf Monate später in Freiburg.

# XIII. Die Colloquia

Schon mehrfach wurden die *Colloquia*, Gespräche, erwähnt, im 16. und 17. Jahrhundert die bekannteste Schrift des Erasmus und zu seinen Lebzeiten gewiß eine der verrufensten Publikationen. Wir haben gesehen, daß die Sorbonne sich gierig auf die *Colloquia* stürzte und kaum ein gutes Haar an ihnen ließ. Bekannte Theologen dachten nicht anders. Der Dominikaner Ambrosius Pelargus, der mit Erasmus immerhin auf recht gutem Fuße stand, schrieb ihm: „Ich bin nicht gegen dein Vorhaben, aber ich bedaure das Ergebnis, wenn es denn wahr ist, was viele heilig versichern, daß ein Gutteil der Jugend durch deine *Colloquia* viel schlechter geworden ist... Man hätte wahrhaft eine andere und viel geschicktere Handlungsweise bedenken können, um die Jugend zu üben und die Sprachkenntnisse der Jüngeren zu fördern. Vor allem ein maßgebender Theologe sollte sich nicht auf ungebührliche Possenreißerei einlassen" (Bellaria G 2 a, b). Luther ist ein Herz und eine Seele mit Pelargus. Als 1533 die Einführung der *Colloquia* an der Schule von Wittenberg drohte, sagte er in einem Tischgespräch: „Wenn ich sterbe, will ich verbieten meinen Kindern, daß sie seine *Colloquia* nicht sollen lesen, denn er redet und lehret in denselbigen viel gottlos Ding unter fremden erdichten Namen und Personen, fürsetziglich die Kirch und den christlichen Glauben anzufechten. Mich zwar und andere Leute mach er verlachen und verspotten..." (WA Tr 1, 397, 15–18). Heftige Aufregungen, große Empörung!

Dennoch fing alles recht harmlos an. Um die Jahrhundertwende lebt Erasmus als armer Student in Paris. Um seinen Lebensunterhalt zu bestreiten, unterrichtet er junge Leute aus wohlhabenden Familien, und diese Tätigkeit zwingt ihn zum Nachdenken über die beste Methode, seinen Schülern die notwendigen Lateinkenntnisse beizubringen. Nicht durch endloses Grammatikstudium, erkennt er, sondern durch eine lebendige Behandlung in Gesprächen zwischen Lehrer und Schüler. Die Methode ist nicht unbekannt, aber Erasmus setzt sie auf eigene Weise ein. Zwanzig Jahre später, 1518, erscheint bei Froben in Basel ein Buch unter dem Namen des Erasmus, aber ohne dessen Wissen, mit Sprachübungen in Form einfacher Gespräche, wie er sie damals diktiert hatte. Erasmus ist nicht sehr glücklich über die Ausgabe. Es ist sein Werk, aber mit vielen Fehlern. Als er feststellt, daß sich das Buch gut verkauft, erarbeitet er selbst eine verbesserte Ausgabe, die in Löwen erscheint. Auch diese Edition wird sehr populär, und das ist erklärlich. Man findet darin beispielsweise zahlreiche Varianten möglicher Begrüßungsformeln, die rechte Art, sich nach der Gesundheit eines anderen

zu erkundigen, die lateinischen Bezeichnungen verschiedener Familienver-
hältnisse, Beispiele für korrektes und falsches Latein; kurzum, es handelt
sich um ein sehr praktisches Handbüchlein. Das hatte damals seine Bedeutung. Gebildete junge Menschen mußten das Lateinische nicht nur passiv
beherrschen, sondern es auch aktiv anwenden können. Erasmus ging davon
aus, daß Kinder im Alter zwischen sieben und acht Jahren mit Latein
beginnen konnten und der Lehrer vom ersten Augenblick an bestrebt sein
mußte, ein gutes Latein durch das Auswendiglernen viel benützter Wen-
dungen zu lehren. Erasmus weiß, daß Kinder gern und leicht lernen, vor
allem durch Nachahmung. Seine Methode zeichnet sich dadurch aus, daß er,
im Gegensatz zu vielen anderen, versucht, den Schülern Gefühl für den
Unterschied zwischen Latein und Küchenlatein beizubringen – Erasmus
selbst spricht in der Nachfolge von Lorenzo Valla von „Küchenmägde-
Eleganz" (ASD I, 3, 78, 60–61).

Die erwähnten Negativurteile beziehen sich nicht auf dieses wenig
prätentiöse Büchlein. Wie so oft bei Erasmus entdeckte dieser erst allmählich die Möglichkeiten, die in einer bestimmten Form steckten. Im März
1522 erschien eine vollständig überarbeitete, viel ausführlichere Ausgabe, in
der die einfachen Anweisungen nur den ersten Teil bilden; danach folgen
viel breiter angelegte Gespräche über die unterschiedlichsten Themen, meist
in Dialogform. Bereits wenige Monate später war eine Neuauflage fällig, mit
einigen neuen und ausgreifenden Gesprächen. Bis 1533 folgten elf weitere
offizielle Editionen, mit immer wieder neuen Zufügungen, bis schließlich 48
Stücke aufgenommen waren. In dieser Form haben die *Colloquia* ihre große
Popularität erworben, aber auch starke Gegnerschaft von sehr verschiedenen Seiten erfahren.

Das eine ist so selbstverständlich wie das andere. Bei den Gesprächen
handelt es sich fast ausschließlich um lebendige, nicht zu lange Stücke, in
denen die ganze Gesellschaft des 16. Jahrhunderts vorüberzieht: Der sogenannte adlige Junker, das herausgeputzte Bürgerfräulein, das keiner anderen nachstehen will, die Wallfahrer, die von den Führern an den heiligen
Stätten genasführt werden, der Sterbende, der von Abgesandten der verschiedenen Klosterorden belästigt wird, der Alchemist auf der Suche nach
dem Stein der Weisen, der Mann von zwölf Handwerken und dreizehn
Unglücken, das junge Mädchen, das dem verlebten, geschlechtskranken
Greis angetraut wird und so weiter und so fort. Natürlich gibt es auch
mißlungene Stücke, aber nur wenige. Die Gesprächspartner sind Typen,
keine Schablonen, Erasmus versteht sich darauf, genügend Überraschungen
einzubauen. Es fällt auf, daß fast nie Kinder in Erscheinung treten, dagegen
viele junge Menschen und ziemlich viele Frauen, die aller Konvention zum
Trotz oft sehr klug daherreden. Die Geistlichen, eher Ordensgeistliche als
Weltgeistliche, und die Klosterinsassen schneiden fast ausnahmslos schlecht
ab. Franz Bierlaire, der zwei schöne Bücher über die *Colloquia* geschrieben

hat, charakterisiert sie als Tischgespräche. Erasmus erwähnt selbst einmal die freimütigen, scherzhaften Gespräche bei Tisch, bei denen nichts und niemand ungeschoren blieb (ASD IX, 1, 172, 139–151). Er wandte an das Ganze nicht allzu viel Mühen, manchmal schrieb er drei Gespräche an einem Tag (ASD IX 1, 478, 987–988). Damit ist faktisch auch die Ursache für alle Angriffe gegeben. In der damaligen Gesellschaft nahmen die Kirche und ihre Diener einen hohen Rang ein, so privilegiert, daß die Verderbtheit kaum ausbleiben konnte. Während des ganzen Mittelalters findet man denn auch scharfe Kritik an allen Entartungserscheinungen innerhalb der Kirche. Die Kritik, die Erasmus und seine Zeitgenossen vorbrachten, hatte aber einen anderen Charakter. Sie impliziert nicht mehr die selbstverständliche Anerkennung der kirchlichen Gesamtstruktur, sondern stellt sich außerhalb des Bestehenden, urteilt und verurteilt aus der Distanz, kritisiert nicht nur Mißstände, sondern äußert Zweifel am Wesen der Institution. In den Augen vieler greift Erasmus damit auch die Religion im Kern an. Luther erfährt das nicht anders als Pelargus. Hinzu kommt noch die Form. Der erboste Dominikanertheologe Ambrosius Catharinus sagt von Erasmus nach dessen Tod, daß dieser „als erster die allerschlechteste Saat auf den Acker des Herrn gesät und dann gesagt habe: ‚Es war ein Spiel, eine Übung in Beredsamkeit, ich redete nicht im Ernst'. Das ist nichts anderes als zu sagen: Ich habe zum Spaß Gott gelästert, so daß er selbst auch aus Spaß von den Teufeln in die Hölle gestoßen wurde" (A 1804, 256 Anm.). Gerade diese Gesprächsform verschaffte Erasmus die Freiheit, eine Sache immer wieder von mehreren Seiten zu beleuchten. In einer Verteidigung bemerkte er: „Man geht ja schön mit mir um, wenn man mich für all das verantwortlich macht, was in den *Colloquia* scherzhaft oder im Ernst, in welcher Rolle auch immer, gesagt wird" (LB IX 1069 C). Das ist jeweils nur eine Seite des Problems, also ist Erasmus nicht verantwortlich für das, was seine Geschöpfe im einzelnen behaupten. Außerdem fühlt er sich erst dann ganz in seinem Element, wenn er verschiedene Aspekte einer Frage von verschiedenen Personen beleuchten läßt. Bei vielen Übereinstimmungen mit dem *Lob der Torheit* ist diese sicher wesentlich: In beiden Werken gibt Erasmus sich sehr engagiert, aber er ist Zuschauer, nicht Mitspieler.

Indessen darf man das Ganze nicht zu gewichtig nehmen. Die *Colloquia* waren in erster Linie für junge Leute gedacht und sollten Lateinkenntnisse vermitteln. Bierlaire (Les Colloques 123–147) hat eine beeindruckende Reihe von Städten und Gebieten aufgezählt, wo die *Colloquia* als Lehrstoff für die Schule vorgeschrieben wurden. Das beginnt schon 1523 und läuft weiter bis zum Ende des Jahrhunderts. Vor allem in England und im lutherischen Teil Deutschlands war der Einfluß der *Colloquia* groß; trotz Luthers Gegenattacke wurden sie 1533 in Wittenberg eingeführt. Aber auch in katholischen Gegenden war das Buch beliebt, etwa in Bayern, Spanien und Portugal. Als Erasmus starb, waren bereits an die hundert Ausgaben erschienen. Schon bald kamen auch eigens für die Schulen bestimmte Auswahlen heraus, es erschienen Übersetzungen und sogar eine Ausgabe, die so zurechtgestutzt war, daß katholische Schüler sie anstandslos benützen konnten; zu diesem Zweck wurde das Gespräch über leichtfertig abgelegte Gelübde zu einem Gespräch über gottesfürchtig abgelegte Gelübde umgearbeitet! Der Einfluß blieb nicht auf das 16. Jahrhundert beschränkt. Bekannt sind die Elsevierausgaben aus der 2. Hälfte des 17. Jahrhunderts: Hübsche Taschenbücher, gut gedruckt und großenteils zum Export von Amsterdam nach England bestimmt. Noch im 18. Jahrhundert erschienen zwanzig Ausgaben, vorwiegend für den Schulunterricht. Obwohl die *Colloquia* mit zahlreichen anderen Werken des Erasmus seit den vierziger Jahren auf vielen Indizes auftauchen, verwendeten verschiedene Schulen in katholischen Gebieten sie noch lange zu Unterrichtszwecken. Es gab sogar Ausgaben, in denen der Name des Erasmus nicht erwähnt wurde, offensichtlich, um Schwierigkeiten aus dem Weg zu gehen.

Warum die Schulen dieses Buch so schätzten, faßt ein Schulmeister aus dem südniederländischen Brügge vortrefflich zusammen. Ihm erscheinen die erneuerten *Colloquia* von 1522 für Jung und Alt gleichermaßen wichtig. Jedermann soll sie studieren und auswendig lernen. Schließlich möchte doch ein jeder, daß die Konversation, die wir zu allen Zeiten führen, klar und vollkommen ist. Durch die *Colloquia* wird, so verspricht er Erasmus, die Jugend von Brügge die beschlagenste der Welt werden, eine Freude für die Gebildeten und ein Ansporn für die Eltern (A 1286, 17–30). In seinem hochgestimmten Loblied bringt er die ehrliche Erwartung zum Ausdruck, die an Erziehung und vor allem an klassische Bildung geknüpft wird. Die Sprache ist kein bloßes Werkzeug, das Ziel heißt Erziehung zum Menschsein, wobei die Sprache als Brücke dient zwischen dem jungen Menschen und dem Ideal, von dem er erfüllt wird. Erasmus selbst drückt es 1524 in der Vorrede zur neuen Ausgabe der *Colloquia* unverblümt aus: Das Buch „hat viele zu besseren Latinisten und besseren Menschen gemacht". Literatur und rechtschaffener Lebenswandel stehen nicht nur nebeneinander, sie sind nahtlos miteinander verbunden (ASD I, 3, 124, 22–25).

Es ist unmöglich, alle Gespräche Revue passieren zu lassen. Statt dessen möchte ich einige auswählen, die diese Verbindung von Sprache und Kultur illustrieren. Zunächst *Der Abt und die gelehrte Frau* (ASD I, 3, 403–408). Auf den ersten Blick ein harmloses Stück. Das Gespräch beginnt damit, daß der Abt seine Verwunderung äußert über das Zimmer der Dame, es steht voller Bücher, außerdem sind es keine französischen sondern lateinische und griechische. Das Gespräch endet mit der Drohung der Frau – wahrscheinlich hat Margaret Roper, die gebildete älteste Tochter von Thomas More Modell gestanden –: „Wenn Ihr nicht auf der Hut seid, wird es noch so weit kommen, daß wir in den theologischen Schulen den Vorsitz führen, in den Kirchen predigen und Eure Mitren in Beschlag nehmen!" Eine solche Konzeption muß praktisch zur Ausformung zweier Typen führen, deren jeder eine feste Rolle spielt. Der Abt ist die personifizierte Dummheit, ein Freund der Jagd, des höfischen Lebens, des Trinkens, der groben Belustigung, des Geldes und der Ehre. Die Frau ist edel, gebildet, kultiviert und sieht überdies ein, daß es Aufgabe der Frau ist, den Haushalt zu führen und die Kinder aufzuziehen. Alle Elemente für ein Spektakelstück sind vorhanden, und dennoch weiß Erasmus dieser Gefahr zu entgehen.

Das erreicht er, indem er zu Beginn das Thema nennt. Der Abt sagt von oben herab, daß hochgestellte Frauen das Recht hätten, sich auf irgendeine Weise die freie Zeit zu vertreiben. Daraus entwickelt sich folgendes Gespräch: Magdalia: „Dürfen nur hochgestellte Frauen Verstand haben und ein angenehmes Leben führen?" Antronius: „Ihr stellt fälschlich Verstand haben und ein angenehmes Leben führen zusammen. Verstand haben ist nicht die Sache der Frau. Sache hochgestellter Frauen ist es, ein angenehmes Leben zu führen". M.: „Sollen nicht alle ordentlich leben?" A.: „Wahrscheinlich schon". M.: „Wie aber kann einer angenehm leben, der nicht ordentlich lebt?" A.: „Im Gegenteil, wie kann einer angenehm leben, der ordentlich lebt?" M.: „Ihr heißt also die gut, die böse, aber angenehm leben?" A.: „Ich glaube, daß jene ordentlich leben, die angenehm leben". Damit ist die Frage formuliert, die das ganze Gespräch durchzieht und von beiden Gesprächspartnern kontrovers beantwortet wird: Heißt ordentlich leben angenehm leben – oder heißt angenehm leben ordentlich leben? Der Abt müht sich ab, darzulegen, daß angenehm leben das höchste Gut ist. Darum duldet er bei seinen 62 Mönchen keine Gelehrsamkeit, nicht einmal Bücher in der Zelle: Das könnte sie rebellisch machen. Darum hat auch er selbst kein einziges Buch: Was sollte er damit anfangen? Eine Frau muß sich an den Spinnrocken halten, alles andere ist Unsinn. Bücher schenken keine Weisheit. Der Frau erscheint angenehm leben nur dann möglich, wenn es ordentlich leben bedeutet. Das ganze Gespräch wird auf diese Weise zu einem einzigen Mißverständnis. Der Abt versteht nichts von den Argumenten der Frau und begreift natürlich ebensowenig, wie dumm seine Antworten sind. Nur einmal schimmert etwas davon durch, wenn er ausruft: „Ihr scheint mir eine Sophistin zu sein, so spitzfindig redet Ihr". Sein männliches Selbstbewußtsein erlaubt ihm nicht, einzusehen, wie sehr die Rollen vertauscht sind: Der Abt ist der Frau in allen Belangen unterlegen. Wie im *Lob der Torheit* vertauschen Schein und Sein ihre Positionen, bis zuletzt die Frau die Wahrheit enthüllt. Nachdem sie vorhergesagt hat, daß die Frau in der Kirche die erste Geige spielen wird, ruft der Abt: „Das verhüte Gott!" Die Antwort lautet: „Es wird an Euch liegen, das zu verhüten. Denn wenn Ihr so weitermacht wie bisher, werden eher die Gänse predigen, als daß man Euch stumme Hirten länger erträgt. Ihr seht, daß die Bühne sich wandelt.

Entweder muß man abtreten oder seine Rolle spielen". Die Ursache dieser
Verkehrung liegt in der Bildung. Die Frau lernt Lateinisch, um sich „täglich
mit soviel Autoren zu unterhalten, die derart beredt, gelehrt, weise und
derart zuverlässige Ratgeber sind".

Erasmus läßt sich hier nicht über die Frage aus, was das für Autoren sind,
christliche oder auch nichtchristliche. Es gibt eine Passage in *Das geistliche
Gastmahl* (ASD I, 3, 251,610 – 254,712), wo er ausdrücklich auf das
Verhältnis zwischen antiker Bildung und christlichem Glauben, zwischen
antikem Gedankengut und christlicher Einstellung eingeht. Besteht ein
Unterschied zwischen dem Wort des Menschen und dem Wort des Christen?
In diesem Colloquium sitzt eine Anzahl Freunde in einem schönen, über-
sichtlichen Garten, ein wenig außerhalb der Stadt, beisammen. Man kann an
den Garten Frobens und an einige Menschen aus Basel und Umgebung
denken. Man schreibt das Jahr 1522, die Einheit des Basler Humanistenkrei-
ses ist noch nicht zerbrochen. Einer der Tischgenossen entschuldigt sich,
nach einem ausführlichen Gespräch über die Bedeutung eines Ausspruches
von Paulus, dafür, daß er etwas aus den ungeweihten Autoren anführen
will. Dann zitiert er einen Ausspruch Ciceros, wo dieser Cato den Älteren
sagen läßt: „Es reut mich nicht, gelebt zu haben, weil ich so gelebt habe, daß
ich glaube, nicht vergebens geboren worden zu sein. Und ich scheide aus
diesem Leben wie aus einer Herberge, nicht wie aus einem Haus . . . O welch
herrlicher Tag wird das sein, wenn ich zu jener Versammlung und Zusam-
menkunft der Geister aufbreche und aus diesem Getümmel und Gewühl
scheiden werde". Der Gesprächspartner fügt hinzu: „Kann ein Christ heiliger sprechen?" Ein anderer weitet das sogleich aus: Wie viele Christen
haben so gelebt, daß sie das Recht haben, diese Worte auf die Lippen zu
nehmen? Ein dritter zitiert als seinen Gesprächsbeitrag die Worte des
Sokrates: „Die Seele des Menschen liegt in diesem Leib wie in einer Feste,
aus der man nicht wegziehen darf ohne Erlaubnis des Befehlshabers und in
der man nicht länger verweilen darf, als es dem beliebt, der einen dorthin
gestellt hat". Stimmt das nicht völlig überein mit den Worten von Paulus
und Petrus, die beide diesen Leib als Zelt bezeichnet haben? „Was ruft uns
Christus anderes zu, als so zu leben und zu wachen, als ob wir sogleich
sterben, uns so zu den guten Dingen zu neigen, als ob wir immer leben
würden. Wenn wir jenes: O herrlicher Tag! vernehmen, meinen wir dann
nicht, Paulus selbst sprechen zu hören: Ich sehne mich danach, aufzubre-
chen und bei Christus zu sein?" Der erste Redner stimmt dem zu: In Catos
Worten schwingt ein gewisses Selbstvertrauen mit, das einem Christen
nicht geziemt. Laßt uns also auf das hören, was Sokrates sagte, ehe er den
Giftbecher leerte. Er weiß nicht, ob Gott gutheißen wird, was er verrichtet
hat, aber er ist voller Hoffnung, daß Gott mit seinen Anstrengungen vorlieb
nehmen wird. „Daher dünkt mich, daß ich bei den Heiden nie etwas gelesen
habe, das für einen rechten Christenmenschen besser paßte". „Wahrhaft

eine bewundernswerte Gesinnung", fällt prompt einer der Gäste ein, „bei einem, der Christus und die Heilige Schrift nicht kannte. Wenn ich derartiges von solchen Männern lese, kann ich mich kaum enthalten zu sagen: Heiliger Sokrates, bitte für uns!" Und ein anderer fällt ein: „Ich aber kann mich oft nicht enthalten, die heilige Seele eines Vergil oder Horaz selig zu preisen".

Diese Passage ist beredt, sie gibt genau an, welche Synthese Erasmus zwischen Glauben und Bildung, zwischen tiefer Bewunderung für das klassische Altertum und dem Ergriffensein von Christus gefunden hat. Sein Maßstab ist der christliche Glaube, und an diesem mißt er die Helden der Antike. Oft hat man die Dinge umgekehrt dargestellt: Christentum und Antike stünden gleichberechtigt nebeneinander, oder das Christentum sei nur die Ausformung eines heidnischen Inhalts. Aus diesem Colloquium geht hervor, daß das Verhältnis anders ist. Das Gespräch selbst handelt von Bibelaussprüchen und christlichem Glauben. Erasmus fügt diesen Teil dem Gesprächstext organisch ein. Es besteht ein Unterschied zwischen Cato und Sokrates einerseits sowie Bibelaussagen andererseits, eine absolute Trennung aber gibt es nicht. Erasmus zeigt in einem einzelnen Punkt die Realität dessen, was er im *Enchiridion* allgemein gefaßt hatte: „Bedenke, daß alles, was du, wo auch immer, an Wahrheit findest, von Christus ist" (LB V 9 DE). Im Menschenwort scheint etwas von Gott durch, ohne daß damit der Heide zum Christen gemacht wird. Vielmehr liegt der Akzent auf der Wirkung von Gottes Geist, breiter als man gemeinhin begreift (vgl. S. 77–78, 95). Wenn sich zu Beginn des hier behandelten Gesprächsteils der erste Redner dafür entschuldigt, daß er einen ungeweihten Autor zitieren wird, sagt der Gastgeber: „Im Gegenteil, nichts was fromm ist und zu guten Sitten beiträgt, soll man ungeweiht nennen. Der Heiligen Schrift gebührt zwar überall das höchste Ansehen, gleichwohl stoße ich bisweilen teils auf Aussprüche der Alten, teils auf Schriften der Heiden, selbst von Dichtern, die so rein, so ehrwürdig und so vortrefflich sind, daß ich nicht glauben kann, daß ihren Geist, als sie das schrieben, nicht irgendeine gute Macht lenkte. Und vielleicht ergießt sich der Geist Christi weiter, als wir zu erkennen meinen. Auch in der Gemeinschaft der Heiligen gibt es viele, die bei uns nicht auf dem Kalender stehen". Der letzte Satz weist in dieselbe Richtung wie das „Sancte Socrates, ora pro nobis", jene Äußerung des leichtfüßigen Ernstes, der Erasmus auszeichnet.

Nirgends tritt seine Hochschätzung der Sprachen so unverhüllt zutage wie in *Reuchlins Himmelfahrt* (ASD I, 3, 267–273), ein Stück, das Erasmus unmittelbar im Anschluß an die Nachricht von dessen Tod verfaßt hatte. Der wichtigste Teil schildert einen Traum, den ein frommer Franziskaner in Tübingen im Augenblick von Reuchlins Sterben träumte. Er sah, wie Reuchlin mit dem hebräischen Friedensgruß die Brücke von dieser Welt zu einer lieblichen, grünen Wiese überschritt, gekleidet in ein leuchtend weißes

Gewand, im Abstand gefolgt von großen schwarzweißen Vögeln – die
Farben des Habits der Dominikaner, die ihn so unerbittlich verfolgt hatten
und vor denen er nun sicher war. Drüben angekommen, wird er von
Hieronymus, der nicht wie auf den bekannten Abbildungen in Kardinals-
tracht und in Begleitung des Löwen, sondern in einem kristallenen Gewand
erscheint, mit den Worten empfangen: „Sei gegrüßt, heiligster Kollege".
Darauf öffnen sich die Himmel, die göttliche Majestät erscheint, und die
beiden Gefährten werden in den Himmel aufgenommen. Das Colloquium
endet mit dem Gebet, das der Berichtende schon vor Reuchlins Tod verfaßt
hatte: „O Gott, der du das Menschengeschlecht liebst und der du die Gabe
der Sprachen, womit du einst deine Apostel zur Verkündigung des Evangeliums durch deinen Heiligen Geist vom Himmel her ausgestattet hattest,
durch deinen auserwählten Diener Johannes Reuchlin für die Welt erneuert
hast, gib, daß alle in allen Sprachen überall die Ehre deines Sohnes Jesus
verkünden".

Schließlich sei noch ein Beispiel für die Verbindung von Sprachen und
christlichem Glauben für die Zeit des Erasmus beigefügt. In verschiedenen
Gesprächen nimmt Erasmus zu den brennenden Fragen seiner Zeit Stellung.
Er versucht dabei, zum Kern des Problems vorzudringen, aus einer biblischen Argumentation heraus und ohne Theologenjargon. Auf diese Weise
übersetzt er theologische Fragestellungen und entwickelt dadurch eine neue
Form der theologischen Darstellung. Selbstverständlich ist damit häufig
Kritik an der offiziellen Theologie verbunden. Ein deutliches Beispiel bietet
die bekannte *Glaubensprüfung* aus der Ausgabe von März 1524 (ASD I, 3,
363–374), wo ein Lutheraner von einem anderen – vielleicht Luther von
Erasmus – verhört wird. Das geschieht anhand des Apostolischen Glaubens-
bekenntnisses, und es stellt sich heraus, daß der Lutheraner diesem in jeder
Hinsicht beipflichtet, so daß der Frager sich am Schluß verwundert erkun-
digt, warum denn Krieg zwischen Lutheranern und Orthodoxen herrsche
(vgl. S. 119). Kein Wunder, daß man Erasmus die Veröffentlichung dieses
Stückes außerordentlich verübelt hat.

Als glänzendes Beispiel mag *Das Fischessen* (ASD I, 3, 495–536) aus der
Ausgabe von 1526 dienen. Das Stück ist aus dem Leben gegriffen, ein
Gespräch zwischen einem Fischhändler und einem Metzger. Der Leser sieht
den Fischhändler vor sich: Er schneuzt sich die Nase in den Ellbogen, zeigt
sich wenig betroffen von dem Vorwurf, daß unlängst nach dem Genuß einer
Fischpastete neun Menschen gestorben seien: Betriebsunfälle sind unvermeidlich. Er ist allerdings so schlau, zu hoffen, daß die Kirche eines schönen
Tages das Fischessen verbieten wird: Das kann dem Verkauf nur zugute
kommen. Der Metzger lenkt das Gespräch, aber der Fischhändler ist kein
Dummkopf, so daß von beiden Seiten gute Argumente ins Spiel gebracht
werden. Hauptsache sind natürlich die jährlichen Fasten und das damit
verbundene Fischessen, von dem Erasmus überzeugt war, daß es ihn jedes

Jahr aufs neue an den Rand des Grabes brachte. In diesem Zusammenhang kommen natürlich auch die kirchlichen Gebote ganz allgemein zur Sprache. Man kann auch sagen: Der Autor setzt die theologischen Diskussionen in eine allgemeinverständliche Sprache um und wählt seinen Ausgangspunkt im Alltagsleben. Erasmus plädiert, wie so oft, für die Milde: Warum soll ein Christ mit härteren Gesetzen belegt werden als früher die Juden? Ein neues Argument ist für ihn die Neue Welt, die seit kurzem entdeckt ist. Von dort schleppt man Beute an, aber von einer Einführung des Christentums in diese Gebiete hat er noch nichts gehört. Was für eine Gelegenheit, gerade dort zu zeigen, daß Christ-Sein Glaube und Liebe bedeutet, nicht aber strenges Reglement (ASD I, 3, 504, 336–505, 356). In einem bestimmten Augenblick fragt der Metzger, ob alle päpstlichen und bischöflichen Gesetze in der Kirche bindend seien. Die Antwort lautet: Ja. Im weiteren Verlauf des Gesprächs wird bald deutlich, daß das zu kühn gesprochen ist, denn die Beschlüsse einiger Päpste wurden durch die Nachfolger außer Kraft gesetzt. Daraus entwickelt sich folgender Dialog: Der Metzger: „Hat Petrus also die Gewalt gehabt, neue Gesetze aufzustellen?" Der Fischhändler: „Ja". M.: „Haben auch Paulus und die anderen Apostel sie gehabt?" F.: „Ein jeder hat sie in seinen Kirchen gehabt, die ihm von Petrus oder Christus anvertraut worden waren". M.: „Haben die Nachfolger Petri auch die gleiche Gewalt wie Petrus selbst?" F.: „Warum nicht?" Ein braver Dialog, der mit der Frage fortgesetzt wird, ob es noch einen Autoritätsunterschied zwischen den Gesetzen des Papstes und denen der Bischöfe gebe. Überraschend kommt plötzlich die Frage des Metzgers, die zum Grund durchstößt: „Wenn die Vorschriften der Prälaten solche Gewalt haben, was bedeutet es dann, daß der Herr in Deuteronomium so streng droht, es dürfe niemand zum Gesetz etwas hinzufügen oder etwas davon wegnehmen?" Der Fischhändler ist nicht mit einer Frage zu fangen: Es handelt sich nicht um die Veränderung des Gesetzes, sondern um eine weitere oder engere Auslegung, je nach den zeitlichen Umständen. Der Metzger fährt fort: Hat die Auslegung also mehr Autorität als das Gesetz? Als der Fischhändler das nicht versteht, präzisiert er: „Das Gesetz Gottes gebietet, daß man den Vater unterstützt. Der Pharisäer legt das so aus, daß man das dem Vater gibt, was man in den Klingelbeutel wirft, denn Gott ist unser aller Vater. Muß das göttliche Gesetz dieser Auslegung nicht weichen?" Der Fischhändler protestiert: „Das ist nun freilich eine falsche Auslegung". Der Metzger: „Aber wenn ihnen einmal die Befugnis zur Auslegung übertragen worden ist, wie soll ich da feststellen, wessen Auslegung die richtige ist, besonders wenn sie selbst untereinander nicht einer Meinung sind?" Er erhält den Rat, auf das Wort der Bischöfe zu hören, aber das reicht ihm nicht. Auch der Ratschlag, dem Doktor der Theologie zu folgen, sagt ihm nicht zu: Oft sind sie dümmer als die Ungebildeten, und niemals sind sich die Gelehrten einig. Schließlich fällt der Fischverkäufer ein salomonisches Urteil: „Wähle das Beste aus. Unklare

Sachen überlaß anderen und halte dich immer an das, was die Obersten und die Übereinstimmung der Masse gebilligt haben" (ASD I, 3, 507, 441–510, 532). Selbst heute noch kann man sich vorstellen, mit welcher Spannung Menschen, für die das Lebensfragen waren, eine solche Diskussion gelesen haben. Nicht zu Unrecht: Der Kenner entdeckt hier die Disputationen des Spätmittelalters – zum Beispiel den kurz vorher veröffentlichten Traktat von Wessel Gansfort über die kirchliche Befugnis – mühelos wieder.

Im Jahre 1526 sah Erasmus sich gezwungen, einer neuen Ausgabe der *Colloquia* eine Verteidigung hinzuzufügen. Darin charakterisiert er sein Werk folgendermaßen: „Sokrates hat die Philosophie vom Himmel auf die Erde gebracht, ich habe die Philosophie auch zum Spiel, zum Gespräch und zum Trinkgelage gebracht. Auch der Scherz von Christen sollte nach Philosophie schmecken" (ASD I, 3, 746, 179–181). Viele Generationen haben es ihm gedankt.

# XIV. Um die Einheit der Gesellschaft

Die letzten sieben Lebensjahre des Erasmus, vom Umzug nach Freiburg im April 1529 bis zu seinem Tod in der Nacht vom 11. auf den 12. Juli 1536 wurden ihm schwer. Er litt schon jahrelang an Fieberanfällen, Nierensteinen und Gicht, nun wurden die körperlichen Beschwerden immer gravierender. In Freiburg fühlte er sich völlig deplaziert, trotz der Ehrenerweise, die man ihm entgegenbrachte. Es war für ihn eine große Erleichterung, als er im Mai 1535 nach Basel zurückkehren konnte. Freunde in Rom, in England, Frankreich, Deutschland und Polen starben; Erasmus vereinsamte, eine natürliche Folge des Alters. More und Fisher wurden hingerichtet, Feinde landeten auf hohen Posten, überall intrigierte Aleander gegen ihn. Erasmus büßte auch einen Teil seiner geistigen Energie ein. Er stellte selbst fest, daß er nur noch wenig schaffen konnte, und spürte, daß er von anderen abhängig wurde. Allerdings war er stolz auf den noch immer guten Verkauf seiner Schriften (A 2798, 37–39), aber es klingt beinahe bemitleidenswert, wenn er schreibt, daß er für nichts anderes mehr tauge als fürs Studieren (A 2651, 26–28). Er konnte sich nur auf sich selbst zurückziehen mit den Büchern als Trost (A 2795, 1–11). Er wurde mißtrauischer denn je, und selbst der ihm 1535 unter der Hand angebotene Kardinalshut schenkte ihm wenig Genugtuung, wenn er sich auch etwas geschmeichelt fühlte: „Die Katze muß, wie man sagt, in Gala gesteckt werden" (A 3048, 92).

Es gab eine tieferliegende Ursache der Sorge: Die Welt in ihrer augenblicklichen Entwicklung. „Wenn ich im voraus gewußt hätte, daß dieses Geschlecht heraufkommen würde, hätte ich vieles von dem, was ich geschrieben habe, nicht oder anders geschrieben" (A 2892, 51–53). Diese Reaktion war nicht zuletzt eine übliche Alterserscheinung, aber an seinen Schriften aus jenen Jahren läßt sich das Maß seiner Besorgnis ablesen. Natürlich ängstigte sich Erasmus um seine persönliche Situation; das war auch gar nicht anders möglich bei einem Egozentriker, wie er einer war. Was ihn aber traf war der Zerfall der Gesellschaft, der Gemeinschaft des christlichen Europas. Wir können uns kaum vorstellen, wie der Zeitgenosse die Periode um 1530 erlebte. Retrospektiv sprechen wir von „Reformation" oder „Glaubensspaltung" und denken dabei in erster Linie an ein kirchliches Phänomen, das möglicherweise Rückwirkungen auf breiterer gesellschaftlicher Ebene zeitigt. Für viele, die diese Zeit erlebten, ging eine Welt zugrunde, es vollzog sich eine totale Desintegration der bestehenden Ordnung. Der Bauernkrieg in den Jahren 1524 und 1525 war für diese Menschen

eine traumatische Erfahrung. Untertanen im Aufstand, niedergebrannte
Burgen, geistliche und weltliche Herren zu einem Pakt mit Leuten niedrig-
ster Art gezwungen, geplünderte Klöster, geschändete Nonnen, selbst
ehemalige Priester, die den Aufrührern Hand- und Spanndienste leisteten.
Für Anhänger der alten Kirche ließen sich diese Ereignisse nicht von dem
Aufstand gegen die Bischöfe und den Papst trennen, eine Erhebung, die die
ganze festgefügte Struktur zerbrach. Auch Erasmus hat die Ereignisse in
dieser Weise erlebt. Die ganze Gesellschaft stand für ihn auf dem Spiel.
Schon beim allerersten Auftreten Luthers hatte ihn das mit Sorge erfüllt,
aber die Wirklichkeit der zwanziger Jahre übertraf seine schwärzesten
Erwartungen. Er steht in diesen Jahren vor der Frage: Läßt sich noch etwas
von der alten Welt, von der Gemeinschaft des christlichen Europa, von der
bestehenden Kultur retten? Das beginnt nicht erst während der Freiburger
Jahre, man kann es seit Mitte der zwanziger Jahre feststellen, und zwar aus
guten Gründen. Es ist die Zeit des Bauernkriegs, in diesen Jahren beginnt
Erasmus sich aber auch darüber klar zu werden, daß der Bruch zwischen den
Anhängern Luthers und der bestehenden Kirche fast unheilbar geworden
ist, gleichzeitig konstatiert er die Feindseligkeit zwischen Luther und den
Schweizer Reformatoren. Der Höhepunkt aber liegt in den dreißiger Jahren.

Dabei ist es für Erasmus eine Selbstverständlichkeit, daß die Gesellschaft
einen christlichen Charakter hat; er kann sich keine andere als eine christliche Kultur vorstellen. Bei aller Verehrung der antiken Kultur ist für
Erasmus die Welt seiner Zeit nur dann wertvoll, wenn Christus ihr Mittelpunkt ist. Im Vorwort des *Enchiridion* hatte er dies dargelegt (vgl. S. 73–74),
und auch jetzt hält er daran fest. Entgegengesetzte Tendenzen lehnt er
entschieden ab, am deutlichsten im *Ciceronianus* (ASD I, 2, 581–710),
einem Dialog aus dem Jahr 1528. Es ist eine merkwürdige Schrift, die
deutlich in zwei Teile zerfällt. Das erste Stück zeichnet einen Eiferer für
Sprache und Stil Ciceros, die dieser integral auch in das 16. Jahrhundert
übernehmen will. Neben seinen Gesprächspartnern ist er eine Karikatur.
Kein Wort oder keine Wortform wird niedergeschrieben, die nicht bei Cicero
zu finden ist. Er spricht ungern Lateinisch und führt, wenn es unvermeidlich
ist, eine Anzahl von Standardsätzen im Mund, um so gut wie möglich der
Gefahr einer unreinen Sprache zu entgehen. Einer der beiden anderen
Gesprächspartner findet ein solches Streben unsinnig: Die Welt hat sich seit
Ciceros Zeiten völlig verändert, schon allein deswegen kann man Ciceros
Latein nicht imitieren. Der zweite Teil bringt zunächst eine kurze Übersicht
über die klassischen und nachklassischen lateinischen Autoren, danach eine
ausführliche und manchmal amüsante Besprechung der Qualitäten der
wichtigsten zeitgenössischen Humanisten und ihrer Vorgänger (ASD I, 2,
656, 34–710, 3). Dieser letzte Teil hat Erasmus viele Kalamitäten eingetra-
gen: Wer nicht genannt war, fühlte sich übergangen; wer dagegen genannt
war, suchte vergeblich die volle Würdigung seines Genies. Der einzige, der

nicht protestierte, war Erasmus, und das obwohl er als Vielschreiber dargestellt wurde, der nicht gebiert, sondern abortiert: „schreiben ist etwas
anderes, als zur Zunft der Schreiber zu gehören" (ASD I, 2, 681, 4–5).

Mitten in dieser Schrift steht eine ausführliche Passage, in der Erasmus
seine Sorge äußert über die Neigung, durch den Sprachgebrauch einer
vorchristlichen Welt heidnische Inhalte einzuführen. Er beginnt mit dem
Beispiel des Redners in Rom, dessen Predigt er am Karfreitag 1509 ge-
hört hatte (vgl. S. 34). Bei ihm war Christus zu einer griechischen oder
römischen Heldengestalt geworden, aber es fehlte jedes Wort über unsere
Schuld, unsere Erlösung von der Macht des Teufels oder unser Sterben mit
Christus. Erasmus war elend zumute, als die Triumphe der römischen
Helden mit dem Triumph des Kreuzes verglichen wurden: „So römisch
redete dieser Römer, daß ich über den Tod Christi nichts zu hören bekam"
(ASD I, 2, 639, 9–10). Erasmus zog über die törichte Mode her, christliche
Inhalte in klassischen lateinischen Umschreibungen wiederzugeben. Es ist
schlimmer als das, es ist Heidentum, wenn ein Mensch lieber „Sokrates,
Sohn des Sophroniskos" hört, als „Jesus, Sohn Gottes und Gott". Er äußert
sich scharf: „Heidentum ist es, glaube mir... Heidentum ist es... Christen
sind wir nur dem Namen nach. Nur unser Leib ist mit dem heiligen Wasser
der Taufe in Berührung gekommen, unsere Seele ist davon unberührt
geblieben". Kein Name ist lieblicher als der Jesu, „so mild und so gütig, daß
es auch im bittersten Leid noch Trost und Linderung bringt, wenn man den
Namen Jesu aus tiefster Seele ausspricht" (ASD I, 2, 645,16 – 646,3).

Gerade weil der christliche Charakter der Gesellschaft für Erasmus eine
selbstverständliche Voraussetzung ist, wird es zur brennenden Frage, ob
deren Einheit noch irgendwie zu retten ist. Diese Frage beherrscht sein
Denken in den letzten zehn Lebensjahren. Nach seiner Überzeugung ist der
alte Weg einer gewaltsam erzwungenen Einheit in der jetzigen Situation
nicht mehr gangbar. Im Lauf der Jahre fesseln verschiedene Aspekte seine
Aufmerksamkeit: Die Ketzerverfolgung, die Möglichkeit einer konfessionellen Pluralität innerhalb eines Staatssystems, die Aufrechterhaltung der
Einheit bei unterschiedlicher Ausformung des kirchlichen Lebens. Als erstes
stellt sich die Frage der Ketzerbekämpfung. Für viele war es eine einfache
Angelegenheit. Man wahrt die Einheit der Kirche, indem man Ketzer aus der
Gesellschaft entfernt. Menschen unter Anklage der Ketzerei werden durch
kirchliche Instanzen beurteilt. Ist ihre Schuld erwiesen, werden sie dem
weltlichen Arm übergeben, der sie hinrichtet. Erasmus bezweifelt stark, ob
dies der richtige Weg war. Nicht daß er unter allen Umständen von der
Gesellschaft Neutralität oder in abstracto Freiheit der Überzeugung forderte, selbst wenn diese die Grenzen des christlichen Glaubens weit überschritt. Er fürchtete das Heidentum und stellte beunruhigt fest, daß in Basel
„ein derartiger Unhold" verbrannt wurde (ASD IX, 1, 378, 116–117), ein

Mann, der nicht an das Evangelium glaubte, Beten für schädlich hielt, Christus nicht als Gott und Mensch verehrte und so weiter. Seine Beunruhigung galt der Tatsache, daß solche Leute es in der allgemeinen Verwirrung wagten, ihren Mund zu öffnen, nicht etwa der Hinrichtung. Aber es geschahen andere Dinge. Wohlanständige Menschen, in derselben sozialen Position wie er, wurden angeklagt und verbrannt. Sie hatten sich keiner abscheulichen Blasphemie schuldig gemacht, sondern „in dubiosen und kontroversen, sogar unbedeutenden Dingen" (LB IX 1056 F) ein wenig anders gedacht als ihre Ankläger. 1523 wurden erstmals Anhänger Luthers hingerichtet: Zwei Augustiner verbrannten in Brüssel auf dem Scheiterhaufen. Werke von Erasmus selbst wurden 1526 und 1527 offiziell verurteilt, und zwar durch die Sorbonne. Nun hatten die Worte „Ketzerei" und „Ketzer" eine ganz andere Bedeutung bekommen als in jenen Tagen, da sein Freund Andrea Ammonio aus London ihm in unbeschwertem Ton von Ketzerverbrennungen berichten konnte. „Es wundert mich nicht, daß der Holzpreis gestiegen ist. Täglich bringen viele Ketzer uns ein Brandopfer dar, es werden noch mehr folgen" (A 239, 37–38). Das war 1511, und Erasmus antwortete mit derselben Sorglosigkeit: Er pfeife auf Ketzer, jetzt schon gar, wo der Winter vor der Tür stehe (A 240, 38–39). Nun aber war es nicht nur für einfache Gemüter wie den Bruder von Ammonios Diener blutiger Ernst geworden.

Unter diesen düsteren Umständen sah sich Erasmus zu einer Besinnung über die Ketzerverfolgung gezwungen. Anlaß dazu bildete ein Abschnitt aus seiner *Paraphrase* von Matthäus aus dem Jahre 1522. Dort hatte er das Gleichnis vom Unkraut im Weizen aus Matthäus 13 behandelt, das bereits seit 1100 Jahren in der Frage der Ketzerverfolgung eine Rolle spielte. Das Unkraut darf durch die Knechte nicht ausgerottet werden, es bleibt inmitten des Kornfelds bis zur Ernte stehen. Erasmus hatte sich die Bemerkung erlaubt, Gott wolle nicht, daß die falschen Apostel und Ketzer getötet, sondern vielmehr, daß sie geduldet würden bis zum Tag der Ernte. Natalis Beda und die spanischen Mönche (vgl. S. 136–140) hatten sich seiner Auslegung heftig widersetzt. In zwei Verteidigungen aus den Jahren 1527 und 1528 (LB IX 580 C–583 F, 1054 B–1060 A), die beide auf das gleiche hinausliefen, gab sich Erasmus Rechenschaft über die Frage, welche Haltung die Gesellschaft heute einnehmen sollte. Eine erste gedankliche Linie ist ein Vergleich der heutigen Praxis mit der Zeit Christi und der Apostel, eine der Konstanten in seinem Denken. In diesem Punkt ist er äußerst bestimmt. Christus und seine Schüler waren die Milde par excellence, und bis zum Jahr 800 galt als strengste Bestrafung die kirchliche Exkommunikation, der Ausschluß aus der kirchlichen Gemeinschaft. Auch Augustinus, der nach anfänglicher Ablehnung die Ketzer schließlich doch bestrafen wollte, hatte nie mehr gefordert als die Bestrafung durch die Obrigkeit; er hatte sich sogar ausdrücklich gegen die Tötung der Donatisten ausgesprochen, obwohl diese nicht nur Ketzer, sondern auch Mörder waren. Als zweites verlangt Erasmus eine klare Trennung zwischen der Aufgabe der Bischöfe und Theologen und jener der Obrigkeit. Der Bischof muß lehren, verbessern, heilen und, in letzter Instanz, exkommunizieren. Die Obrigkeit darf sich nicht, wie es heute geschieht, auf das Urteil von Theologen und Mönchen verlassen, sondern sie muß eine selbständige Untersuchung vornehmen. Eine dritte Konstante ist die Standortbestimmung des Erasmus hinsichtlich der Aufgabe der Fürsten. Er wahrt in diesem Punkt eine gewisse Zurückhaltung: „Ich sporne die Fürsten nicht zum Töten von Ketzern an, rate ihnen aber ebensowenig davon ab. Ich zeige, was das priesterliche Amt enthält" (LB IX 582 F). Doch geht er davon aus, daß Fürsten nicht vorschnell nach dem Schwert greifen sollen, „wenn man diejenigen, die gesündigt haben, auf andere Weise heilen kann" (LB IX 580 F).

Von unmittelbarer Bedeutung für die Praxis ist seine Bemerkung: „Wenn die Situation in Aufruhr und Tumult mündet und beide Parteien lauthals versichern, die katholische Kirche zu verteidigen, muß der Fürst, solange der Fall nicht hinreichend untersucht ist, beide Parteien zur Ruhe bringen. Was spricht eigentlich dagegen, daß der Fürst Ketzer, die die öffentliche Ordnung stören, aus dem Wege räumt?" (LB IX 581 AB). Völlig klar ist diese Aussage sicherlich nicht, aber jedenfalls macht sie deutlich, daß Erasmus den Kern des Problems erkannte. Man lebte nicht in einer Situation, in der ein Individuum eigene Meinungen äußerte, die von der Gemeinschaft geprüft werden konnten. Heute stand Gruppe gegen Gruppe, jede war von ihrem eigenen göttlichen Recht überzeugt. Bei dieser Konstellation empfahl Erasmus ein zurückhaltendes Auftreten der Obrigkeit, die in erster Linie für die öffentliche Ordung zu sorgen hatte. Ist das ein Plädoyer für Toleranz? Sebastian Castellio hat in seinem berühmten, 1554 nach der Hinrichtung Servets herausgegebenen Buch *De haereticis an sint persequendi*, Müssen Ketzer verfolgt werden?, ausführliche Passagen aus beiden Schriften aufgenommen, und das zurecht. Die Frage der Toleranz bleibt nicht über alle Zeiten hin konstant. Unter den herrschenden Umständen waren die Auffassungen des Erasmus, auch wenn diese sich eher gegen eine entartete Anwendung der Regeln als gegen die Verfolgung von Ketzern überhaupt richteten, ein Plädoyer für Toleranz.

In der oben zitierten Äußerung über die Aufgabe des Fürsten begegnet uns bereits ein weiterer Fragenkomplex, der um die Einheit der christlichen Gesellschaft kreist. Die Frage des Erasmus lautet nun: Besteht eine Möglichkeit, die Einheit zu retten unter Anerkennung der bestehenden Unterschiede? Dieser Ansatz taucht zum erstenmal in einem Brief an Johannes Fabri auf, kurz bevor dieser 1526 im Auftrag von König Ferdinand, dem Bruder Karls V., der Disputation von Baden beiwohnte. Dort sollte, wie man erwartete, die Entscheidung über die kirchlichen Zwistigkeiten in der

Schweiz und damit auch über den Fortbestand der Eidgenossenschaft als Einheit fallen. Das Schreiben des Erasmus macht deutlich, daß er nicht nur an die Schweiz, sondern ebenso an Deutschland denkt, er bietet den Fürsten seinen Rat an. Inmitten unausführbarer Ratschläge taucht auf einmal die Empfehlung auf: „Und vielleicht wäre es besser, in den Gebieten, in denen das Übel die Oberhand gewonnen hat, zu erreichen, daß beiden Parteien ein Platz zugewiesen wird und jeder seinem eigenen Gewissen überlassen wird, bis die Zeit die Möglichkeit zur Eintracht bringt" (A 1690, 107–110). Ferner müssen Tumulte streng bestraft und die Ursachen des Übels korrigiert werden. Das ist ein Wendepunkt im Denken des Erasmus. Konkret heißt das nichts anderes als die Anerkennung religiöser Pluralität innerhalb eines Staatssystems, wenn auch noch ausschließlich in jenen Gebieten, die protestantisch sind oder zu werden drohen.

Seither taucht diese Idee von Zeit zu Zeit in den Briefen des Erasmus auf, so 1529 in einem Brief an keinen Geringeren als Anton Fugger, den einflußreichen Bankier: Ein gewisses Gleichgewicht zwischen den Parteien erscheint ihm wünschenswert (A 2192, 125–131). Ganz ausdrücklich gibt er diese Empfehlung während des Reichstags von Augsburg, 1530. Erasmus war sich des kritischen Augenblickes bewußt: Nun sollten Verhandlungen zwischen Evangelischen und Anhängern der alten Kirche stattfinden, Beratungen, die die Zukunft Deutschlands bestimmen würden. Gab es eine Chance, die Einheit der christlichen Welt wiederherzustellen? Er sah keine Perspektive in harten Maßnahmen und vernahm, daß in Augsburg viele ähnlich dachten, daß auf beiden Seiten neben allen Scharfmachern auch Menschen anwesend waren, die um jeden Preis einen Krieg verhindern wollten.

Melanchthon etwa schrieb klar und deutlich, daß die Protestanten Frieden unter ehrlichen Bedingungen wünschten, und bat ihn, beim Kaiser seinen Einfluß geltend zu machen, um einen Krieg zu verhindern (A 2357, 6–23). Man lud ihn sogar von verschiedenen Seiten ein, nach Augsburg zu kommen. Davon versprach er sich nichts. Wichtig sind aber seine Briefe an Lorenzo Campeggio, der als päpstlicher Legat eine bedeutende Rolle auf dem Reichstag spielte. Schon in einem ersten Brief riet Erasmus ihm dasselbe, was er im Jahr zuvor an Fugger geschrieben hatte: Aufrechterhaltung des status quo ist das beste; zum allgemeinen Erstaunen war bislang kein Krieg ausgebrochen, und der Handelsverkehr lief ungestört weiter (A 2328, 79–86). In einem zweiten Brief wurde er konkret. Luther müsse man aus allem heraushalten, Zwingli, Oekolampad und Capito sollten weggeschickt werden, und vielleicht könne man etwas für die Wiedertäufer erreichen: Die waren verblendet, aber es gab gute Menschen unter ihnen (A 2341, 8–18). Im August schrieb er einen sehr offenherzigen Brief. Erst skizzierte er die Lage. Die habsburgischen Erblande waren von den Kriegen des Kaisers ausgelaugt, die Evangelischen bildeten von den Hansestädten bis zur

Schweiz eine wuchtige Unglückskette. Der Kaiser sollte sich auch nicht durch den Papst leiten lassen. „Ich kenne und verabscheue die Frechheit der Führer oder der Anhänger der Sekten, aber bei Lage der Dinge muß man mehr darauf achten, was die Ruhe der Welt erfordert, als was der Frevel jener verdient ... Wenn man unter bestimmten Bedingungen die Sekten bestehen ließe – wie man bei den Böhmen ein Auge zudrückt –, so würde das gewiß ein schweres Unheil sein, aber doch erträglicher als Krieg – noch dazu ein solcher Krieg!" (A 2366, 37–39. 54–55). Ein wichtiger Unterschied zu seinem Rat an Johannes Fabri besteht darin, daß er nun an eine Duldung der Evangelischen im Reich denkt. Ein merkwürdiges Zusammentreffen: Gerade dieser vertrauliche Brief wurde abgefangen und einige Male lateinisch und in deutscher Übersetzung gedruckt.

Nach dem Reichstag läßt Erasmus diese Idee fallen. Der Verlauf der Beratungen, über die er gut informiert war, machte deutlich, daß solche Pläne sich nicht realisieren ließen. Allmählich reifte ein anderer Gedanke heran, den er schließlich 1533 in seinem *Liber de sarcienda ecclesiae concordia*, Wiederherstellung der Eintracht der Kirche, formulierte (LB V 469–506). Die Schrift ist ein Kommentar zu Psalm 83 (84), wie er sie seit 1515 verschiedentlich verfaßt hatte (vgl. S. 93). Der größte Teil enthält denn auch eine weitläufige Auslegung dieses Psalms mit einigen indirekt gegen die Evangelischen gerichteten Bemerkungen. Der letzte Teil (LB V 497 F–506 D) besteht aus Bemerkungen über die Einheit der Kirche, die nach seiner Meinung in diesem Psalm zur Sprache kommt. Sein Ausgangspunkt ist einfach: „Derjenige der sich von der Gemeinschaft der Kirche absondert und zu einer Ketzerei oder einem Schisma übergeht, ist schlechter als der, der ohne Schändung der Dogmen unrein lebt" (LB V 498 B). Im Lauf der Jahrhunderte haben sich viele Mißstände in die Kirche eingeschlichen; diese sollten nach und nach und möglichst ohne Aufregung ausgeräumt werden. Noch immer hielt er das für möglich: „Diese Krankheit ist noch nicht so ernst geworden, daß sie unheilbar wäre" (LB V 499 D). Wie sollte sie geheilt werden? Auf den letzten Seiten gab Erasmus seinen ausführlichen Rat. Hinsichtlich der Lehre war dieser sehr summarisch. Er berührte lediglich die Frage der Willensfreiheit, und die war ganz besonders leicht zu lösen: Es war doch klar, daß Glaube und gute Werke gleichermaßen notwendig waren und sich gegenseitig ergänzten? Eingehender beschäftigte er sich mit den Zeremonien. So besprach er die Fürbitte für die Verstorbenen, die Anrufung der Heiligen, die Reliquienverehrung, die Fastenfrage, die Feiertage, die Bilder, die Beichte, die Messe, die Totenmessen, die Verehrung der Hostie. In den meisten Fällen schlug er vor, innerhalb der einen Gemeinschaft eine Vielfalt von Riten anzuerkennen. Die Schwachen und die Starken konnten einander ertragen, nach der Regel von Paulus, Römer 14 und 15. Es gibt gleichwohl Unterschiede. Im Punkt der Fasten und Feiertage ging Erasmus ziemlich weit. Er trat für eine ansehnliche Reduzierung der Zahl der Feiertage und für eine Erleichterung der Fastengebote ein. Erasmus konnte sich durchaus vorstellen, daß es an einigen Orten zu einem Bildersturm gekommen war: Das Volk hatte die Bilder tatsächlich verehrt. Am traditionellsten dachte er über die Messe. Wenn der Aberglaube bekämpft wurde, sah er im Meßritus nichts Schlechtes, abgesehen von einigen später aufgenommenen Bestandteilen, die ausgeschieden werden konnten. Er wollte eine Regelung vorschlagen, die solange gelten konnte, bis das Konzil zusammentreten würde, das eine definitive Lösung beschließen mußte.

Die Reaktionen auf das Büchlein waren recht unterschiedlich. In beiden Lagern fand es Bewunderer und Gegner. Capito in Straßburg übersetzte es und empfahl es in einer Einleitung. Luther meinte: „Pflichtbewußtsein und die Wahrheit selbst vertragen dieses Harmoniemodell nicht" (WA 38, 276, 15–16). Auf katholischer Seite herrschte dieselbe Divergenz. Nicht ganz unbegreiflich, denn die Schrift geht unverkennbar von einem ganz eigenen Standpunkt aus. Um diesen zu entdecken, sollte man sich die berühmte Augsburger Konfession von 1530, in großen Zügen das Werk Melanchthons, ansehen. Dieses Bekenntnis besteht aus zwei verschiedenen Teilen. Im ersten Teil wird die Lehre behandelt, die in den lutherischen Kirchen verkündet wird. Der zweite Teil ist eine ausführliche Verteidigung aller Veränderungen, die man auf dem Gebiet der Zeremonien vorgenommen hat oder durchführen will. In der kirchlichen Praxis besaßen diese Riten einen hohen Stellenwert, für das Bewußtsein der Masse bildeten sie das charakteristische Kennzeichen der Kirche. Erasmus trifft dieselbe Unterscheidung. Er betrachtet die Lehre als Sache der Theologen, als neutrales Terrain. Wo die Lehre den Glauben der Menschen berührt, ist man sich immerhin einig: Daß der Mensch von sich aus zu nichts imstande ist und daß alles Tun des Menschen nur der Gnade Gottes zu verdanken ist (LB V 500 C). Darüber gibt es keine Differenzen. Die Schwierigkeit liegt in der Ausformung des kirchlichen Lebens, in diesem Bereich muß man nach Lösungen suchen. Sein eigener Beitrag dazu besteht in der Überlegung, daß es der Einheit der christlichen Welt in hohem Maße zugute kommt, wenn man sich gegenseitig in diesem Punkt ein hohes Maß an Vielfältigkeit zugesteht. Man kann einwenden, das sei oberflächlich gedacht – und eine solche Kritik hat ihre Berechtigung. Einige Jahre später stellte sich heraus, daß weder Rom noch Wittenberg diese Auffassung über das Verhältnis von Lehre und Zeremonien teilten. Dabei ist auch zu bedenken, daß die irenisch eingestellten Gemüter über zehn Jahre lang versucht haben, die Probleme auf diesem Weg zu überwinden. Erasmus widmete seine Schrift Julius Pflug, jenem Mann, der seit 1534 in allen Beratungen zwischen Katholiken und Protestanten im wesentlichen dieses Modell einer Wiederherstellung der Einheit vertrat, gemeinsam mit Bucer, dem Kollegen Capitos in Straßburg.

Kultur, Gesellschaft, Gemeinschaft des christlichen Europa, das sind, wie wir gesehen haben, die zentralen Themen für Erasmus. Nur in der letztgenannten Schrift, *De sarcienda ecclesiae concordia*, befaßt er sich ausdrücklich mit der Kirche. Das ist bezeichnend für die Gedankenwelt des Erasmus. Im Zentrum steht die Gesellschaft als Ganzes. Sie ist christlicher Art. Man könnte formulieren: Der Christenheit gehört sein Herz, der Kirche weit weniger. Wenn er das Wort Kirche benützt, denkt er entweder an die Liturgie im weitesten Sinne, an alles, wodurch die Religion äußere Gestalt annimmt, oder an die organisatorische Struktur der Kirche, an Bischöfe, an einen Papst, an Rom. In der Gesamtheit seines Denkens nimmt die Kirche deshalb keinen breiten Raum ein; in seinen Augen steht sie zu sehr im Zeichen des Äußerlichen, des Zwangs. Das schließt nicht aus, daß er ihr treu sein will. Im *Hyperaspistes* I von 1526 steht ein Satz, in dem er seine Einstellung gegenüber der Kirche sehr klar formuliert: „Ich ertrage also diese Kirche, bis ich eine bessere sehe, und sie ist gezwungen, mich zu ertragen, bis ich besser werde" (LB X 1258 A). Eine typisch erasmianische Aussage: Ein Schuß Selbstironie, starke Distanz gegenüber der Kirche, aber trotz aller Reserviertheit Treue. Augustin Renaudet hat im letzten Teil seines Buches *Érasme et l'Italie* diesen Ausspruch als Schlüsselstelle gewertet. Er meint, daß Erasmus darin seine Sehnsucht nach einer „dritten Kirche" ausdrückte, einer erneuerten, verjüngten Kirche, einer Kirche, die in Rom entstehen müßte, unter Mitwirkung des Heiligen Stuhls. Aus dem Kontext der Worte des Erasmus geht aber hervor, daß er in diesem Zusammenhang zwar die Teilhaberschaft an der Kirche Luthers ablehnt, aber ausdrücklich seine Treue gegenüber der römischen Kirche bekundet. In dieselbe Richtung deutet eine fast gleichlautende Aussage in einem Brief aus jener Zeit (A 1640, 26–29). Es steht außer Frage – und das ist das Körnchen Wahrheit in der Aussage Renaudets –, daß Erasmus nicht von der Kirche seiner Zeit begeistert ist. Sein Traum ist die eine, einträchtige christliche Welt. Die Kirche Roms ist auf dem Weg zu diesem Ideal mehr Hemmnis als Hilfe. Aber es hat keinen Sinn, sie zu verlassen und sich der Kirche der Reformation anzuschließen, die trotz ihrer Prätentionen nicht weniger vom Ideal abweicht. Ein solcher Schritt wäre erst erwägenswert, wenn eine Kirche existierte, die diesem Ideal näherkäme. Also Treue gegenüber der Kirche? Vielleicht ist das doch ein wenig zu positiv formuliert. Sie bleibt die katholische, „von der ich nie abgewichen bin" (LB X 1257 F).

Die Rückkehr nach Basel war eine große Erleichterung. Niemand sprach ihn auf die Unterschiede in der Lehre an (A 3054, 9–11), es herrschte Ordnung, und die Sittengesetzgebung war vortrefflich (A 3049, 68–70). Erasmus war zu seinem Freund Hieronymus Froben gezogen und arbeitete hart. Der Seufzer, zwei Wochen vor seinem Tod: „Wenn doch Brabant nur näherläge" (A 3130, 28–29), mag echt sein, mehr als ein Wunschtraum war es nicht. Die Niederlande waren wahrlich nicht anziehend, und Basel war ihm

zur geistigen Heimat geworden. Oder ist das doch zu hoch gegriffen? Der
Basler Humanistenkreis war zerfallen, und um Erasmus war es mit der Zeit
still geworden. Im Grunde war er immer ein einsamer Mensch gewesen. Er
kannte Gönner, er hatte Studiengenossen, es gab junge Menschen, die er
unterrichtete und die ihm als Schreiber und Sekretäre zur Hand gingen,
echte Freunde jedoch hatte er stets nur wenige besessen. Bezeichnend ist
seine Antwort an Zwingli aus dem Jahre 1522, als dieser ihn aufforderte, das
Bürgerrecht von Zürich anzunehmen: „Ich wünsche Weltbürger zu sein,
allen zu gehören, oder besser noch, Nichtbürger bei allen zu sein" (A 1314,
3). Diese Worte haben wenig mit Kosmopolitismus zu tun, aber viel mit
einem Unabhängigkeitsgefühl, das der Einsamkeit sehr verwandt ist.

Die letzten Monate wurden schwer. Er litt heftig unter Gicht oder
Rheumatismus, so daß er an sein Zimmer gefesselt war. Beatus Rhenanus
gibt folgende Schilderung: „Und als er die Briefe, die er in den vorangegangenen Jahren von Freunden aus aller Welt erhalten hatte, Blatt für Blatt
wieder vornahm, um eine Neuausgabe vorzubereiten, und gar mancher ihm
in die Hände kam von solchen, die zur Ewigkeit eingegangen waren, sagte er
mehr als einmal: ‚Auch der ist tot' und schließlich: ‚Auch ich wünsche, nicht
mehr zu leben, wenn es Christus dem Herrn gefällt'" (A I, S. 70, 508–512).
Schließlich bekam er Dysenterie, die nach dreiwöchiger Krankheit zu
seinem Tod führte. Bis zum Ende blieb er bei Bewußtsein, er murmelte
Psalmenworte und auf Niederländisch: „Lieve God" (A 3134, 21–24; A I,
S. 53,29 – 54,36).

Das Begräbnis fand im Münster von Basel statt, in Gegenwart der
Professoren und Studenten der Universität, der Ratsherren und des Bürger-
meisters. Die Leichenpredigt hielt das Haupt der Basler evangelischen
Kirche, Oswald Myconius.

## XV. Erasmus und sein Einfluß

Ist es möglich, ein treffendes Porträt von Erasmus zu zeichnen? Im Vorangegangenen wurden die Züge skizziert – bilden sie auch ein Ganzes? Diesen Fragen sieht sich der Erasmus-Biograph ausgesetzt. Sie sind dem Genre inhärent, drängen sich aber bei Erasmus in verstärktem Maß auf. Er ist außerordentlich unbestimmbar, läßt sich an nichts festmachen. Das hängt mit seinem Charakter zusammen. „Immer wollte ich allein sein", beschreibt er sich selbst (LB X 1252 A), und er stand in der Tat allein. Es ist jedoch nicht ausschließlich eine Frage der Persönlichkeit. Seine Schriften lassen sich unterschiedlich interpretieren, und das ist typisch für jene Zeit des Übergangs, in der er lebte. Die Divergenz in der Beurteilung gab es zu seinen Lebzeiten, sie existiert noch heute. Zwar nehmen in der modernen Forschung konfessionelle und apologetische Motive einen geringeren Raum ein als früher, was jedoch nicht bedeutet, daß nun vollkommene Klarheit herrscht. Auch in der neueren Literatur kennt man die alte Bildgestaltung, wenn auch in modifizierter Form. Wir können hauptsächlich drei Interpretationstypen unterscheiden.

Die Entstehung eines ersten Bildes geht auf die Zeit zurück, als die Ansichten des Erasmus über die Kirche und Kultur seiner Zeit feste Formen gewonnen hatten und in weitem Umkreis bekannt wurden. Dazu trug besonders die Verbreitung dieser Ideen durch populäre Schriften wie die *Adagia*, das *Lob der Torheit* und die *Colloquia* bei. Diese Interpretation vermittelt ein sehr negatives Erasmusbild. Er ist relativistisch, subjektivistisch und skeptizistisch, kurzum, sein Werk ist pure Negation. Er reißt nieder, kritisiert, tut das ohne feste Norm, lebt von der Verneinung. Diese Darstellung tritt zum erstenmal deutlich in den Angriffen der Löwener Theologen, in den Angriffen Lees und Stunicas anläßlich der Ausgabe des Neuen Testaments durch Erasmus zutage. In den darauffolgenden Jahren wird die Kritik immer heftiger, ohne sich substantiell zu verändern. Ihren Höhepunkt erreichen die Angriffe mit den Aktionen in Paris und Spanien seit Mitte der zwanziger Jahre. Sie wenden sich nun gegen Schriften recht unterschiedlichen Charakters, die jedoch alle typisch sind für Erasmus' Gesinnung: Außer den bereits genannten sind dies das *Enchiridion*, die *Annotationes* zum Neuen Testament und die *Paraphrasen*. Die Beschuldigungen sind vielfältig: Ketzerei in der Trinitätslehre, Leugnung der Gottheit des Sohnes, Angriffe auf die Erbsündenlehre, Verteidigung der Rechtfertigung allein durch den Glauben, Bestreitung der göttlichen Einsetzung verschiedener Sakramente, speziell der Beichte und der Kindertaufe, Verherrlichung der Ehe auf Kosten des Zölibats und so weiter. Diese Kritik, so unterschiedlich sie auf den ersten Blick wirken mag, hat einen gemeinsamen Ausgangspunkt: Durch eine Bibelauslegung, die sich nicht im Rahmen der kirchlichen Tradition hält, untergräbt Erasmus das kirchliche Dogma und bereitet damit allen denkbaren Formen der Ketzerei, auch der Reformation, den Weg. Unterdessen stimmt Luther in dieser Beurteilung des Erasmus und den Anschuldigungen gegen ihn völlig mit den gemeinsamen katholischen Gegnern überein. Von großem Einfluß auf das Erasmusbild in protestantischem Kreis war *Der unfreie Wille*, in welchem Luther Erasmus als einen Lukian und Epikur brandmarkte, einen Spötter, der die Existenz jeglicher höheren Macht leugnet und dessen diatribe, wertfreier Untersuchung, er seine eigene assertio, feste Behauptungen, gegenüberstellte. 1534 veröffentlichte er eine kurze Schrift gegen Erasmus, einen Brief an seinen Freund Nikolaus Amsdorf (WA Br 7, 2093), in dem er seine Kritik so formulierte, daß sie bis in alle Einzelheiten eine Parallele zur Kritik der Opponenten des Erasmus aus der alten Kirche bildete. In diesem Interpretationstypus wird Erasmus unter dem Gesichtspunkt einer inhaltlichen Norm beurteilt: Welche Lehre hat er gebracht? Dahinter steht jedoch das Urteil, daß es für Erasmus keine objektiv feststehende Wahrheit gibt. Darum sieht man in ihm eine größere Gefahr für die Kirche als im protestantischen beziehungsweise katholischen Gegner.

Durch die Jahrhunderte hin hat sich diese Beurteilung behauptet. Um 1900 hat Heinrich Denifle die Reformation als einen Prozeß der Säkularisierung gezeichnet und stellte eine subjektive Glaubensauffassung, Autonomie des Individuums und Relativismus als ihre hervorstechenden Züge heraus. In seinen Augen steht Erasmus als Vorkämpfer dieser Tendenz neben Luther. So wird heute niemand mehr über Luther sprechen. Im Gegenteil, in der neueren katholischen Geschichtsschreibung wird Luther positiv beurteilt. Das hat zu keiner höheren Einschätzung des Erasmus geführt, sondern geht eher zu dessen Lasten: Er ist die Unbestimmtheit und Verschwommenheit in Person. Joseph Lortz bezeichnet ihn beispielsweise als „vollendete Undeutlichkeit" (Lortz[1] I, 133).

Unter umgekehrten Vorzeichen begegnet uns dasselbe Erasmusbild bei den Historikern, die in ihm den Vorläufer der Aufklärung oder des katholischen Modernismus des 19. Jahrhunderts sehen. Augustin Renaudet etwa geht von dieser Position aus (vgl. S. 10) und der niederländische Spezialist des 16. Jahrhunderts, Herman A. Enno van Gelder, hat diese These beträchtlich zugespitzt, indem er von zwei Reformationen im 16. Jahrhundert spricht: Die Reformation Luthers habe letztlich die Voraussetzung des Katholizismus bewahrt, Erasmus sei Repräsentant einer viel weitergehenden „Reformation" gewesen, die die Autonomie des Menschen propagiere und ihre Vollendung erst im 18. Jahrhundert gefunden habe.

Ein zweites Bild finden wir in seiner schärfsten Ausformung bei Hutten (vgl. S. 116): Erasmus als der schwache, gewissenlose Mann, feige und habsüchtig, bereit, sich der Siegerpartei anzudienen. Das gilt seines Erachtens im besonderen für Erasmus' Haltung gegenüber Luther. Obwohl sich deutlich genug gezeigt habe, daß Erasmus mit diesem einig sei, habe er sich nicht öffentlich darüber ausgesprochen und ziehe sich jetzt aus Angst zurück. Diesem Bild liegt die Überzeugung zugrunde, daß Erasmus letzten Endes Seite an Seite mit Luther stehe; Hutten hat ihn sogar schon 1520 dringend aufgefordert, sich öffentlich zu äußern und gemeinsam mit ihm gegen Rom zu kämpfen. Dahinter steht ein bestimmtes Verständnis der Reformation: Sie ist für Hutten ihrem Wesen nach eine Freiheitsbewegung. Diese Freiheit gegenüber der Kurie und überhaupt gegenüber Italien, die er als das entscheidende Motiv ansieht, entdeckt er im Werk des Erasmus in dessen Kritik an allerlei kirchlichen Mißständen und in seiner Ablehnung geistloser Zeremonien. Bei dieser Interpretation liegt die Norm nicht im lehrhaften Inhalt, sondern in Erasmus' Ansichten von der Struktur der Kirche. Die Größe des Erasmus liegt demnach in seiner Verwerfung der Kirche als eines hierarchisch und sakramental bestimmten Instituts.

Im gleichen Sinne hatten aber auch schon vor Luthers Auftreten einige Gegner des Erasmus im kritischen Charakter seines Werkes dessen entscheidenden Wesenszug gesehen. In dem Protest Maarten van Dorps gegen das *Lob der Torheit* und die geplante Herausgabe des Neuen Testaments war die Verletzung der kirchlichen Autoritätsstruktur der entscheidende Punkt. Ganz dieselben Töne hört man bei den Kritikern aus den zwanziger Jahren. Auf den ersten Blick wirkt ihre Kritik sehr disparat: Erasmus will nichts von der Inquisition wissen, er konstatiert in biblischen Büchern Fehler, er polemisiert gegen kirchliche Zeremonien, er will die Zahl der Festtage verringern, hält Fasten für schädlich, ist ein Gegner der Ablässe, wendet sich gegen den Zölibat, findet das Mönchswesen sinnlos, verlangt, daß die Kirche die Ehescheidung zulasse und so weiter. Doch steckt in alledem sehr wohl ein zentraler Gedanke: Erasmus tastet die bestehenden kirchlichen Strukturen im weitesten Sinn des Wortes an, er höhlt alles aus, was der Institution Bestand gibt.

Dieser Interpretationstypus findet sich in verschiedenen Varianten in der Geschichte der späteren Forschung wieder. Lange Zeit wurde das übliche Bild auf lutherischer Seite davon bestimmt, vor allem im 18. und 19. Jahrhundert, als die Vorstellung von der Reformation als einer Freiheitsbewegung Triumphe feierte. In den Niederlanden finden wir im 18. und 19. Jahrhundert eine verwandte Einschätzung, die davon ausgeht, daß Erasmus der erste Reformator war, der diesen Titel wegen seiner Kritik an der Kirche und seiner theologischen Tätigkeit eher verdiente als Luther, der dessen Anhänger und Populisator gewesen sei. Etwa in die gleiche Richtung zielt die vor allem im letzten Jahrhundert verbreitete Vorstellung von Erasmus, er sei ein Vorläufer der Reformation oder gar ein Reformator vor der Reformation.

Ein drittes Erasmusbild war das der meisten unter seinen vielen zeitgenössischen Bewunderern. Dort sah man in ihm einen Erneuerer von Kirche und Theologie, der über das Mittelalter als eine Periode der Barbarei hinweg auf die Theologie der ersten Jahrhunderte zurückgriff und sie in neuer Gestalt einer Reform der Kirche nach dem Vorbild der idealen und idealisierten Kirche der ersten Jahrhunderte dienstbar machte. Die tiefgreifende Kritik, die Erasmus übte, hatte in ihren Augen eine positive Absicht. Jene Ideale des Erasmus blieben auch in den zwanziger Jahren, als die inzwischen sich anbahnende kirchliche Spaltung noch nicht als solche ins Bewußtsein getreten war, bei vielen lebendig. Die prominenten Anhänger Luthers waren fast ausnahmslos Geistesverwandte von Erasmus. Melanchthon hat ihn immer als den Restaurator der sacrae litterae geehrt; er hat bis zum Schluß unter seinem Einfluß gestanden und die Verbindung mit ihm stets aufrechterhalten. Im Unterschied zu Cranach, der Erasmus sogar im Kreise der Reformatoren abgebildet hat, neigte Melanchthon zu der Ansicht, Erasmus gehöre keiner der Parteien an. Die Reformatoren des schweizerisch-oberdeutschen Gebietes waren zum großen Teil Erasmus' Schüler. Seine Haltung im Abendmahlsstreit blieb ihnen unverständlich, und sie haben sie ihm zum Vorwurf gemacht. Aber sie ehrten ihn weiterhin als den Mann, mit dem die ganze Bewegung angefangen habe. Auch auf katholischer Seite gab es viele, für die Erasmus der große Führer blieb; unter ihnen waren Prälaten, Räte und Fürsten. Viele sahen in ihm den einzigen, der die drohende Kirchenspaltung hätte verhindern können.

Diese Sicht des Erasmus hat sich in der frühen Historiographie kaum niedergeschlagen. Dafür waren die Gegensätze zwischen Rom und der Reformation zu groß. Die Deutung der letzten Jahrzehnte schließt sich jedoch eng an diese Sicht an.

Die beiden erstgenannten Interpretationstypen enthalten insofern Elemente der Wahrheit, als sie bestimmte Facetten der Bestrebungen des Erasmus und seiner Persönlichkeit wiedergeben. Beide heben besonders die kritischen Aspekte seiner Gedankenwelt hervor, beide machen ihn zum Vorkämpfer einer Freiheitsidee, die sich der Ungebundenheit annähert. Sie verfehlen aber den Kern der Ideale und Zielsetzungen des Erasmus, verkennen sowohl seine Spiritualität als auch sein Vorhaben, während die Überbelichtung bestimmter Züge zu einem diffusen Bild führt.

Wenn ich selbst zu einem Erasmus-Porträt zu gelangen versuche, zu einer Bestimmung seines Standorts innerhalb der Strömungen des 16. Jahrhunderts, so gehe ich von der letztgenannten Deutung aus. Man kann Erasmus nur dann gerecht werden, wenn man ihn vor dem Hintergrund der mittelalterlichen Theologie und Frömmigkeit sieht, die er kannte und in der er verwurzelt war, und sich gleichzeitig bewußt ist, daß er sich davon ausdrücklich distanzierte und auf die alte Kirche und Theologie als Quellen der Wiederbelebung zurückgriff. Damit grenze ich meine Auffassung auch gegen die Tendenz der letzten zwanzig Jahre ab, die Theologie von Erasmus so sehr in den Rahmen der mittelalterlichen Tradition eingefügt zu sehen, daß kaum noch etwas Originelles übrigbleibt. Ebenso hüte man sich aber auch vor einer Darstellung, in der er in jeder Hinsicht als origineller Theologe erscheint. Man kann, wie ich glaube, die Bedeutung des Erasmus für die Kultur seiner Tage konkret aufzeigen und in diesem Ganzen auch seinen Einfluß auf die Theologie bestimmen. Es ist sinnvoll, hier den Schwerpunkt zu setzen, und es hat wenig Zweck ihn eingehend auf Gebieten zu studieren, wo er keinen eigenen ursprünglichen Beitrag geliefert hat.

Eine solche Deutung ist aber erst dann zu verantworten, wenn ein Grundthema aufgezeigt ist, ein Thema, welches das Werk von Erasmus als Ganzes trägt und aus dem heraus er zu verstehen ist. Dieses Grundthema wurde ausgezeichnet von dem Löwener Universitätsprofessor Maarten van Dorp formuliert. In einem seiner Briefe an Erasmus steht eine ausführliche Passage, in der er vehement gegen die neue Mode wettert, der ganzen Phalanx von Grammatikern, Dichtern und Rhetorikern, den Kennern der bonae litterae einen so hohen Rang einzuräumen. Glaube Erasmus wirklich, daß ein Dichter oder ein Graezist mehr wert sei als ein Theologe? Er schließt diesen Teil mit einer großartigen Tirade, in der er die Frage stellt, welche Leute würden Erasmus für seine Hieronymusausgabe Dank wissen. Nicht die Juristen, die Mediziner oder Philosophen. „Aber du machst sie für die Grammatiker. Die Grammatiker dürfen also auf dem Thron sitzen als Richter über alle Disziplinen ... Die Gefahr droht, daß die Lernbegierigen sich nicht vor ihren Szeptern beugen wollen ... Die Grammatiker meinen, daß sie alle Disziplinen kennen, weil sie die Wörtlein verstehen und die Struktur der Sprache. Universitäten sind also nicht notwendig. Die Schule von Zwolle oder Deventer – zwei kleine Städte in den nördlichen Niederlanden – reicht aus" (A 347, 155–163). Das Ganze strotzt vor Geringschätzung, Van Dorp wehrt sich gegen die Anmaßung einer verachteten Sorte Menschen: Die Schulmeister auf dem Thron! Er hat aber genau begriffen, was der Kern von Erasmus' Ideenwelt ist. Es läßt sich mit einem Wort umschreiben: Erasmus hat das Medium des Wortes im Verhältnis von Menschen untereinander und im Umgang von Menschen mit Gott entdeckt. Das Wort schlägt eine Brücke zwischen Menschen, es bringt den Menschen in Verbindung mit der Umwelt, mit den anderen und mit Gott. Die *Colloquia* sind mehr als eine Sprachübung oder ein amüsantes Spiel, sie geben eine Lebenswirklichkeit wieder. In einem unbekannten Werk namens *Lingua*, Die Zunge, verweist Erasmus auf den zentralen Platz der Zunge, zwischen Kopf und Herz, in unmittelbarer Nähe der Sinnesorgane. Die Schrift wird zu einem Lobgesang auf das Wort von Gott selbst, das wir Menschen in seiner

Großartigkeit nicht fassen können und wo wir als Mittler Christus, das Wort Gottes benötigen (ASD IV, 1, 242, 129–132; 364,629–365,637). Erasmus ist fasziniert von den Möglichkeiten, die die Sprache bietet, und von den Gefahren, die sie birgt. Diese Bezauberung, die der humanistischen Bewegung eigen und für diese Zeit revolutionär ist, führt zur Ehrfurcht vor den Texten, die Jahrhunderte überbrücken und uns in Kontakt bringen mit einer vergangenen Welt, die wieder präsent wird. Das Medium der Sprache erhält ein Eigengewicht, führt ein Eigenleben. Wie es die Amerbachs, wie wir sahen, andeuteten: „Denn das Studium verändert den Menschen, und wir entwickeln uns nach dem Bilde der Schriftsteller, welche wir täglich lesen" (vgl. S. 99). Von diesem Grundthema ausgehend, kann die Bedeutung von Erasmus in dreierlei Hinsicht konkret erfaßt werden.

Ein Erstes ist Erasmus' konsequente Übernahme der philologischen Methode der Humanisten beim Studium antiker Texte für die Bibelwissenschaft und das Studium der Kirchenväter. Darin liegt sein Beitrag zur Entwicklung einer neuen Methode der Bibelexegese. Er war auf diesem Feld nicht der erste, in Italien war ihm Lorenzo Valla, in Frankreich Jacobus Faber Stapulensis vorangegangen. Er war jedoch der erste, der das ganze Neue Testament durcharbeitete, und der erste, der die Methode konsequent einsetzte, mehr erbrachte als eine leichte Überarbeitung des Vulgatatextes. Er griff auf den griechischen Text zurück, versuchte Lesarten von Bibeltexten zu rekonstruieren, welche die Kirchenväter kannten, und verarbeitete die Exegese der frühen Kirche. Das hatte zur Folge, daß er das Ansehen der großen exegetischen Autoritäten des Mittelalters, der *Glossa ordinaria* und der *Postillen* von Nikolaus von Lyra schmälerte. Er meinte, daß ihre Bibelexegese zu schnell von der wörtlichen Auslegung zu theologischen Überlegungen führte und daß sie die Kirchenväter aus dem Kontext gerückt und unzuverlässig wiedergäben. Vor allem die *Annotationes* griffen die etablierte Ordung an. Dort fand der Leser nüchterne philologische Bemerkungen zum Bibeltext. Faktisch bedeutete diese Arbeitsweise die Entweihung eines geheiligten Buches. In der Auslegung des Erasmus wurde die Tradition, die sich im Lauf der Jahrhunderte um den Bibeltext hin gebildet hatte, nicht respektiert und erweitert, sondern zugunsten eines Neubeginns verworfen. In folgenden Drucken wurde dieser Prozeß fortgesetzt: Vom Text her kritisierte Erasmus die kirchliche Praxis, das kirchliche Dogma und die Bestimmungen des Kirchenrechts.

Darin lag ein Bruch mit der Vergangenheit, wenn auch Erasmus persönlich seine Arbeitsweise eher als Rückkehr zu einer älteren Tradition erlebte, zu jener der Kirchenväter und deren Bibelauslegung. Er hat die durch ihn verursachte Unruhe nicht begriffen und nicht eingesehen, daß die Kritik – zumindest bei Anerkennung des Ausgangspunktes der Kritiker – ins Schwarze traf: Wer in einem so empfindlichen Bereich, wie ihn die Bibel für den Glauben darstellt, die Autorität untergräbt, greift die Autorität an sich an. Erasmus war subjektiv ein durchaus konservativer Mensch und sich deshalb des objektiv revolutionären Charakters seines Lebenswerkes wenig bewußt.

Die Arbeit des Erasmus an den Editionen verschiedener Kirchenväter und an den Übersetzungen ihrer Werke, die er selbst herausgab oder deren Herausgabe durch andere er anregte, schließt unmittelbar an seine Bibelstudien an. Auch darin war er nicht der erste, doch hat er die in Basel diesbezüglich bereits bestehende Tradition weiter ausgebaut. Das Programm, das Erasmus und verschiedene andere in den Jahren nach 1515 bewältigten, ist eindrucksvoll. Diese Ausgaben dienten einem hohen Ziel, dem Ausbau einer neuen Theologie, die an die theologische Tradition der frühen Kirche anschloß.

Ein zweiter Aspekt ist es, der vielleicht noch größere Konsequenzen zeitigte. In dem soeben zitierten Brief Van Dorps wies dieser besonders auf die Folgen hin, die die Vorherrschaft der Grammatiker für die Theologie hätte. Er hatte voll und ganz durchschaut, welche Auswirkungen Erasmus' neue Methode des Theologisierens dem theologischen Betrieb bescheren würde. Die Methode würde eine andere, die Herrschaft der systematischen Theologie würde gebrochen, an ihre Stelle würde die Exegese den Ehrenplatz erhalten. Anders gesagt: Die Dialektik, der Weg zu den Prinzipien, wie man sie nannte, müßte der Rhetorik weichen. Theologie würde nicht mehr nach den Gesetzen einer strengen Logik betrieben, die ganze scholastische Methode wäre gefährdet, sie müßte der humanistischen Wissenschaftsmethode das Feld räumen, in der Dialektik und Rhetorik vereinigt würden. Wir haben gesehen, daß Erasmus in den Einleitungsschriften zum Neuen Testament für eine Theologie eintrat, die von den in der Bibel vorkommenden Termini und Begriffen ausgeht, um damit zu einer unmittelbar auf dem Wort der Heiligen Schrift gründenden Theologie zu gelangen. Dazu kommt, daß Erasmus diese Methode des Theologisierens nicht nur theoretisch gefordert, sondern auch in der Praxis ausgeübt hatte. Verschiedene lange Exkurse in den *Annotationes* können dafür als Beleg dienen, *Der freie Wille* ist das denkbar beste Beispiel für die Behandlung eines theologischen Problems in Form einer ausführlichen Erörterung von Bibelstellen, die sich für und gegen die Anerkennung eines freien Willens ins Treffen führen lassen. Wer sich die Methode der großen scholastischen Lehrer vor Augen führt, erkennt die Umkehr von Werten, die hier angestrebt wird.

Ein drittes und letztes Element ist das Reformprogramm, das Erasmus verwirklichen wollte. Das Studium des Neuen Testaments und der Kirchenväter war nicht nur eine technische Angelegenheit, sie sollte zu einer neuen Spiritualität, einer zeitgemäßen Frömmigkeit führen. Darin wandte sich Erasmus gegen die Veräußerlichung der Kirche und ihrer Gnadenmittel, die keine unmittelbare persönliche Gemeinschaft des Menschen mit Gott zulasse, und gegen die Scholastik. Erasmus wollte erreichen, daß die Kirche sich vom Machtapparat und einer rein sakralen Gemeinschaft zu einer Gemeinschaft wandelte, die dem Menschen half, zum Kern, dem Umgang mit Gott, durchzustoßen. Diese Zielvorstellung ist für Erasmus letzten Endes bestimmend. Es ist wohl selbstverständlich, daß seine Achtung vor dem Wort in alledem eine wichtige Rolle spielt: Nur das Wort ist geistig genug, um Vehikel des Geistes zu sein, des göttlichen und des menschlichen.

Wenn wir auf diese Weise den Beitrag des Erasmus zum geistigen Leben seiner Zeit skizzieren, ist damit implizit auch die häufig gestellte Frage beantwortet, ob Erasmus ein Theologe war. War er nur ein Sprachlehrer? Erasmus selbst hat die ihm verliehene Bezeichnung „grammatistes", Schulmeister, übernommen und zum Ehrentitel gemacht (A 456, 128–143). In seiner Verteidigungsschrift gegen Faber Stapulensis sagt er, daß er sich, trotz seines auf Anraten von Freunden erworbenen Doktortitels, selbst im vertrauten Kreise niemals als Theologe ausgebe (LB IX 66 B). Nach dem Verständnis seiner Zeit erwies er sich in seinem Werk nicht als Theologe: Der scholastischen Methode bediente er sich nicht. Ebensowenig war er Theologe in dem Sinne, daß eine festumrissene, seine ganze Gedankenwelt bestimmende theologische Grundkonzeption aufgezeigt werden könnte. Dennoch zögere ich nicht, ihn einen Theologen zu nennen. Er kannte schließlich die Schultheologie seiner eigenen Zeit und die des Mittelalters und wußte diese auch zu benützen. Überdies besaß er eine phänomenale Kenntnis der Kirchenväter, die er für seine Schriften fruchtbar machte. Das wichtigste ist die Integration der philologischen Methode in die Theologie: Gerade als grammatistes, als Buchstabenkauer, war er ein höchst origineller Theologe. Die Vereinigung von bonae litterae und sacrae litterae, die er sich als Lebensziel gesetzt hatte, holte die Theologie aus ihrer Isolierung und brachte sie wieder in Verbindung mit der Kultur der Zeit. Schließlich finden wir in seinen Schriften eine Konzentration auf zwei Themen: Auf das Werk Christi und auf den Heilsweg des Menschen. Diese beiden zusammenhängenden Gedanken bilden für ihn den Mittelpunkt der Bibel. Dadurch überbrückte er die Kluft zwischen Theologie und pastoraler Praxis. Erasmus stellte in seinen Schriften einen unmittelbaren Zusammenhang zwischen Bibel und persönlichem Leben her. Damit deutete er die Möglichkeit einer Theologie an, die nicht lebensfremd abseits der alltäglichen Glaubensfragen stand, sondern eine breite Gruppe Interessierter ansprechen konnte. Die *Paraphrasen* der Bücher des Neuen Testaments belegen das beispielhaft.

Die drei im vorhergehenden behandelten Aspekte, die konsequente Anwendung der philologischen Methode auf die Bibelwissenschaft, die Auswirkung dieses Verfahrens auf eine neue Wissenschaftsmethode und das Programm einer Reform von Religion und Gesellschaft gehören zusammen. Sie bilden eine Einheit, und gerade durch diese Totalität erwarb sich Erasmus seine einmalige Stellung, wurde er zum Zentrum einer Erneuerungsbewegung mit großem idealistischen Elan. Er schmiedete bereits vorhandene Kräfte zu einer Einheit zusammen, durch sein Werk wurde die Vergangenheit zu einer lebendigen Kraft: Ziel war das Heute, und darin wollte er der christlichen Welt mit den Schätzen der Vergangenheit dienen. Der Bruch mit der unmittelbaren Tradition ist unverkennbar. Die Vorstellung von einem Niedergang in der Geschichte der Kultur hat ihren Ursprung im Humanismus.

Man hat dieser Bewegung verschiedene Bezeichnungen gegeben: Christlicher Humanismus, deutscher Humanismus, nördliche Renaissance. Den Vorzug verdient meines Erachtens die von dem niederländischen Erasmusspezialisten Johannes Lindeboom formulierte Bezeichnung „Bibelhumanismus", weil dieser Begriff treffend den Kern der Bestrebungen andeutet (vgl. S. 100). Man tut gut daran, ihn denjenigen vorzubehalten, die alle drei genannten Kriterien aufweisen. Verwendet man ihn auch für jene, die nur die humanistische Methode des Bibelstudiums übernehmen oder benützen, dann macht man so gut wie alle Theologen der zwanziger und dreißiger Jahre zu Bibelhumanisten. Als gutes Beispiel kann uns in dieser Hinsicht Luther dienen. Betrachtet man ihn als Bibelhumanisten, dann deswegen, weil in seiner Exegese Errungenschaften der humanistischen Methode hohe Bedeutung haben. Seine exegetische Methode an sich ist aber eine andere, er betreibt die Theologie nicht auf dieselbe Weise wie Erasmus, und seine Ideen über Kirche und Christentum stehen, wie wir sehen werden, im Grunde genommen den Idealen des Erasmus gegenüber. Die Bezeichnung deutete dann aber eine so verschwommene heterogene Gruppierung an, daß sie bedeutungslos würde. Allerdings kann das allgemeine Vorhandensein bestimmter Elemente der bibelhumanistischen Tradition auch als Erklärung für die Popularität und die Kraft der Bewegung in den zwanziger Jahren dienen. Zu diesem Zeitpunkt begann sich die kirchliche Zersplitterung allmählich abzuzeichnen. Dennoch bildete der Bibelhumanismus ein wichtiges Bindemittel. Es ist bezeichnend, daß die meisten führenden Köpfe dieser Periode sowohl innerhalb des Luthertums als auch innerhalb der schweizerisch-oberdeutschen Reformation aus diesem Kreis hervorgingen.

Der Einfluß des Erasmus auf seine Zeit war groß. 1534 schrieb der Franziskaner Nicolaus Herborn, daß Luther einen großen Teil der Kirche an sich gezogen habe, Zwingli und Oekolampad einen gewissen Teil, Erasmus den größten. Er fügte dem mit einer Anspielung auf Matthäus 26,24 hinzu: „Es wäre besser, wenn dieser Mensch nie geboren wäre" (A 2899, 22–24; 2906, 60–63). Wer den Einfluß des Erasmus in concreto bestimmen will, muß zwischen dessen Arbeit auf theologischem Gebiet und der Auswirkung seiner Vorstellungen über eine notwendige kirchlich-gesellschaftliche Reform unterscheiden. Im theologischen Bereich kann man sowohl an seine Bibelexegese wie an die theologische Methode denken; für beide gilt, daß sie im Kreis der fortschrittlicheren Theologen großen Einfluß ausübten.

Die von Erasmus eingeführte Art der Bibelauslegung hat von Anfang an Begeisterung hervorgerufen. Bezeichnenderweise hat Luther in seinen Vorlesungen und Veröffentlichungen sofort die erste Ausgabe des Neuen Testaments von Erasmus benützt. Er setzt sie kritisch ein, seine eigene Bibelauslegung bleibt eine andere, aber trotz seiner späteren Angriffe auf Erasmus' Neues Testament bleibt dieses der Ausgangspunkt seiner Exegese. Luthers Vorgehen ist exemplarisch für die reformatorische Bibelauslegung im allgemeinen und in einem etwas späteren Stadium auch für die katholischerseits betriebene Exegese. Einige wenige Beispiele mögen genügen. Der gründlichste Exeget unter den Reformatoren, Johannes Calvin, bringt fortwährend die Auslegung des Erasmus in die Diskussion ein. Dasselbe gilt in noch stärkerem Maße für seinen Nachfolger Theodorus Beza; in seinen großen Editionen des Neuen Testaments ist er stets mit Erasmus im Gespräch. Dieser Einfluß war dauerhaft. Nicht umsonst verloren die Ausgaben der *Glossa ordinaria* im Laufe des 16. Jahrhunderts allmählich an Boden zugunsten von Ausgaben exegetischer Werke der Kirchenväter und neuer, zeitgenössischer Kommentare. Auch die erstgenannte Kategorie wurde nicht als bloßes Studienobjekt verwendet, sondern durchaus auch als Grundlage eigener Exegese. Die letzte Ausgabe der *Glossa ordinaria* stammt aus dem Jahr 1634. Sie wird ersetzt durch neue Sammelwerke, die ihren Ausgangspunkt bei Erasmus haben.

In engem Zusammenhang damit steht der Einfluß, den die von Erasmus introduzierte Methode hatte. Das Beispiel Melanchthons ist aufschlußreich. Das erste systematisch-theologische Werk protestantischer Provenienz, Melanchthons *Loci communes*, zeigt die erasmischen Einflüsse sehr deutlich. Das Werk orientiert sich, ganz nach der humanistischen Methode, unmittelbar an der Bibel. Überdies teilt es, trotz großer inhaltlicher Unterschiede, mit Erasmus die Konzentration auf die Christologie und den Heilsweg des Menschen, unter Ablehnung aller Spekulation und Fixierung auf eine Gotteslehre als Kern der Theologie. Wir haben es hier mit einer entscheidenden theologischen Wende zu tun, deren Tragweite bis heute noch größtenteils unbekannt ist, die aber zumindest teilweise im Kreis des biblischen Humanismus vorbereitet wurde. Daß innerhalb des Protestantismus der Bibel der zentrale Platz bei der Offenbarung von Gottes Heil zufällt, ergibt sich nicht nur aus der Hervorhebung der Bibelauslegung, sondern vollzieht sich auf andere Weise auch in der systematischen Theologie. In diesem Punkt war der Einfluß des Erasmus groß. Inwieweit diese Wende ab Mitte des 16. Jahrhunderts wieder rückgängig gemacht wurde und eine neue Zuwendung zur scholastischen Methode auch in der protestantischen Theologie erfolgte, ist noch nicht hinreichend erforscht.

Gleichwohl ist deutlich, daß Herborn nicht in erster Linie an diese Einflüsse dachte. Wir stehen vor der Frage: Läßt sich von einer Ausstrahlung der

Ideen des Erasmus in einem breiteren Sinne, nicht auf den theologischen Fachbereich begrenzt, sprechen? Wenn wir dieser Frage nachgehen, ist zuallererst festzustellen, daß es keine Kirche gab, die sich auf seiner Gedankenwelt gründete, wie das bei Luther, Zwingli und Calvin der Fall war. Dort haben sich die Strukturen zu einem Rahmen gefügt, und das garantierte eine starke Beeinflussung über die Jahrhunderte hinweg. Für Erasmus trifft das nicht zu. Eine Volksbewegung hat er nicht in Gang gebracht. Das hängt auch mit dem Medium zusammen, dessen er sich bediente. Die Reformation hatte sich in der Anfangsphase im allgemeinen gegen den Willen der Obrigkeit entwickelt, ihre tragenden Kräfte waren größere, von den Publikationsmedien jener Zeit – Predigt, Pamphlet, Buch in der Volkssprache, Bild und Einblattdruck – beeinflußte Gruppen. Erasmus hat nur lateinisch geschrieben und deshalb ausschließlich die Elite erreicht. Übersetzungen hatten eine größere Breitenwirkung, aber durch Übersetzung verloren viele seiner Schriften auch an Aussagekraft. Ein Katheder oder eine Kanzel hatte er nicht, strebte sie auch nicht an. Selbst der persönliche Umgang war weniger wichtig als das Buch.

Nicht von ungefähr war denn auch die Zeitspanne, in der Erasmus die Geister beherrschte, sehr begrenzt. Sie beginnt um 1515 und dauert bis etwa 1525. Seit Mitte der zwanziger Jahre weicht sein Einfluß in Deutschland der wesentlich stärkeren Persönlichkeit Luthers. Länger dauerte die erasmische Periode in den Niederlanden, in England, Frankreich und der Schweiz. Das hängt damit zusammen, daß sowohl die zwinglische Bewegung als auch ein einigermaßen unbestimmter und offener Reformkatholizismus wichtige Impulse von ihm empfangen haben. Sobald sich eine entschiedene, kräftige Bewegung Bahn bricht, die sich mit einer gewissen Ausschließlichkeit der Gemüter bemächtigt, wie Luthertum, Calvinismus oder Gegenreformation, sind die Chancen für Erasmus dahin.

Gerade weil Erasmus selbst keine Institution geschaffen hat, kann man eine Antwort auf die Frage nach seinem Einfluß nur jeweils für die unterschiedlichen Bewegungen geben. Anfang der zwanziger Jahre zirkulierte ein populärer Druck, der „Die göttliche Mühle" betitelt war. Christus schüttet das Korn – die vier Evangelisten und Paulus – in die Mühle. Aus der Mühle kommt Mehl: Kraft, Glaube, Hoffnung und Liebe, die von Erasmus in einen Sack gefüllt werden. Luther bäckt daraus Brot, d. h. Bücher (Holeczek 13). So erhält Erasmus den Platz eines Mittlers bei der Verarbeitung der Heiligen Schrift zu reformatorischer Literatur. In der Tat herrschte in jenen ersten Jahren der reformatorischen Bewegung vielfach die Überzeugung, daß Erasmus und Reformation eng zusammengehörten.

Doch schon bald sollte sich zeigen, daß Erasmus innerhalb der lutherischen Bewegung keinen wesentlichen Einfluß ausüben konnte, obgleich er und Luther viele Gemeinsamkeiten hatten. Beide sind nur zu verstehen, wenn man sich das Bedürfnis nach Ruhe, nach Sicherheit, nach Unmittelbarkeit des Kontaktes mit Gott vergegenwärtigt, die für die Welt um 1500 so bezeichnend sind (vgl. S. 51–53). Beide stemmen sich gegen den Versuch, diese Gemeinschaft mit Gott wiederzufinden durch Intensivierung der objektiven Elemente: Kirche und Sakramente. Beide sind davon überzeugt, daß die Kirche durch ihre sehr menschliche Institution das Eigentliche verdunkelt. Mit alledem mußte man radikal aufräumen, um die Religion in ihrem Kern wiederzufinden. In ihrer Kritik an der Kirche sind sie sich also sehr ähnlich. Der Unterschied besteht in der Bestimmung des Wesens von Religion. Für Erasmus liegt der Kern in der durch das Band mit Jesus ermöglichten unmittelbaren Beziehung zu Gott. Darum ist Jesus der Mittelpunkt unseres Lebens. Für Luther ist der Kern die Begegnung mit einem Gott, der Gerechtigkeit fordert, eine Gerechtigkeit, die der Mensch nicht leisten kann. Der einzige Ruhepunkt im Leben liegt in Christus, in dem Gott seine Barmherzigkeit erweist. Man kann auch sagen: Bei Luther stehen Gott und Mensch einander gegenüber, versöhnt Gott in Christus die Welt mit sich, bei Erasmus ist der Mensch auf Gott hin angelegt; bei Luther ist auch die höchste menschliche Gerechtigkeit nur Sünde, bei Erasmus reicht der Mensch in seinen höchsten Augenblicken an Gott heran; bei Luther gibt es außerhalb von Gott nur Teufel, bei Erasmus gibt es eine natürliche Güte des Menschen. Darum ist es für Erasmus ein Lobpreis auf die Güte Gottes, wenn er sagt, daß die Philosophen der Antike bereits etwas von Gott begriffen hätten, während dies für Luther reine Blasphemie ist.

Mehr Möglichkeiten boten sich für Erasmus innerhalb der schweizerisch-oberdeutschen Reformationsbewegung, der Wiege des reformierten Protestantismus. Gewiß kann man diese nicht mit Erasmus identifizieren. Zwingli hat, in direkter Reaktion auf die Schrift des Erasmus, die Vorstellung von einem freien Willen eindeutig zurückgewiesen, und er hat einen radikalen Bruch mit der Kirche vollzogen. In beiden Punkten wandte er sich direkt und bewußt gegen Erasmus. Aufschlußreich aber ist, daß er die Grundkonzeption von Erasmus' Gedankenwelt, den Gegensatz zwischen Geist und Fleisch, Innerlich und Äußerlich, Höher und Niedriger, übernommen hat. Dadurch besteht eine tiefe innere gedankliche Verwandtschaft zwischen beiden. Zwinglis absolute Ablehnung der Bilder in der Kirche geht unmittelbar auf erasmische Motive zurück, seine Abendmahlslehre ist stark von der des Erasmus geprägt. Aber auch sein Menschenbild erinnert eher an Erasmus als an Luther. Mensch-Sein ist für ihn nicht gleich Sünder-Sein, ebenso wie Erasmus kennt er eine Brücke zwischen dem Menschlichen und dem Göttlichen. Diese Auffassung bestimmt seine Lehre vom Gesetz Gottes. Während Luther lehrt, daß das Gesetz nur das Unvermögen des Menschen an den Tag bringt, dieses Gesetz zu erfüllen, sagt Zwingli ausdrücklich, daß das göttliche Gesetz für den begnadeten Menschen eine Norm ist, an die er sich halten muß und die er durch alle Höhen und Tiefen hindurch auch einhalten kann. Für Erasmus war das eine ausgemachte

Sache, die er leidenschaftlich gegenüber Luther verfochten hatte. So ist es denn auch nicht verwunderlich, daß das Ansehen von Erasmus im reformierten Protestantismus groß geblieben ist, trotz des späteren Einflusses von Calvin, der in theologischer Hinsicht Luther näher steht als Zwingli und mit Erasmus sicher nichts zu tun haben will.

Innerhalb des Katholizismus hat Erasmus die verschiedensten Reaktionen hervorgerufen. Alle seine Werke landeten 1559 auf dem Index – der fünf Jahre später erlassene Index war übrigens weniger streng –, und doch hat er innerhalb der Kirche großen Einfluß ausgeübt. Diese unterschiedliche Beurteilung ist weiter nicht verwunderlich. Erasmus hat sich gegen für das Frömmigkeitsleben am Ausgang des Mittelalters Wesentliches gewandt. Der Widerstand gegen die Veräußerlichung der Religion wurde von den einen als Befreiung, von den anderen als eine Kapitulation vor dem Zeitgeist erfahren. Entscheidend für das Los des Erasmus in der alten Kirche war der Umstand, daß einige Jahre nach dem Bekanntwerden seines Programms in breiten Kreisen Luther alle Aufmerksamkeit auf sich zog. Die Folge war, daß Erasmus auch im katholischen Milieu an Luther gemessen wurde. Der Widerstand gegen Erasmus aus Paris ist dafür ein deutliches Beispiel. Allerlei genuin erasmische Gedanken bekamen den Stempel des „Lutheranismus" aufgeprägt, während sie mit Luther nichts zu tun hatten, oft sogar von Luther abgelehnt wurden.

Zusammenfassend läßt sich sagen, daß erasmisches Gedankengut erhalten blieb, daß aber der Erasmianismus als solcher die Frontenbildung, die sich in den vierziger Jahren vollzog, nicht überlebt hat. Das wirft die Frage auf, ob die Ideen von Erasmus stark genug waren, um fortzubestehen. Die Antwort darauf muß, wie ich glaube, negativ ausfallen. Die Verinnerlichung und Spiritualisierung, die ihre wichtigsten Wesensmerkmale sind, bieten keine Alternative. In den spiritualistischen Kreisen des 16. Jahrhunderts manifestierten sie sich in einer Form, die nicht diejenige des Erasmus selbst war. Es ist kein Zufall, daß der Erasmianismus nur im England Heinrichs VIII. eine überragende Stellung eingenommen hat. Hier konnte er mit Unterstützung der Krone einen Mittelkurs zwischen den beiden rivalisierenden Formen ausgeprägter, streitbarer Überzeugung halten. Sobald eine von beiden die Oberhand erhält, kann der Erasmianismus nur als mäßigender Faktor Einfluß ausüben. Das bedeutet, daß die Ideen von Erasmus eher als Korrektiv denn als Alternative dienen können. Als solches haben sie zweifellos im 16. Jahrhundert viel bedeutet. Die Periode der Gegenreformation in der katholischen Kirche mag sehr unerasmisch sein – sie will Klarheit schaffen, die Lehre fixieren und einen festen kirchlichen Rahmen herstellen –, die konkreten Reformmaßnahmen, die zur Verbesserung von Klerus und Laien getroffen werden, bergen wichtiges erasmisches Erbgut. Im reformierten Protestantismus ist Vergleichbares festzustellen. Die rigoros durchgeführte Reinigung der Kirche, die in der Liturgie, in der Einrichtung der

Kirchengebäude und in der Organisation der Kirche nichts vom Bestehenden übrigläßt, möge als solche nicht von erasmischem Geist zeugen, der sich darin äußernde spiritualistische Zug hat jedoch viel mit Erasmus zu tun. Was hier über das 16. Jahrhundert gesagt wird, kann fast uneingeschränkt auch für spätere Zeiten gelten. Von einer direkten Wirkung des Erbes des Erasmus ist keine Rede. Eine Erasmusrenaissance hat niemals stattgefunden. Wohl haben sich Menschen auf Erasmus berufen, wenn sie bei ihm auf etwas trafen, was sie selbst bewegte. In diesen Fällen handelt es sich nicht um eine integrale Übernahme von erasmischem Ideengut, vielleicht in einer gewissen zeitbedingten Modifizierung. Eher findet dabei ein Wiedererkennen statt, und zwar das Wiedererkennen einer bestimmten Form von Frömmigkeit. Dies scheint mir auch für das Wiederaufleben der Erasmusforschung in den vergangenen zwei Jahrzehnten zu gelten, das tiefere Ursachen hat als ein rein wissenschaftlich motiviertes Interesse. Dieser Frömmigkeitstypus bewegt sich zwischen zwei Polen. Auf der einen Seite wird er durch die Sehnsucht nach einer persönlichen und unmittelbaren Beziehung zu Gott charakterisiert. Nicht die Gemeinschaft ist vorrangig, sondern das Individuum und sein Verhältnis zu Gott. Vermittlung durch heilige Äußerlichkeiten ist dabei unwesentlich. Individualismus und Spiritualisierung sind denn auch Wesensmerkmale. Andererseits wird er durch den Gedanken von Frieden, Harmonie und Freude gekennzeichnet. Das gilt sowohl für das individuelle Verhältnis zu Gott wie für die daraus entstehende menschliche Gemeinschaft. Optimismus und eine gewisse Oberflächlichkeit sind daher spezifisch. Es handelt sich eher um eine Frömmigkeit der Ebene als eine des Gebirges, eher intim als stürmischer Natur.

# XVI. Quellen und Literatur

## 1. Ausgaben

Kurze Zeit nach Erasmus' Tod, zwischen 1538 und 1540, erschienen seine Gesammelten Werke in neun Bänden in Basel bei seinem Verleger Froben. Erasmus selbst hatte bestimmte Richtlinien für die Herausgabe erlassen, darunter die Bestimmung, daß Schriften derselben Art stets in einem Band zusammengefaßt werden sollten. Die Ausgabe ist deshalb auch in ‚ordines', Abteilungen, gegliedert.

Zwischen 1703 und 1706 erschien eine zweite Ausgabe, nun in Leiden, die der aus Genf stammende Theologe Jean le Clerc (Johannes Clericus) zusammenstellte. Aus Rücksicht auf Empfindlichkeiten wurde sein Name zum Teil beim Druck vom allgemeinen Titelblatt des ersten Bandes und aus dem Vorwort entfernt, so daß der Name des verantwortlichen Herausgebers in den meisten Exemplaren fehlt. Im Großen und Ganzen druckte Le Clerc einfach die Basler Ausgabe ab. Hie und da geht aus einer Anmerkung hervor, daß er bei einer bestimmten Schrift eine ältere Ausgabe zu Rate zog. Die Briefe wurden wesentlich sorgfältiger ediert. Die Gliederung in Abteilungen wurde beibehalten. Die Reihenfolge lautet:

I. Philologische Schriften
II. Adagia
III, 1 und 2. Briefe
IV. Schriften auf dem Gebiet der Moral
V. Schriften auf dem Gebiet von Religion und Theologie
VI. Neues Testament mit Anmerkungen
VII. Paraphrasen des Neuen Testaments
VIII. Übersetzungen griechischer Kirchenväter
IX, X. Apologien

Der zweite Band enthält ein Register der *Adagia*, der dritte ein Register der Briefe und der zehnte Band ein Gesamtregister.

Seit 1969 erscheinen in Amsterdam die Bände der neuen Ausgabe. Diese folgt derselben Einteilung wie ihre beiden Vorgängerinnen. Sie bringt pro Band jene Schriften aus ein und derselben Abteilung, deren Bearbeitung fertiggestellt wurde. Eine chronologische Reihenfolge wird also auch innerhalb der jeweiligen Abteilung nicht angestrebt. Allerdings weisen verschiedene Bände auch innerhalb ein und derselben Abteilung einen deutlichen Zusammenhang auf. Als Bearbeiter werden Fachleute herangezogen, so daß die Ausgabe den internationalen Charakter der Erasmusforschung widerspiegelt. Ein Sekretariat koordiniert die Tätigkeiten. Bisher erschienen folgende 14 Bände der Amsterdamer Ausgabe: I, 1–5; II, 5, 6; IV, 1–3; V, 1, 2; IX, 1, 2. In Vorbereitung befinden sich die Bände V, 3 mit Psalmenkommentaren und II, 4 mit den *Adagia* 1501–2000.

Für die Erasmusschriften verwende man also in erster Linie die Amsterdamer

Ausgabe und darüber hinaus für die bislang noch nicht erschienenen Schriften – und das ist die Mehrzahl – die Leidener Ausgabe. Zu beachten ist der Unterschied zwischen den beiden Editionen hinsichtlich des Basistextes. Die Leidener Ausgabe bietet auf dem Umweg über die Basler Ausgabe den letzten, zu Lebzeiten von Erasmus erschienenen Druck, und zwar ohne kritischen Apparat. Die Amsterdamer Ausgabe bringt als Basistext im allgemeinen die erste von Erasmus autorisierte Ausgabe, während die Varianten der übrigen autorisierten Ausgaben im textkritischen Apparat erwähnt werden. Eine Abweichung von dieser Regel erfolgt dann, wenn eine Schrift durch Erasmus im Lauf der Jahre so einschneidend überarbeitet und/oder erweitert wurde, daß sich eine andere Lösung anbietet. Man beachte also bei Verwendung der Leidener Ausgabe das Vorhergesagte. In vielen Arbeiten werden Erasmus beispielsweise Aussagen zugeschrieben, die er in der Erstausgabe der Anmerkungen zum Neuen Testament im Jahr 1516 gemacht haben soll, während sie in Wahrheit erst aus dem Jahr 1527, dem Jahr der vierten Ausgabe stammen.

Wallace K. Ferguson hat einige Schriften herausgegeben, die in der Leidener Ausgabe fehlen. Einige davon wurden wahrscheinlich oder sogar sicher von Erasmus verfaßt, aber nie von ihm anerkannt.

Für die Briefe sollte man stets die vorbildliche Ausgabe von Percy Stafford Allen und anderen benutzen. Unter den Registern des letzten Bandes befindet sich eines, das jene Stellen aus der Korrespondenz lokalisiert, die auf die Werke von Erasmus Bezug nehmen.

Auch die übrigen nachfolgend erwähnten Ausgaben sind von hervorragender Qualität. Die Ausgabe von Hajo und Annemarie Holborn ist besonders wichtig für die *Ratio verae theologiae*, die in den verschiedenen Ausgaben einschneidende Veränderungen erfuhr.

Die unter den Übersetzungen angeführte, von Werner Welzig herausgegebene zweisprachige Ausgabe bringt eine Reihe wichtiger Schriften; sie hat aber keinen eigenständigen Wert, sondern übernimmt die bekannten Texte.

In der nachfolgenden Zusammenstellung von Editionen folgt vor jedem Titel die Abkürzung, die ich verwendet habe. Bequemlichkeitshalber habe ich, mit Ausnahme der Briefe, nur dort auf andere als die Amsterdamer oder Leidener Ausgabe hingewiesen, wo dies unbedingt notwendig war.

LB = Desiderii Erasmi Roterodami Opera omnia emendatiora et auctiora, 10 Bde., Lugduni Batavorum 1703–1706 (= Hildesheim 1961–1962).

ASD = Opera omnia Desiderii Erasmi Roterodami recognita et adnotatione critica instructa notisque illustrata, Amsterdam (spätere Bände: Amsterdam/New York/ Oxford), 1969 ff.

F = Erasmi Opuscula. A Supplement to the Opera Omnia. Hg. Ferguson, Wallace K., The Hague 1933.

A = Opus epistolarum Des. Erasmi Roterodami denuo recognitum et auctum. Hg. Allen, Percy Stafford u. a., 12 Bde., Oxonii 1906–1958.

R = The Poems of Desiderius Erasmus. Hg. Reedijk, Cornelis, Leiden 1956.

De libero arbitrio διατριβή sive collatio per Desiderium Erasmum Roterodamum. Hg. Walter, Johannes von, Leipzig 1910 (= Leipzig 1935). – Quellenschriften zur Geschichte des Protestantismus 8.

Gibaud, Henri: Un inédit d'Érasme: la première version du Nouveau Testament copiée par Pierre Meghen 1506–1509, Angers 1982.

H = Desiderius Erasmus Roterodamus. Ausgewählte Werke. Hg. Holborn, Hajo/ Holborn, Annemarie, München 1933 (= München 1964). – Veröffentlichungen der Kommission zur Erforschung der Geschichte der Reformation und Gegenreformation.

Reedijk, Cornelis: Tandem bona causa triumphat. Zur Geschichte des Gesamtwerkes des Erasmus von Rotterdam, Basel/Stuttgart 1980. – Vorträge der Aeneas-Silvius-Stiftung an der Universität Basel 16.

## 2. *Übersetzungen*

Im folgenden werden einige Übersetzungen ins Deutsche angezeigt, unter denen die Ausgabe von Werner Welzig die umfangreichste ist. Die Übersetzungen von Walther Köhler sind sehr gut. Die Schrift Rudolf Padbergs ist interessant, weil er Übersetzungen von einer Anzahl von Gebeten bringt. Aus dem englischen und französischen Sprachgebiet nenne ich nur die beiden größten Unternehmungen. Die englischsprachige Serie ist besonders wichtig: Die Übersetzungen gehen auf die ursprünglichen Editionen zurück, und die Anmerkungen zu den Briefen (Band 1–6) ergänzen diejenigen von Percy S. Allen manchmal oder korrigieren sie auch stellenweise.

Erasmus von Rotterdam, Ausgewählte Schriften, lateinisch und deutsch. Hg. Welzig, Werner, 8 Bde., Darmstadt 1967–1980.

Desiderius Erasmus. Ein Lebensbild in Auszügen aus seinen Werken. Hg. Köhler, Walther, Berlin 1917. – Klassiker der Religion 12/13.

Erasmus von Rotterdam, Briefe. Hg. Köhler, Walther/Flitner, Andreas, ³Bremen 1956. – Sammlung Dieterich 2.

Erasmus von Rotterdam, Handbüchlein des christlichen Streiters. Hg. Schiel, Hubert, Olten/Freiburg im Breisgau 1952.

Erasmus von Rotterdam, Vom freien Willen. Hg. Schumacher, Otto, ²Göttingen 1956.

Padberg, Rudolf: Erasmus von Rotterdam. Seine Spiritualität Grundlage seines Reformprogramms, Paderborn 1979. – Oecumenismus spiritualis 2.

Collected Works of Erasmus, Toronto/Buffalo (spätere Bände: Toronto/Buffalo/ London) 1974 ff. Bis jetzt erschienen die Bände 1–6, 23–26, 31, 42.

La Correspondance d'Érasme. Traduction intégrale, Bruxelles 1967 ff. Bis jetzt 11 Bände. Ein letzter Band mit Registern wird vorgesehen.

## 3. *Bibliographien alter Drucke*

Eine Aufzählung der wichtigsten Werke auf diesem Gebiet findet sich in dem unten aufgeführten Artikel in der Theologischen Realenzyklopädie, S. 15. Seither erschienen drei weitere beachtenswerte Studien zu diesem Thema.

Die Rotterdamer Bibliothek besitzt die umfangreichste Sammlung von alten Erasmusdrucken, ca. 3000 Exemplaren. Außerdem hat sie ein Übersichtsverzeichnis von allen Erasmusdrucken, die sich in ca. 500 Bibliotheken befinden, mit Angabe der jeweiligen Fundorte. Die Adresse lautet: Gemeentebibliotheek Rotterdam – Erasmuscollectie, Hoogstraat 110, 3011 PV Rotterdam NL.

Augustijn, Cornelis: Erasmus, Desiderius, in: Theologische Realenzyklopädie 10, Berlin/New York 1982, 1–18.
Meyers, Johanna J. M.: Authors edited, translated or annotated by Desiderius Erasmus. A short-title Catalogue of the Works in the City Library of Rotterdam, Rotterdam 1982.
Devereux, Edward James: Renaissance English Translations of Erasmus. A Bibliography to 1700, Toronto/Buffalo/London 1983. – Erasmus Studies 6.
Holeczek, Heinz, Erasmus Deutsch, Bd. 1, Stuttgart-Bad Cannstatt 1983.

## 4. Literatur: Hilfsmittel

Die Literatur von 1936 bis 1970 ist durch die ausführlichen und kommentierten Bibliographien von Jean-Claude Margolin erschlossen (ein vierter Band, der die Jahre 1971–1985 umfaßt, wird voraussichtlich dieses Jahr erscheinen). Für die nachfolgende Periode sind die Übersichten in den beiden aufgeführten Zeitschriften gut brauchbar, während auch die unter Punkt 5 genannten Zeitschriften neu erschienene Literatur erwähnen und besprechen.

Margolin, Jean-Claude: Quatorze années de bibliographie érasmienne (1936–1949), Paris 1969. – De Pétrarque à Descartes 21.
Margolin, Jean-Claude: Douze années de bibliographie érasmienne (1950–1961), Paris 1963. – De Pétrarque à Descartes 6.
Margolin, Jean-Claude: Neuf années de bibliographie érasmienne (1962–1970), Paris/Toronto/Buffalo 1977. – De Pétrarque à Descartes 33.
Ephemerides Theologicae Lovanienses, 1924 ff.
Archiv für Reformationsgeschichte, Beiheft Literaturbericht, 1972 ff.

## 5. Literatur: Zeitschriften

Es gibt zwei Zeitschriften, die sich ganz auf die Erasmusforschung spezialisiert haben.

Erasmus in English. A Newsletter published by University of Toronto Press, 1970 ff. Bis jetzt 13 Bde.
Erasmus of Rotterdam Society Yearbook, Ann Arbor Mich. 1981 ff. Bis jetzt 4 Bände.

## 6. Literatur: Biographien

Bainton, Roland H.: Erasmus of Christendom, New York 1969.
Faludy, George: Erasmus of Rotterdam, London 1970.
Huizinga, Johan: Erasmus, ¹Haarlem 1924.
Meissinger, Karl August: Erasmus von Rotterdam, ²Berlin 1948. – Veröffentlichungen des Instituts für Reformationsforschung 1.

Newald, Richard: Erasmus Roterodamus, Freiburg i. Br. 1947 (= Darmstadt 1970).

Phillips, Margaret Mann: Erasmus and the Northern Renaissance, revised and illustrated edition, Woodbridge 1981.

Smith, Preserved: Erasmus. A Study of His Life, Ideals and Place in History, New York/London 1923 (= New York 1962).

Sowards, Jesse Kelley: Desiderius Erasmus, Boston 1975. – Twayne's World Authors Series 353.

Stupperich, Robert: Erasmus von Rotterdam und seine Welt, Berlin/New York 1977. – de Gruyter Studienbuch.

Tracy, James D.: Erasmus. The Growth of a Mind, Genève 1972. – Travaux d'Humanisme et Renaissance 126.

## 7. Literatur: Aspekte

Hier wird eine Anzahl von Arbeiten genannt, die bestimmte Aspekte des Lebens und des Wirkens von Erasmus behandeln. Wenn sie sich besonders auf die in einem bestimmten Kapitel dieses Buches behandelten Sachen beziehen, so wird dort nur der Name des Autors mit einem Verweis auf die unten folgenden Literaturangaben aufgenommen. Arbeiten, die einen Aspekt behandeln, der in diesem Buch besonders in einem Kapitel herausgearbeitet wird, werden unter den Literaturverweisen des entsprechenden Kapitels aufgeführt.

Augustijn, Cornelis: Erasmus. Vernieuwer van kerk en theologie, Baarn 1967.

Béné, Charles: Érasme et Saint Augustin ou influence de Saint Augustin sur l'humanisme d'Érasme, Genève 1969. – Travaux d'Humanisme et Renaissance 103.

Bierlaire, Franz: La familia d'Érasme. Contribution à l'histoire de l'humanisme, Paris 1968. – De Pétrarque à Descartes 17.

Bietenholz, Peter G.: History and Biography in the Work of Erasmus of Rotterdam, Genève 1966. – Travaux d'Humanisme et Renaissance 87.

Bouyer, Louis: Autour d'Érasme. Études sur le christianisme des humanistes catholiques, Paris 1955.

Boyle, Marjorie O'Rourke: Erasmus on Language and Method in Theology, Toronto/Buffalo 1977. – Erasmus Studies 2.

Chantraine, Georges: „Mystère" et „Philosophie du Christ" selon Érasme. Étude de la lettre à P. Volz et de la „Ratio verae theologiae" (1518), Namur/Gembloux 1971. – Bibliothèque de la Faculté de Philosophie et Lettres de Namur 49.

Charlier, Yvonne: Érasme et l'amitié d'après sa correspondance, Paris 1977. – Bibliothèque de la Faculté de Philosophie et Lettres de l'Université de Liège 219.

Chomarat, Jacques: Grammaire et rhétorique chez Érasme, 2 Bde., Paris 1981. – Les classiques de l'humanisme, études 10.

Christ-von Wedel, Christine: Das Nichtwissen bei Erasmus von Rotterdam. Zum philosophischen und theologischen Erkennen in der geistigen Entwicklung eines christlichen Humanisten, Basel/Frankfurt am Main 1981. – Basler Beiträge zur Geschichtswissenschaft 142.

Dolfen, Christian: Die Stellung des Erasmus von Rotterdam zur scholastischen Methode, Osnabrück 1936.

Eckert, Willehad Paul: Erasmus von Rotterdam. Werk und Wirkung, 2 Bde., Köln 1967. – Zeugnisse der Buchkunst 4.

Enno van Gelder, Herman Arend: The Two Reformations in the 16th Century. A Study of the Religious Aspects and Consequences of Renaissance and Humanism, ²The Hague 1964.

Flitner, Andreas: Erasmus im Urteil seiner Nachwelt. Das literarische Erasmus-Bild von Beatus Rhenanus bis zu Jean le Clerc, Tübingen 1952.

Godin, André: Érasme lecteur d'Origène, Genève 1982. – Travaux d'Humanisme et Renaissance 190.

Halkin, Léon-E.: Erasmus ex Erasmo. Érasme éditeur de sa correspondance, Aubel 1983. – Livre-idées-société 3.

Hentze, Willi: Kirche und kirchliche Einheit bei Desiderius Erasmus von Rotterdam, Paderborn 1974. – Konfessionskundliche und Kontroverstheologische Studien 34.

Kisch, Guido: Erasmus und die Jurisprudenz seiner Zeit. Studien zum humanistischen Rechtsdenken, Basel 1960. – Basler Studien zur Rechtswissenschaft 56.

Kohls, Ernst-Wilhelm: Die Theologie des Erasmus, 2 Bde., Basel 1966. – Theologische Zeitschrift Sonderband 1.

Mansfield, Bruce: Phoenix of His Age. Interpretations of Erasmus c 1550–1750, Toronto/Buffalo/London 1979. – Erasmus Studies 4.

Markish, Simon: Érasme et les Juifs, o.O. 1979.

Payne, John B.: Erasmus: His Theology of the Sacraments, o.O. (Richmond Virg.) 1970.

Renaudet, Augustin: Études Érasmiennes (1521–1529), Paris 1939.

Rummel, Erika: Erasmus as a Translator of the Classics, Toronto/Buffalo/London 1985. – Erasmus Studies 7.

## 8. Literatur: Sammelwerke

Hier folgen jene Sammelwerke, die ausschließlich oder fast ausschließlich Aufsätze enthalten, die sich mit Erasmus und seinem unmittelbaren Umfeld auseinandersetzen.

Actes du Congrès Érasme, organisé par la Municipalité de Rotterdam, Rotterdam 27–29 octobre 1969, Amsterdam/Londres 1971.

Allen, Percy Stafford: Erasmus. Lectures and wayfaring Sketches, Oxford 1934.

Colloquia Erasmiana Turonensia. Douzième stage international d'études humanistes, Tours 1969, 2 Bde., Paris 1972. – De Pétrarque à Descartes 24.

Colloquium Erasmianum. Actes du Colloque International réuni à Mons du 26 au 29 octobre 1967 à l'occasion du cinquième centenaire de la naissance d'Érasme, Mons 1968.

Commémoration Nationale d'Érasme. Actes Bruxelles, Gand, Liège, Anvers: 3–6 juin 1969, Bruxelles 1970.

Coppens, Joseph (Hg.): Scrinium Erasmianum, 2 Bde., Leiden 1969.

DeMolen, Richard L. (Hg.): Essays on the Works of Erasmus, New Haven/London 1978.

Dorey, Thomas Alan (Hg.): Erasmus, London 1970.

Gedenkschrift zum 400. Todestage des Erasmus von Rotterdam. Herausgegeben von der Historischen und Antiquarischen Gesellschaft zu Basel, Basel 1936.

Margolin, Jean-Claude: Recherches érasmiennes, Genève 1969. – Travaux d'Humanisme et Renaissance 105.

Olin, John C.: Six Essays on Erasmus and a Translation of Erasmus' Letter to Carondelet, 1523, New York 1979.

Voordrachten gehouden ter herdenking van den sterfdag van Erasmus op 10 en 11 juli 1936 te Rotterdam, 's-Gravenhage 1936.

## 9. Bildmaterial

In vielen Schriften stößt man auf einige Abbildungen von Erasmus oder auf eine Seite aus einer seiner Schriften. Die hier aufgeführten Werke bieten eine große Menge gut ausgewählten Materials dieser Art.

Degroote, Gilbert (Hg.): Erasmus, Hasselt 1971. – Genie en wereld.

Erasmus en zijn tijd. Tentoonstelling ingericht ter herdenking van de geboorte ... van Erasmus, 2 Bde., Rotterdam 1969.

## 10. Biographien von Zeitgenossen

In A finden sich gute biographische Notizen über Zeitgenossen des Erasmus, die in seiner Korrespondenz vorkommen. In ASD IX, 1, findet man sie von den in diesem Band erwähnten Zeitgenossen, wobei die Literaturangaben auf den Stand der Zeit gebracht wurden. 1985 erschien der erste Teil eines auf drei Bände berechneten biographischen Lexikons, ein wichtiges Hilfsmittel für das Studium des Erasmus und der Periode zwischen 1450 und 1550.

Bietenholz, Peter G./Deutscher, Thomas B.: Contemporaries of Erasmus. A biographical Register of the Renaissance and Reformation, Bd. 1, Toronto/Buffalo/London 1985.

## 11. Literatur zu den einzelnen Kapiteln

### Zur Einleitung

Epistolae obscurorum virorum. Hg. Bömer, Aloys, 2 Bde., Heidelberg 1924 (= Aalen 1978).

D. Martin Luthers Werke. Kritische Gesamtausgabe, Tischreden, Bd. 1, Weimar 1912 (abgekürzt mit: WA Tr 1).

Reedijk, Cornelis: Huizinga and his Erasmus: some observations in the margin, in: Hellinga Festschrift/Feestbundel/Mélanges. Forty-three Studies in Bibliography presented to Prof. Dr. Wytze Hellinga, Amsterdam 1980, 413–434.

### Zu: Die Welt um 1500

Andreas, Willy: Deutschland vor der Reformation. Eine Zeitenwende, [6]Stuttgart 1959.

Benrath, Gustav Adolf (Hg.): Wegbereiter der Reformation, Bremen 1967. – Klassiker des Protestantismus 1. Sammlung Dieterich 266.

Guggisberg, Hans R.: Basel in the Sixteenth Century. Aspects of the City Republic before, during, and after the Reformation, St. Louis, Missouri 1982.

Huizinga, Johan: Erasmus über Vaterland und Nationen, in: Gedenkschrift zum 400. Todestag des Erasmus von Rotterdam. Herausgegeben von der Historischen und Antiquarischen Gesellschaft zu Basel, Basel 1936, 34–49.

L'Humanisme allemand (1480–1540). XVIIIe Colloque international de Tours, München/Paris 1979. – Humanistische Bibliothek I 38. De Pétrarque à Descartes 37.

Kristeller, Paul Oskar: Humanismus und Renaissance, 2 Bde., München o. J. – Uni-Taschenbücher 914, 915.

Moeller, Bernd: Frömmigkeit in Deutschland um 1500, in: Archiv für Reformationsgeschichte 56, 1965, 5–31.

Moeller, Bernd: Deutschland im Zeitalter der Reformation, Göttingen 1977. – Deutsche Geschichte 4. Kleine Vandenhoeck-Reihe 1432.

Oberman, Heiko Augustinus: Forerunners of the Reformation. The Shape of Late Medieval Thought Illustrated by Key Documents, London 1967.

Oberman, Heiko A./Brady, Thomas A.: Itinerarium Italicum. The Profile of the Italian Renaissance in the Mirror of its European Transformations, Leiden 1975. – Studies in Medieval and Reformation Thought 14.

Post, Regnerus Richardus: The Modern Devotion. Confrontation with Reformation and Humanism, Leiden 1968. – Studies in Medieval and Reformation Thought 3.

Renaudet, Augustin: Préréforme et Humanisme à Paris pendant les premières guerres d'Italie (1494–1517), ²Paris 1953.

Rijk, Lambertus Marie de: Middeleeuwse wijsbegeerte. Traditie en vernieuwing, Amsterdam 1977.

Ritter, Gerhard: Die geschichtliche Bedeutung des deutschen Humanismus, in: Historische Zeitschrift 127, 1923, 393–453.

Rupprich, Hans: Die deutsche Literatur vom späten Mittelalter bis zum Barock, 2 Tle. = Boor, Helmut de/Newald, Richard: Geschichte der deutschen Literatur von den Anfängen bis zur Gegenwart, Bd. 4, 1–2, München 1970, 1973.

Spitz, Lewis W.: The Religious Renaissance of the German Humanists, Cambridge Mass. 1963.

Wohlfeil, Rainer: Einführung in die Geschichte der deutschen Reformation, München 1982. – Beck'sche Elementarbücher.

Worstbrock, Franz Josef: Deutsche Antikerezeption 1450–1550. Teil 1. Verzeichnis der deutschen Übersetzungen antiker Autoren. Mit einer Bibliographie der Übersetzer, Boppard am Rhein 1976. – Veröffentlichungen zur Humanismusforschung 1.

## Zu: Jugend und Studienzeit

Augustijn, Cornelis: Het probleem van de initia Erasmi, in: Bijdragen. Tijdschrift voor filosofie en theologie 30, 1969, 380–395.

Boyle, Marjorie O'Rourke: The Eponyms of ,Desiderius Erasmus', in: Renaissance Quarterly 30, 1977, 12–23.

Bradshaw, Brendan: The Christian Humanism of Erasmus, in: The Journal of Theological Studies NS 33, 1982, 411–447.

Crahay, Roland: Recherches sur le Compendium Vitae attribué à Érasme, in: Humanisme et Renaissance 6, 1939, 7–19, 135–153.

DeMolen, Richard L.: Erasmus as adolescent: „Shipwrecked am I, and lost, ‚mid waters chill'", in: Bibliothèque d'Humanisme et Renaissance 38, 1976, 7–25.

Dolfen, Christian: siehe S. 181.

Eijl, E. J. M. van: De interpretatie van Erasmus' De contemptu mundi, in: Lievens, R./Van Mingroot, E./Verbeke, W. (Hg.): Pascua Mediaevalia. Studies voor Prof. Dr. J. M. de Smet, Leuven 1983. – Mediaevalia Lovaniensia I, 10.

Haverals, Marcel: Une première rédaction du „De contemptu mundi" d'Érasme dans un manuscrit de Zwolle, in: Humanistica Lovaniensia. Journal of Neo-Latin Studies 30, 1981, 40–54.

Hyma, Albert: The Youth of Erasmus, Ann Arbor 1930. – University of Michigan Publications. History and Political Science 10.

Kaufman, Peter Iver: The Disputed Date of Erasmus' Liber Apologeticus, in: Medievalia et Humanistica NS 10, 1981, 141–157.

Kaufman, Peter Iver: Augustinian Piety and Catholic Reform. Augustine, Colet, and Erasmus, Macon 1982.

Koch, A. C. F.: The year of Erasmus' birth and other contributions to the chronology of his life, Utrecht 1969.

Kohls, Ernst-Wilhelm: siehe S. 182.

Mestwerdt, Paul: Die Anfänge des Erasmus. Humanismus und „Devotio Moderna", Leipzig 1917. – Studien zur Kultur und Geschichte der Reformation 2.

Pfeiffer, Rudolf: Humanitas Erasmiana, Leipzig/Berlin 1931. – Studien der Bibliothek Warburg 22.

Pfeiffer, Rudolf: Die Wandlungen der „Antibarbari", in: Gedenkschrift zum 400. Todestage des Erasmus von Rotterdam. Herausgegeben von der Historischen und Antiquarischen Gesellschaft zu Basel, Basel 1936, 50–68.

Post, Regnerus Richardus: siehe. S. 184.

Renaudet, Augustin: siehe S. 184.

Rice, Eugene F.: Erasmus and the Religious Tradition, 1495–1499, in: Journal of the History of Ideas 11, 1950, 387–411.

Rummel, Erika: Quoting Poetry instead of Scripture: Erasmus and Eucherius on Contemptus Mundi, in: Biliothèque d'Humanisme et Renaissance 45, 1983, 503–509.

Schottenloher, Otto: Erasmus im Ringen um die humanistische Bildungsform. Ein Beitrag zum Verständnis seiner geistigen Entwicklung, Münster i.W. 1933. – Reformationsgeschichtliche Studien und Texte 61.

Stupperich, Robert: Zur Biographie des Erasmus von Rotterdam. Zwei Untersuchungen, in: Archiv für Reformationsgeschichte 65, 1974, 18–36.

## Zu: Erasmus in der Welt der Humanisten

Außer der zum vorigen Kapitel aufgeführten Literatur seien noch erwähnt:

Brown, Andrew J.: The date of Erasmus' Latin translation of the New Testament, in: Transactions of the Cambridge Bibliographical Society 8, 1984, 351–380.

Halkin, Léon-E.: Érasme en Italie, in: Colloquia Erasmiana Turonensia. Douzième stage international d'études humanistes, Tours 1969, Bd. 1, Paris 1972, 37–53. – De Pétrarque à Descartes 24.

Halkin, Léon-E.: siehe S. 182.

Ulrichi Hutteni Equitis Germani Opera. Hg. Böcking, Eduardus, Bd. 1, Lipsiae 1859 (abgekürzt mit: Hutten 1).

Renaudet, Augustin: Érasme et l'Italie, Genève 1954. – Travaux d'Humanisme et Renaissance 15.

Seebohm, Frederic: The Oxford Reformers of 1498: being a History of the Fellow-Work of John Colet, Erasmus, and Thomas More, London 1867.

Thomson, D. F. S./Porter, H. C.: Erasmus and Cambridge. The Cambridge Letters of Erasmus, Toronto 1963.

## Zu: Das Enchiridion

Auer, Alfons: Die vollkommene Frömmigkeit des Christen. Nach dem Enchiridion militis Christiani des Erasmus von Rotterdam, Düsseldorf 1954.

Benrath, Gustav Adolf: Die Lehre des Humanismus und des Antitrinitarismus, in: Andresen, Carl: Handbuch der Dogmen- und Theologiegeschichte, Bd. 3, Göttingen 1984, 1–70.

Bijl, Simon Willem: Erasmus in het Nederlands tot 1617, Nieuwkoop 1978.

Coppens, Joseph: Eustachius van Zichem en zijn strijdschrift tegen Erasmus, Amsterdam/Londen 1974. – Mededelingen der Koninklijke Nederlandse Akademie van Wetenschappen, afd. Letterkunde NR 37, 2.

Devereux, Edward James: siehe S. 180.

Erasmus: Enchiridion Militis Christiani. An English Version. Hg. O'Donnell, Anne M., Oxford 1981.

Étienne, Jacques: Spiritualisme érasmien et théologiens louvanistes. Un changement de problématique au début du XVIe siècle, Louvain/Gembloux 1956.

Haeghen, Ferdinand van der/Lenger, Marie-Thérèse: Bibliotheca Belgica. Bibliographie Générale des Pays-Bas, Bd. 2, Bruxelles 1964, 777–843.

Hamm, Berndt: Frömmigkeitstheologie am Anfang des 16. Jahrhunderts. Studien zu Johannes von Paltz und seinem Umkreis, Tübingen 1982. – Beiträge zur Historischen Theologie 65.

Kohls, Ernst-Wilhelm: siehe S. 182.

Oberman, Heiko Augustinus: Luthers Reformatorische Ontdekkingen, in: Maarten Luther. Feestelijke Herdenking van zijn Vijfhonderdste Geboortedag, Amsterdam 1983, 11–34.

Renaudet, Augustin: siehe S. 184.

Schottenloher, Otto: Erasmus, Johann Poppenruyter und die Entstehung des Enchiridion militis christiani, in: Archiv für Reformationsgeschichte 45, 1954, 109–116.

Stupperich, Robert: Das Enchiridion militis christiani des Erasmus von Rotterdam nach seiner Entstehung, seinem Sinn und Charakter, in: Archiv für Reformationsgeschichte 69, 1978, 5–23.

Van Santbergen, René: Un Procès de religion à Louvain. Paul de Rovere (1542–1546), Bruxelles 1953.

## Zu: Das Lob der Torheit

Bjurström, Per: Tekeningen uit het Nationalmuseum te Stockholm. Collectie van Graaf Tessin 1695–1770. Gezant van Zweden bij het Franse Hof, Parijs/Brussel/Amsterdam 1970–1971.

Desiderius Erasmus. The Praise of Folly. Hg. Miller, Clarence H., New Haven/ London 1979 (abgekürzt: Praise).

Gavin, Joseph A./Miller, Clarence H.: Erasmus' additions to Listrius' commentary on ‚The Praise of Folly', in: Erasmus in English. A Newsletter published by University of Toronto Press 11, 1981–82, 19–26.

Gavin, Joseph A./Walsh, Thomas M.: The Praise of Folly in Context: The Commentary of Girardus Listrius, in: Renaissance Quarterly 24, 1971, 193–209.

Kaiser, Walter: Praisers of Folly. Erasmus. Rabelais. Shakespeare, Cambridge Massachusetts 1963. – Harvard Studies in Comparative Literature 25.

Könneker, Barbara: Wesen und Wandlung der Narrenidee im Zeitalter des Humanismus. Brant-Murner-Erasmus, Wiesbaden 1966.

Kristeller, Paul Oskar: Erasmus from an Italian Perspective, in: Renaissance Quarterly 23, 1970, 1–14.

Lefebvre, Joël: Les fols et la folie. Etude sur les genres du comique et la création littéraire en Allemagne pendant la Renaissance, Paris 1968.

Miller, Clarence H.: Einleitung zu „Moriae encomium", in: Opera omnia Desiderii Erasmi Roterodami, Bd. IV, 3, Amsterdam/Oxford 1979, 13–39.

Radice, Betty: Holbein's marginal illustrations to the Praise of Folly, in: Erasmus in English. A Newsletter published by University of Toronto Press 7, 1975, 8–17.

Screech, Michael Andrew: Ecstasy and the Praise of Folly, London 1980.

Thompson, Geraldine: Under Pretext of Praise. Satiric Mode in Erasmus' Fiction, Toronto/Buffalo 1973. – Erasmus Studies 1.

Williams, Kathleen (Hg.): Twentieth Century Interpretations of The Praise of Folly. A Collection of Critical Essays, Englewood Cliffs, N. J. 1969.

## Zu: Christliche Philosophie

Bouyer, Louis: siehe S. 181.

Brachin, Pierre: Vox clamantis in deserto. Réflexions sur le pacifisme d'Érasme, in: Colloquia Erasmiana Turonensia. Douzième stage international d'études humanistes, Tours 1969, Bd. 1, Paris 1972, 247–275. – De Pétrarque à Descartes 24.

Chantraine, Georges: siehe S. 181.

Constantinescu Bagdat, Elise: La „Querela pacis" d'Érasme (1517) (La plainte de la paix), Paris 1924. – Études d'histoire pacifiste 1.

Haeghen, Ferdinand van der/Lenger, Marie-Thérèse: Bibliotheca Belgica. Bibliographie Générale des Pays-Bas, Bd. 2, Bruxelles 1964, 974–987.

Herding, Otto: Einleitung zu „Institutio principis christiani", in: Opera omnia Desiderii Erasmi Roterodami, Bd. IV, 1, Amsterdam 1974, 97–130; zu „Querela pacis", in: Bd. IV, 2, Amsterdam/Oxford 1977, 3–33.

Koerber, Eberhard von: Die Staatstheorie des Erasmus von Rotterdam, Berlin 1967. – Schriften zur Verfassungsgeschichte 4.

Margolin, Jean-Claude: Guerre et paix dans la pensée d'Érasme, Paris 1973.

Mesnard, Pierre: L'Essor de la philosophie politique au XVIe siècle, ³Paris 1969. – De Pétrarque à Descartes 19.

Phillips, Margaret Mann: The ‚Adages' of Erasmus. A Study with Translations, Cambridge 1964.

Renaudet, Augustin: siehe S. 182.

Sowards, Jesse Kelley: The Julius Exclusus of Desiderius Erasmus, Bloomington/ London 1968.

Stange, Carl: Erasmus und Julius II. Eine Legende, Berlin 1937.

Tracy, James D.: The Politics of Erasmus. A Pacifist Intellectual and His Political Milieu, Toronto/Buffalo/London 1978. – Erasmus Studies 3.

*Zu: Bibel und Kirchenväter*

Béné, Charles: siehe S. 181.

Béné, Charles: L'exégèse des Psaumes chez Erasme, in: Fatio, Olivier/Fraenkel, Pierre (Hg.): Histoire de l'exégèse au XVIe siècle. Textes du Colloque International tenu à Genève en 1976, Genève 1978, 118–132. – Études de philologie et d'histoire 34.

Bentley, Jerry H.: Erasmus' Annotationes in Novum Testamentum and the Textual Criticism of the Gospels, in: Archiv für Reformationsgeschichte 67, 1976, 33–53.

Bentley, Jerry H.: Humanists and Holy Writ, New Testament Scholarship in the Renaissance, Princeton New Jersey 1983.

Bludau, August: Die beiden ersten Erasmus-Ausgaben des Neuen Testaments und ihre Gegner, Freiburg im Breisgau 1902. – Biblische Studien VII, 5.

Brown, Andrew J.: siehe S. 185.

Dolfen, Christian: siehe S. 181.

Godin, André: siehe S. 182.

Gorce, Denys: La patristique dans la réforme d'Érasme, in: Reformation. Schicksal und Auftrag. Festgabe Joseph Lortz, Bd. 1, Baden-Baden 1958, 233–276.

Hoffmann, Manfred: Erkenntnis und Verwirklichung der wahren Theologie nach Erasmus von Rotterdam, Tübingen 1972. – Beiträge zur Historischen Theologie 44.

Holeczek, Heinz: Humanistische Bibelphilologie als Reformproblem bei Erasmus von Rotterdam, Thomas More und William Tyndale, Leiden 1975. – Studies in the History of Christian Thought 9.

Jonge, Henk Jan de: Erasmus und die Glossa Ordinaria zum Neuen Testament, in: Nederlands Archief voor Kerkgeschiedenis NS 56, 1975, 51–77.

Jonge, Henk Jan de: Einleitung zu „Apologia ad annotationes Stunicae", in: Opera omnia Desiderii Erasmi Roterodami, Bd. IX, 2, Amsterdam/Oxford 1983, 3–49.

Jonge, Henk Jan de: Novum Testamentum a nobis versum: the Essence of Erasmus' Edition of the New Testament, in: Journal of Theological Studies NS 35, 1984, 394–413 (abgekürzt mit: De Jonge).

Lubac, Henri de: Exégèse médiévale. Les quatres sens de l'Écriture, Bd. II, 2, Paris 1964, 427–487. – Théologie 59.

Payne, John B.: Toward the Hermeneutics of Erasmus, in: Coppens, Joseph (Hg.): Scrinium Erasmianum, Bd., 2, Leiden 1969, 13–49.

Pfeiffer, Rudolf: History of Classical Scholarship from 1300 to 1850, Oxford 1976.

Rabil, Albert Jr.: Erasmus and the New Testament: The Mind of a Christian Humanist, San Antonio 1972.

Rabil, Albert Jr.: Erasmus' Paraphrases of the New Testament, in: DeMolen, Richard L. (Hg.): Essays on the Works of Erasmus, New Haven/London 1978, 145–161.

Rummel, Erika: siehe S. 182.

Schwarz, Werner: Principles and Problems of Biblical Translation. Some Reformation controversies and their background, Cambridge 1955.

Winkler, Gerhard B.: Erasmus von Rotterdam und die Einleitungsschriften zum Neuen Testament. Formale Strukturen und theologischer Sinn, Münster Westfalen 1974. – Reformationsgeschichtliche Studien und Texte 108.

## Zu: Im Kreis der Bibelhumanisten

Augustijn, Cornelis: Erasmus und die Juden, in: Nederlands Archief voor Kerkgeschiedenis NS 60, 1980, 22–38.

Bedouelle, Guy: Le Quincuplex Psalterium de Lefèvre d'Étaples. Un guide de lecture, Genève 1979. – Travaux d'Humanisme et Renaissance 171.

Bietenholz, Peter: Érasme et le public allemand, 1518–1520: Examen de sa correspondance selon les critères de la publicité intentionnelle ou involontaire, in: L'Humanisme allemand (1480–1540). XVIIIe Colloque international de Tours, München/Paris 1979, 81–98. – Humanistische Bibliothek I 38. De Pétrarque à Descartes 37.

Chantraine, Georges: L'Apologia ad Latomum. Deux conceptions de la théologie, in: Coppens, Joseph (Hg.): Scrinium Erasmianum, Bd. 2, Leiden 1969, 51–75.

Feld, Helmut: Der Humanisten-Streit um Hebräer 2,7 (Psalm 8,6), in: Archiv für Reformationsgeschichte 61, 1970, 5–35.

Geiger, Ludwig: Johann Reuchlin, sein Leben und seine Werke, Leipzig 1871 (= Nieuwkoop 1964).

Hutten, Ulrich: siehe S. 186.

Junghans, Helmar: Der junge Luther und die Humanisten, Weimar 1984. – Arbeiten zur Kirchengeschichte 8.

Livet, Georges/Rapp, Francis/Rott, Jean (Hg.): Strasbourg au cœur religieux du XVIe siècle. Actes du Colloque international de Strasbourg (25–29 mai 1975), Strasbourg 1977. – Société savante d'Alsace et des Régions de l'Est, Collection „Grandes publications" 12.

Mann, Margaret: Érasme et les débuts de la Réforme française (1517–1536), Paris 1934 (= Genève 1978).

Massaut, Jean-Pierre: Critique et tradition à la veille de la Réforme en France, Paris 1974. – De Pétrarque à Descartes 31.

Nauwelaerts, Marcel Augustijn: Érasme à Louvain. Éphémérides d'un séjour de 1517 à 1521, in: Coppens, Joseph (Hg.): Scrinium Erasmianum, Bd. 1, Leiden 1969, 3–24.

Overfield, James H.: A New Look at the Reuchlin Affair, in: Adelson, Howard L. (Hg.): Studies in Medieval and Renaissance History, Bd. 8, Lincoln 1971, 165–207.

Payne, John B.: Erasmus and Lefèvre d'Étaples as Interpreters of Paul, in: Archiv für Reformationsgeschichte 65, 1974, 54–83.

Scheible, Heinz: Luther und die Anfänge der Reformation am Oberrhein, in: Luther und die Reformation am Oberrhein. Eine Ausstellung..., Karlsruhe 1983, 15–39.

Schwarz, Werner: siehe S. 189.

Telle, Émile V.: Érasme de Rotterdam et le septième sacrement. Étude d'évangélisme matrimonial au XVIe siècle et contribution à la biographie intellectuelle d'Érasme, Genève 1954.

Vocht, Henry de: History of the Foundation and the Rise of the Collegium Trilingue Lovaniense 1517–1550, Bd. 1, Louvain 1951. – Humanistica Lovaniensia 10.

Wackernagel, Rudolf: Humanismus und Reformation in Basel, Basel 1924.

Huldreich Zwinglis Sämtliche Werke, Bd. 7, Leipzig 1911. – Corpus Reformatorum 94 (abgekürzt mit: Z VII).

## Zu: Die Luthersache

Augustijn, Cornelis: Erasmus en de Reformatie. Een onderzoek naar de houding die Erasmus ten opzichte van de Reformatie heeft aangenomen, Amsterdam 1962.

Augustijn, Cornelis: Erasmus von Rotterdam im Galaterbriefkommentar Luthers von 1519, in: Lutherjahrbuch 49, 1982, 115–132.

Blockx, Karel: De veroordeling van Maarten Luther door de Theologische Faculteit te Leuven in 1519, Brussel 1958. – Verhandelingen van de Koninklijke Vlaamse Academie voor Wetenschappen, Letteren en Schone Kunsten van België, Klasse der Letteren 31.

Correspondance de Martin Bucer. Hg. Rott, Jean, Leiden 1979. – Martini Buceri Opera Omnia 3, 1. Studies in Medieval and Reformation Thought 25 (abgekürzt mit: Bucer Corr. I).

Ducke, Karl-Heinz: Das Verständnis von Amt und Theologie im Briefwechsel zwischen Hadrian VI. und Erasmus von Rotterdam, Leipzig 1973. – Erfurter Theologische Schriften 10.

Erasmi Opuscula. A Supplement to the Opera Omnia. Hg. Ferguson, Wallace K., The Hague 1933.

Freitag, A.: Einleitung zu „De servo arbitrio", in: D. Martin Luthers Werke. Kritische Gesamtausgabe, Bd. 18, Weimar 1908, 551–599.

Holeczek, Heinz: Die Haltung des Erasmus zu Luther nach dem Scheitern seiner Vermittlungspolitik 1520/21, in: Archiv für Reformationsgeschichte 64, 1973, 85–112.

Junghans, Helmar: siehe S. 189.

Lohse, Bernhard: Martin Luther. Eine Einführung in sein Leben und sein Werk, München 1981. – Beck'sche Elementarbücher.

D. Martin Luthers Werke. Kritische Gesamtausgabe, Tischreden, Bd. 1, Weimar 1912 (abgekürzt mit: WA Tr 1); Briefwechsel, Bd. 1; 3, Weimar 1930; 1933 (abgekürzt mit: WA Br 1; 3).

Maurer, Wilhelm: Melanchthons Anteil am Streit zwischen Luther und Erasmus, in: Archiv für Reformationsgeschichte 49, 1958, 89–115.

Moeller, Bernd: Die deutschen Humanisten und die Anfänge der Reformation, in: Zeitschrift für Kirchengeschichte 70, 1959, 46–61.

Renaudet, Augustin: Érasme, sa pensée religieuse et son action d'après sa correspondance (1518–1521), Paris 1926.

Schätti, Karl: Erasmus von Rotterdam und die römische Kurie, Basel 1954. – Basler Beiträge zur Geschichtswissenschaft 48.

Scheible, Heinz: Melanchthon zwischen Luther und Erasmus, in: Buck, August (Hg.): Renaissance-Reformation. Gegensätze und Gemeinsamkeiten, Wiesbaden 1984, 155–180. – Wolfenbütteler Abhandlungen zur Renaissanceforschung 5.

Scribner, R. W.: The Erasmians and the Beginning of the Reformation in Erfurt, in: The Journal of Religious History 9, 1976–1977, 3–31.

Stierle, Beate: Capito als Humanist, Gütersloh 1974. – Quellen und Forschungen zur Reformationsgeschichte 42.

Thompson, Craig R.: Inquisitio de fide, a Colloquy by Desiderius Erasmus Roterodamus 1524, ²Hamden 1975.

Zwingli, Huldreich: siehe S. 190.

## Zu: Der Streit über die Willensfreiheit

Außer der zum vorigen Kapitel aufgeführten Literatur seien noch erwähnt:

Augustijn, Cornelis: Hyperaspistes I: La doctrine d'Érasme et de Luther sur la „Claritas Scripturae", in: Colloquia Erasmiana Turonensia. Douzième stage international d'études humanistes, Tours 1969, Bd. 2, Paris 1972, 737–748. – De Pétrarque à Descartes 24.

Bornkamm, Heinrich: Erasmus und Luther, in: Luther-Jahrbuch 25, 1958, 3–22.

Boyle, Marjorie O'Rourke: Rhetoric and Reform. Erasmus' Civil Dispute with Luther, Cambridge Mass./London 1983. – Harvard Historical Monographs 71.

Boyle, Marjorie O'Rourke: Erasmus and the „Modern" Question: Was He Semi-Pelagian?, in: Archiv für Reformationsgeschichte 75, 1984, 59–77.

Chantraine, Georges: Érasme et Luther, libre et serf arbitre. Étude historique et théologique. Paris/Namur 1981.

Kerlen, Dietrich: Assertio. Die Entwicklung von Luthers theologischem Anspruch und der Streit mit Erasmus von Rotterdam, Wiesbaden 1976. – Veröffentlichungen des Instituts für Europäische Geschichte Mainz 78.

Lohse, Bernhard: Marginalien zum Streit zwischen Erasmus und Luther, in: Luther. Zeitschrift der Luther-Gesellschaft 46, 1975, 5–24.

Luther, Martin: De servo arbitrio, in: D. Martin Luthers Werke. Kritische Gesamtausgabe, Bd. 18, Weimar 1908, 600–787 (abgekürzt mit: WA 18).

McSorley, Harry J.: Luthers Lehre vom unfreien Willen nach seiner Hauptschrift De Servo Arbitrio im Lichte der biblischen und kirchlichen Tradition, München 1967. – Beiträge zur ökumenischen Theologie 1.

Trinkaus, Charles: Erasmus, Augustine, and the Nominalists, in: Archiv für Reformationsgeschichte 67, 1976, 5–32.

Zickendraht, Karl: Der Streit zwischen Erasmus und Luther über die Willensfreiheit, Leipzig 1909.

## Zu: Zwischen Scylla und Charybdis

Augustijn, Cornelis: Erasmus en de Reformatie. Een onderzoek naar de houding die Erasmus ten opzichte van de Reformatie heeft aangenomen, Amsterdam 1962.

Augustijn, Cornelis: Einleitungen zu „De interdicto esu carnium" und „Scholia", in: Opera omnia Desiderii Erasmi Roterodami, Bd. IX, 1, Amsterdam/Oxford 1982, 3–13, 53–63.

Bataillon, Marcel: Érasme et l'Espagne, Paris/Bordeaux 1937. – Bibliothèque de l'école des hautes études hispaniques 21.

Bataillon, Marcel: Erasmo y España. Estudios sobre la historia espiritual del siglo XVI, ²México/Buenos Aires 1966.

Bierlaire, Franz: Les Colloques d'Érasme: réforme des études, réforme des mœurs et réforme de l'Église au XVIe siècle, Paris 1978. – Bibliothèque de la Faculté de Philosophie et Lettres de l'Université de Liège 222.

Farge, James K.: Orthodoxy and Reform in early Reformation France. The Faculty of Theology in Paris 1500–1543, Leiden 1985. – Studies in Medieval and Reformation Thought 32.

Gäbler, Ulrich: Huldrych Zwingli. Eine Einführung in sein Leben und sein Werk, München 1983. – Beck'sche Elementarbücher.

Gilly, Carlos: Spanien und der Basler Buchdruck bis 1600. Ein Querschnitt durch die spanische Geistesgeschichte aus der Sicht einer europäischen Buchdruckerstadt, Basel/Frankfurt am Main 1985. – Basler Beiträge zur Geschichtswissenschaft 151.

Gilmore, Myron P.: Erasmus und Alberto Pio, Prince of Carpi, in: Rabb, Theodore K./Seigel, Jerrold E. (Hg.): Action and Conviction in Early Modern Europe. Essays in Memory of E. H. Harbison, Princeton 1969, 299–318.

Gilmore, Myron P.: Italian Reactions to Erasmian Humanism, in: Oberman, Heiko A./Brady, Thomas A. (Hg.): Itinerarium Italicum. The Profile of the Italian Renaissance in the Mirror of its European Transformations, Leiden 1975, 61–115. – Studies in Medieval and Reformation Thought 14.

Mann, Margaret: siehe S. 189.

Massaut, Jean-Pierre: Josse Clichtove, l'humanisme et la réforme du clergé, 2 Bde., Paris 1968. – Bibliothèque de la Faculté de Philosophie et Lettres de l'Université de Liège 183.

McConica, James Kelsey: Erasmus and the Grammar of Consent, in: Coppens, Joseph (Hg.): Scrinium Erasmianum, Bd. 2, Leiden 1969, 77–99.

Oelrich, Karl Heinz: Der späte Erasmus und die Reformation, Münster Westfalen 1961. – Reformationsgeschichtliche Studien und Texte 86.

Payne, John B.: siehe S. 188.

Renaudet, Augustin: siehe S. 182.

## Zu: Die Colloquia

Baron, Hans: Erasmus-Probleme im Spiegel des Colloquium „Inquisitio de fide", in: Archiv für Reformationsgeschichte 43, 1952, 254–263.

Bierlaire, Franz: Érasme et ses Colloques: le livre d'une vie, Genève 1977. – Travaux d'Humanisme et Renaissance 159.

Bierlaire, Franz: siehe S. 181.

The Colloquies of Erasmus. Hg. Thompson, Craig R., Chicago/London 1965.

Gutmann, Elsbeth: Die Colloquia Familiaria des Erasmus von Rotterdam, Basel/ Stuttgart 1968. – Basler Beiträge zur Geschichtswissenschaft 111.

Haeghen, Ferdinand van der/Lenger, Marie-Thérèse: Bibliotheca Belgica. Bibliographie Générale des Pays-Bas, Bd. 2, Bruxelles 1964, 476–767.

Halkin, Léon-E./Bierlaire, Franz/Hoven, René: Einleitung zu „Colloquia", in: Opera omnia Desiderii Erasmi Roterodami, Bd. I, 3, Amsterdam 1972, 3–23.

Heep, Martha: Die Colloquia familiaria des Erasmus und Lucian, Halle (Saale) 1927. – Hermaea. Ausgewählte Arbeiten aus dem deutschen Seminar zu Halle 18.

D. Martin Luthers Werke. Kritische Gesamtausgabe, Tischreden, Bd. 1, Weimar 1912 (abgekürzt mit: WA Tr 1).

Margolin, Jean-Claude: Erasme, Declamatio de pueris statim ac liberaliter instituendis. Étude critique, traduction et commentaire, Genève 1966. – Travaux d'Humanisme et Renaissance 77.

Pelargus, Ambrosius: Bellaria Epistolarum Erasmi Rot. et Ambrosii Pelargi vicissim missarum ..., Coloniae 1539.

Schneider, Elisabeth: Das Bild der Frau im Werk des Erasmus von Rotterdam, Basel 1955.

Thompson, Craig R.: siehe S. 191.

Thompson, Geraldine: siehe S. 187.

## Zu: *Um die Einheit der Gesellschaft*

Augustijn, Cornelis: Gerard Geldenhouwer und die religiöse Toleranz, in: Archiv für Reformationsgeschichte 69, 1978, 132–156.

Bierlaire, Franz: siehe S. 181.

Blom, Nicolaas van der: Die letzten Worte des Erasmus, in: Basler Zeitschrift für Geschichte und Altertumskunde 65, 1965, 195–214.

Castellion, Sébastien: De haereticis an sint persequendi. Réproduction en fac-similé de l'édition de 1554 avec une introduction. Hg. Woude, Sape van der, Genève 1954.

Coppens, Joseph: Erasmus' laatste bijdragen tot de hereniging der christenen, Brussel 1962. – Mededelingen van de Koninklijke Vlaamse Academie voor Wetenschappen, Letteren en Schone Kunsten van België. Klasse der Letteren 24, 3.

Hentze, Willi: siehe S. 182.

Lecler, Joseph: Histoire de la tolérance au siècle de la Réforme, 2 Bde., Paris 1955. – Théologie 31.

D. Martin Luthers Werke. Kritische Gesamtausgabe, Bd. 38, Weimar 1912 (abgekürzt mit: WA 38).

Phillips, Margaret Mann: Some Last Words of Erasmus, in: Olin, John C./Smart, James D./McNally, Robert E. (Hg.): Luther, Erasmus and the Reformation. A Catholic-Protestant Reappraisal, New York 1969, 87–113.

Pollet, J. V.: Origine et Structure du „De Sarcienda Ecclesiae Concordia" (1533) d'Érasme, in: Coppens, Joseph (Hg.): Scrinium Erasmianum, Bd. 2, Leiden 1969, 183–195.

Reedijk, Cornelis: Das Lebensende des Erasmus, in: Basler Zeitschrift für Geschichte und Altertumskunde 57, 1958, 23–66.

Renaudet, Augustin: siehe S. 186.

Schätti, Karl: siehe S. 190.

Stupperich, Robert: Der Humanismus und die Wiedervereinigung der Konfessionen, Leipzig 1936. – Schriften des Vereins für Reformationsgeschichte 160.

## Zu: *Erasmus und sein Einfluß*

Boyle, Marjorie O'Rourke: siehe S. 181.

Chomarat, Jacques: siehe S. 181.

Denifle, Heinrich/Weiß, Albert Maria: Luther und Luthertum in der ersten Entwickelung, 2 Bde., ²Mainz 1904, 1905, 1906, 1909.

Enno van Gelder, Herman Arend: siehe S. 182.

Flitner, Andreas: siehe S. 182.

Gäbler, Ulrich: siehe S. 192.

Holeczek, Heinz: siehe S. 180.

Joachimsen, Paul: Loci communes. Eine Untersuchung zur Geistesgeschichte des

Humanismus und der Reformation, in: Luther-Jahrbuch. Jahrbuch der Luther-Geselllschaft 8, 1926, 27–97.

Kaegi, Werner: Erasmus im achtzehnten Jahrhundert, in: Gedenkschrift zum 400. Todestage des Erasmus von Rotterdam. Herausgegeben von der Historischen und Antiquarischen Gesellschaft zu Basel, Basel 1936, 205–227.

Kinney, Daniel: More's Letter to Dorp: Remapping the Trivium, in: Renaissance Quarterly 34, 1981, 179–210.

Kohls, Ernst-Wilhelm: Die theologische Lebensaufgabe des Erasmus und die oberrheinischen Reformatoren. Zur Durchdringung von Humanismus und Reformation, Stuttgart 1969. – Arbeiten zur Theologie I, 39.

Lortz, Joseph: Die Reformation in Deutschland, 2 Bde., ¹Freiburg im Breisgau 1939, 1940.

D. Martin Luthers Werke. Kritische Gesamtausgabe, Briefwechsel, Bd. 7, Weimar 1937 (abgekürzt mit: WA Br 7).

Maeder, Kurt: Die Via Media in der Schweizerischen Reformation. Studien zum Problem der Kontinuität im Zeitalter der Glaubensspaltung, Zürich 1970. – Zürcher Beiträge zur Reformationsgeschichte 2.

Mansfield, Bruce: siehe S. 182.

McConica, James Kelsey: English Humanistis and Reformation Politics under Henry VIII and Edward VI, Oxford 1965.

Olin, John C.: Erasmus and His Place in History, in: DeMolen, Richard L. (Hg.): Erasmus of Rotterdam. A Quincentennial Symposium, New York 1971, 63–76.

Raeder, Siegfried: Luther als Ausleger und Übersetzer der Heiligen Schrift, in: Junghans, Helmar (Hg.): Leben und Werk Martin Luthers von 1526 bis 1546. Festgabe zu seinem 500. Geburtstag, Bd. 1, Berlin 1983, 253–278; Bd. 2, Berlin 1983, 800–805.

Renaudet, Augustin: siehe S. 182.

Scheible, Heinz: siehe S. 190.

Tuynman, P.: Erasmus: functionele rhetorica bij een christen-ciceroniaan, in: Lampas. Tijdschrift voor nederlandse classici 9, 1976, 163–195.

Vives, Juan Luis: In pseudodialecticos. A critical edition. Hg. Fantazzi, Charles, Leiden 1979. – Studies in Medieval and Reformation Thought 27.

Wiedenhofer, Siegfried: Formalstrukturen humanistischer und reformatorischer Theologie bei Philipp Melanchthon, 2 Bde., Bern/Frankfurt M./München 1976. – Regensburger Studien zur Theologie 2.

# Personenregister

# Sachregister

*Weitere Biographien großer religiöser Gestalten*


*Kurt Ruh*
## Meister Eckhart
Theologe · Prediger · Mystiker
1985. 208 Seiten mit 1 Abbildung. Leinen

*Bernhard Lohse*
## Martin Luther
Eine Einführung in sein Leben und sein Werk
Nachdruck der 2., durchgesehenen Auflage. 1983. 257 Seiten. Leinen

*Ulrich Gäbler*
## Huldrych Zwingli
Eine Einführung in sein Leben und sein Werk
1983. 163 Seiten. Leinen

*Gerhard Ruhbach und Josef Sudbrack (Hrsg.)*
## Große Mystiker
Leben und Wirken
1984. 400 Seiten. Leinen

*Heinrich Fries und Georg Kretschmar (Hrsg.)*
## Klassiker der Theologie
Band I: Von Irenäus bis Martin Luther
1981. 462 Seiten mit 23 Porträtabbildungen. Leinen
Band II: Von Richard Simon bis Dietrich Bonhoeffer
1983. 486 Seiten mit 20 Porträtabbildungen. Leinen

*Hans-Jürgen Goertz (Hrsg.)*
## Radikale Reformatoren
21 biographische Skizzen von Thomas Müntzer bis Paracelsus
1978. 263 Seiten mit 19 Abbildungen. Paperback
(Beck'sche Schwarze Reihe Band 183)


Verlag C. H. Beck München

*Große Denker*
*Leben – Werk – Wirkung*
*Herausgegeben von Otfried Höffe*


*Ingrid Craemer-Ruegenberg*
Albertus Magnus
1980. 188 Seiten mit 5 Abbildungen
(Beck'sche Schwarze Reihe Band 501)

*Annemarie Pieper*
Albert Camus
1984. 231 Seiten mit 6 Abbildungen
(Beck'sche Schwarze Reihe Band 507)

*Alfred Schöpf*
Sigmund Freud
1982. 244 Seiten mit 8 Abbildungen
(Beck'sche Schwarze Reihe Band 502)

*Klaus Fischer*
Galileo Galilei
1983. 239 Seiten mit 6 Abbildungen
(Beck'sche Schwarze Reihe Band 504)

*Kurt Salamun*
Karl Jaspers
1985. 188 Seiten mit 5 Abbildungen
(Beck'sche Schwarze Reihe Band 508)

*Otfried Höffe*
Immanuel Kant
1983. 326 Seiten mit 8 Abbildungen
(Beck'sche Schwarze Reihe Band 506)

*Walter Euchner*
Karl Marx
1983. 203 Seiten mit 6 Abbildungen
(Beck'sche Schwarze Reihe Band 505)

*Henri Lauener*
Willard Van Orman Quine
1982. 207 Seiten mit 4 Abbildungen
(Beck'sche Schwarze Reihe Band 503)


Verlag C. H. Beck München